Jan İlhan Kızılhan

Wer sind die Êziden?

Êzidische Kinder und Jugendliche stellen Fragen zu ihrer Religion, Identität und Migration

Über das Buch: Das vorliegende Buch in Deutsch und Kurdisch ist kein religionspädagogisches Buch, sondern ein Dialog und Wissensaustauch des Autors Jan Ilhan Kizilhan mit êzîdischen Kindern und Jugendlichen. Êziden (Yeziden oder auch Jesiden genannt) sind Angehörige einer kurdisch-sprachigen religiösen Minderheit. In Deutschland leben mindestens 80.000 Êziden. Die überwiegende Anzahl von ihnen kam in den 70er Jahren des vorigen Jahrhunderts im Zuge der Arbeitsmigration aus der Türkei. Allerdings sind in den letzten Jahren, bedingt durch politische Veränderungen im Nahen Osten und der ehemaligen Sowjetunion, Êziden verstärkt aus Syrien, dem Irak und dem Kaukasus, hier vor allem aus Armenien und Georgien, nach Deutschland geflüchtet.

Die Êziden haben nur wenige schriftliche Dokumente über ihre Religion und Kultur. Gerade die nachwachsende Generation fragt aber immer drängender nach Herkunft und Geschichte der Êziden, nach ihrer Religion und Identität. Oftmals sind die einzigen Informationsquellen die Geschichten und Erzählungen der Elterngeneration. Diese wiederum haben ihr Wissen meistens ausschließlich von religiösen Erzählern und Priestern mündlich erhalten. In einem Meer an mündlicher ungesicherter Information drohen religiöse und kulturelle Identität verloren zu gehen.

Deshalb hat Jan İlhan Kizilhan in Gesprächen mit êzîdischen Kindern und Jugendlichen Antworten zu drängenden Fragen êzîdischer Menschen gesucht. Neben Fragen zu Geschichte und Religion der Êziden rückten auch Kriegs-, Trauma- und Migrationserfahrungen in den Fokus.

Der Autor: Prof. Dr. Jan İlhan Kizilhan ist international anerkannter Experte der Transkulturellen Psychiatrie, kultursensiblen Psychotherapie und Traumatologie. Er studierte Psychologie, Soziologie und Iranistik in Bochum, Köln und Washington und ist Professor für Gesundheitswissenschaften, Psychologie und Migration. Er ist Autor zahlreicher Bücher und internationaler Publikationen. Er ist Gutachter für Gerichte und als Experte tätig für internationale Institutionen und Behörden. Er ist als Dozent, Forscher, Supervisor und Lehrtherapeut sowie als Romanautor aktiv.

Jan İlhan Kızılhan

Wer sind die Êziden?

Êzidische Kinder und Jugendliche stellen Fragen zu ihrer Religion, Identität und Migration

In Deutsch und Kurdisch (Kurmancî)

VWB – Verlag für Wissenschaft und Bildung
2013

Ich möchte allen Personen und Institutipnen danken,
die zur Entstehung dieses Buches beigetragen haben.

Insbesondere danke ich

Selim Bicûk • Ahmet Güneştekin • Yado Ciwan
David Brinkmann • Andre Stuber • Doris Winter
Ramazan Salman • Özlem Kızılhan • Aslan Kızılhan

Für Unterstützung und Förderung danke ich

Le Monde Diplomatique Kurdi • Der Stadt Pforzheim
Dem Ethno-Medizinischen Zentrum e. V. und dem bundesweiten
Projekt MiMi „Mit Migranten für Migranten"

ISBN 978-3-86135-298-3

Verlag und Vertrieb:
VWB – Verlag für Wissenschaft und Bildung
Amand Aglaster
Postfach 11 03 68 • 10833 Berlin
Tel: +49-30-251 04 15 • Fax: +49-30-251 11 36
info@vwb-verlag.com • www.vwb-verlag.com

Umschlagabbildungen:
Ahmet Güneştekin

Illustrationen im Text:
Aus dem Archiv von Jan İlhan Kızılhan

Inhalt

Einleitung

In der deutschen Literatur und den Medien werden die Êziden als „Yeziden" oder „Jesiden" bezeichnet. Wir möchten in diesem Buch das Wort Êziden benutzen, da die Anhänger dieser Glaubensgemeinschaft diese Schreibweise vorziehen und dies in der kurdischen Sprache auch so aussprechen.

In Deutschland leben inzwischen mindestens 80 000 Êziden, Angehörige einer kurdischsprachigen religiösen Minderheit. Durch die Arbeitsmigration sind in den 70er Jahren des vorigen Jahrhunderts vor allem Êziden aus der Türkei nach Deutschland gekommen. Allerdings sind in den letzten Jahren durch politische Veränderungen im Nahen Osten und der ehemaligen Sowjetunion Êziden verstärkt auch aus Syrien, dem Irak und dem Kaukasus, hier vor allem aus Armenien und Georgien, nach Deutschland geflüchtet.

Die Êziden sind aus ländlichen Gebieten mit ihrem eher eingeschränkten Zugang zu schulischer Bildung nach Europa migriert und erlebten und erleben die archaisch-feudale Vorstellung von Familien- und Stammesstrukturen als einen wichtigen Halt für die Bewahrung ihrer Religion und Kultur.

Die êzidische Gemeinschaft mit ihren besonderen Strukturen, hierarchisch in Kasten unterteilt, ist so eng miteinander verbunden, dass es kaum möglich ist, als Außenstehender einen Platz in ihr einzunehmen. Die Êziden beginnen nun, nach Jahrhunderten der Verfolgung im Herkunftsland, in der Migration Freiheit, Demokratie und individuelle und kollektive Rechte kennenzulernen.

Ihre bisherige Strategie der Isolation gegenüber der islamischen Unterdrückung und innerer Solidarisierung unter strikter Einhaltung von Ritualen, Werten und Normen ist kein geeigneter Weg, um ihre Religion, Kultur und Identität in der westlichen Welt zu schützen und gleichzeitig im Sinne universaler Menschenrechte zu entwickeln.

Erst in den letzten zwanzig Jahren sind die Êziden in Europa zu der Einsicht gelangt, dass sie langfristig über mehrere Generationen in der Migration leben werden. Erst durch diese Einsicht begann ein vorsichtiger Schritt in Richtung Integration.

Gleichzeitig kommen in den letzten Jahren, vor allem nach verheerenden Anschlägen der Terrororganisation Al-Qaida im Jahre 2007 und der Verweigerung der Anerkennung ihrer religiösen und sozialen Rechte im Irak, vermehrt Êziden aus diesem Gebiet nach Europa. Immerhin lebt die größte Gemeinschaft der Êziden mit fast einer Million Menschen im Nordirak, wo sich auch ihre heiligen Zentren befinden.

Diese Gruppe ist im Vergleich zu den Êziden aus der Türkei, die seit den 1970er Jahren in Deutschland leben, noch stark patriarchalisch-religiösen Strukturen verhaftet, was die Integration innerhalb der êzidischen Gemeinschaft und der hiesigen Gesellschaft zu einer Herausforderung werden lässt.

Es kann aber auch beobachtet werden, dass neben dem Festhalten an patriarchalisch-religiösen Werten auch eine Neuorientierung durch die nachfolgenden Generationen stattfindet. Die dritte und vierte Generation der Êziden hat eine deutlich höhere Schuldbildung mit einer stetig wachsenden Zahl von Akademikerinnen und Akademikern. Die neue Generation versucht einen Spagat zwischen kultureller Selbstbehauptung und der Bereitschaft, sich gegenüber den neuen Herausforderungen in der Welt offen zu zeigen. Dies führt aber gleichzeitig zu einem Gesellschafts- und Generationenkonflikt mit zahlreichen Belastungen.

Gerade die êzidischen Kinder und Jugendlichen aus dem Irak, die selbst oder deren Eltern zahlreiche Repressalien, Krieg, Folter und Flucht erleben mussten, bedürfen einer besonderen Zuwendung und Unterstützung, um sie in die Lage zu versetzen, sich am gesellschaftlichen, kulturellen, wirtschaftlichen und politischen Leben in der Migration zu beteiligen und sich damit auch erfolgreich zu integrieren.

Aus diesem Grund habe ich mich dazu entschlossen, dieses Buch für êzidische Kinder, Jugendliche und vielleicht auch für deren Eltern zu verfassen. Es ist kein religionspädagogisches Buch, und ich habe nicht die Absicht, die Kinder und Jugendlichen in irgendeiner Weise zu „missionieren". Vielmehr gehe ich davon aus, dass die Religion dieser Kinder und Jugendlichen mit ihren Werten und Normen ein kulturelles Erbe, einen Teil des kollektiven Gedächtnisses, darstellt, was für eine positive und stabile Identität in der Migration von Bedeutung ist.

Durch die Verfolgungsgeschichte der Êziden und die damit verbundenen historischen Traumata haben sie bisher kaum Zugang zu ihrer eigenen Geschichte gehabt. Die Auseinandersetzung mit der kollektiven Geschichte könnte vielleicht einige „Lücken" im kollektiven Gedächtnis füllen. Dass es hierfür ein Bedürfnis gibt, zeigen die unglaubliche Neugier und die Fragen der Kinder und Jugendlichen, mit welchen ich konfrontiert wurde.

Die Vergangenheit der Êziden ist meines Erachtens ein Teil der Identität dieser êzidischen Kinder und Jugendlichen in der Migration. Nur wenn sie von dieser Geschichte etwas wissen, können sie sich einen eigenen Standpunkt dazu entwickeln. Für den Alltag hat diese Geschichte sicherlich keine wesentliche Bedeutung; sie soll vielmehr als eine Bereicherung zu den vielen Erfahrungen, die die Kinder und Jugendlichen in ihrem Leben noch machen werden, verstanden werden. Ist es z.B. nicht wichtig für Kinder zu wissen, warum ihre Eltern Fasten- und Festtage begehen und warum und wie getauft wird? Die Beantwortung dieser und vieler anderer Fragen kann von ihren Eltern auf Grund ihrer sozialen Isolierung, auch durch den geringen Zugang zu Schriftsprache und Bildungseinrichtungen seit Jahrhunderten im Herkunftsland, nicht immer geleistet werden.

Ich habe dieses Thema aber auch noch aus einem anderen, mir besonders am Herzen liegenden Grund gewählt: Nichts auf der Welt verbreitet einen ähnlichen Schrecken wie Folter und Terror gegen das einzelne Individuum oder gegen eine Gruppe.

Nichts empört gleichermaßen und verlangt so sehr nach Auflehnung und Widerstand. Die Êziden und ihre Geschichte sind hier stellvertretend geschildert, stellvertretend für das Schicksal vieler heutiger Minderheiten und unterdrückter ethnischer Gruppen. Es geht hier deshalb auch ganz wesentlich – neben den historischen, religiösen, anthropologischen und sozialpsychologischen Hintergründen – um Macht und Dominanz, um Unterdrückung und Entsagung, aber auch um Mut und Widerstandsfähigkeit. Denn nur mit großem Mut und ungeheurer Widerstandskraft war es den Êziden möglich, bis jetzt zu überleben und den Weg in die Migration zu schaffen.

Für mich war und ist es gleichzeitig eine erschütternde, lange Reise. Während der vielen Interviews und weiteren Nachforschungen und Untersuchungen zu den Auswirkungen der Terrorangriffe gegen die Êziden im Irak habe ich begriffen, dass und wie der Kampf um Herrschaft ganze Kulturen zerstört und Menschen physisch und psychisch zu vernichten droht.

Trotzdem verbinde ich mit diesem Buch eine Hoffnung: Die Hoffnung, dass die Überlebenden dieser Religion in der Migration eines Stückes ihrer verschütteten Geschichte teilhaftig werden; die Hoffnung, êzidische Kinder, Jugendliche und ihre Eltern zu motivieren, in einem freien und demokratischen Land keine Angst vor einer Integration zu haben und einen neuen Weg der gleichzeitigen Identitätswahrung und bürgerlichen Teilhabe in der neuen Heimat zu wagen.

Nur in einem freien Denken und einem tätigen und wohlwollenden Handeln erschließt sich eine Perspektive auf die Zukunft in der neuen Welt, und nur, wenn die Êziden dazu bereit sind, wird diese Veränderung die seit

Jahrhunderten fortdauernde Verfolgung – auch psychisch von innen – beenden.

Das Buch gliedert sich in drei Abschnitte. Zunächst werde ich kurz über die Gespräche mit den êzidischen Kindern und Jugendlichen sprechen, die die Grundlage dieses Buches bilden. Im darauf folgenden größeren Abschnitt wird, orientiert an den in den Interviews angesprochenen Themen, ein Überblick über zentrale Inhalte und Elemente der êzidischen Religion gegeben. Das daran anschließende Kapitel richtet sich speziell auch an Eltern. Es enthält wichtige Hintergrundinformationen und praktische Ratschläge. Das Buch schliesst mit einer Geschichte und einem Schlusswort.

Jan İlhan Kizilhan,
Kos 2012

Interviews mit êzidischen Schülerinnen und Schülern

Nach einer Anfrage bei einigen Lehrern und Jugendämtern treffe ich mich mit êzidischen Schülerinnen und Schülern an verschiedenen Schulen in Deutschland. Sie wollen mehr über ihre Religion und Herkunft wissen.

Sie haben einfach Probleme, viele Dinge über die Êziden, die sie von ihren Eltern gehört haben, einzuordnen und ihren Lehrern oder deutschen Freunden zu erklären. „Handelt es sich dabei um eine Tatsache, wenn meine Mutter sagt, dass der ‚Engel Pfau' 40 000 Jahre auf der Erde gewandelt sei?", fragt der Schüler Eli und schaut voller Erwartungen in meine Augen.

Was sind Erzählungen, Geschichten oder wirkliche Ereignisse, wenn es z.B. um den Reformator der Êziden, *Sheikh Adi*, geht? Stimmt es, dass die Religion der Êziden eine der ältesten der Welt ist? Warum heißt der oberste Engel der Êziden *Tausi Melek,* also „Engel Pfau", und was hat der Vogel Pfau für eine Bedeutung? Warum ist die „schwarze Schlange" bei den Êziden heilig? Warum dürfen Êziden Andersgläubige nicht heiraten? Warum gibt es bei den Êziden ein Kastensystem? Warum dürfen die Êziden weder Kohl, Bohnen oder Schweinefleisch essen? Was passiert, wenn ein Êzide sich nicht an diese Regeln hält? – Solche und viele andere Fragen wurden bei den Gesprächen diskutiert.

Die Schülerinnen und Schüler berichten immer wieder, dass ihre Eltern diese Geschichten über ihre Religion auch von ihren Eltern und religiösen Priestern gehört hätten. Ihre Religion werde ihnen mündlich weitergegeben. Sie berichten, dass es kaum schriftliche Dokumente in der kurdischen Sprache, die die Êziden sprechen, gebe.

In Deutschland hören sie gelegentlich auch in den Medien etwas über die Êziden. „Dabei handelt es sich in der Regel um negative Meldungen", sagt etwas entrüstet Meryem und berichtet: „Sie schreiben z.B., ein Êzide habe seine Tochter umgebracht, weil sie eine Beziehung zu einem Nicht-Êziden gehabt habe. Wir machen doch so etwas nicht. Es hat nichts mit unserer Religion zu tun." Er schaut mich, wie auf eine Bestätigung wartend, fragend an.

Solche und viele weitere Fragen haben die Kinder auf dem Herzen. Sie wollen wissen, was das Êzidentum ist und wie man in Deutschland mit dieser Identität leben kann. Sie sind neugierig und warten gespannt darauf, dass ich ihnen „alles, aber auch wirklich alles“ erkläre. Doch bevor ich auf die Fragen der Schülerinnen und Schüler eingehe, mache ich den Vorschlag, dass sie mir sagen, was sie unter den Begriffen „Êzide“ oder „Êzidentum“ verstehen. Wir einigen uns darauf, dass in der ersten Runde ich ihnen Fragen stelle und in der zweiten Runde sie mir – ohne Tabus und Grenzen – Fragen stellen dürfen. Da das Gespräch doch länger wurde als ich zunächst dachte, soll für die Leser ein kleiner Ausschnitt dargestellt werden. Anschließend werde ich auf die Fragen der Schülerinnen und Schüler im Einzelnen eingehen.

„Ich möchte euch einige Fragen zum Êzidentum stellen und ihr könnt antworten wie ihr wollt. Es gibt nichts Richtiges und nichts Falsches. Ihr sagt einfach, was ihr wisst. Ich möchte alle bitten genau zuzuhören und jeden ausreden zu lassen und nicht dazwischen zu reden, auch wenn ihr einer anderen Meinung seid. Jeder von euch kommt dran. Seid ihr einverstanden?“

Die Mehrheit nickt.

„Dann fangen wir an. Erzählt doch spontan, wer kann denn Êzide werden?“

Azad: *„Êzide kann man nur durch Geburt werden. Anders geht es nicht.“*

„Und wenn nun einem Christen oder Moslem die Religion der Êziden gefällt, kann er nicht Êzide werden?“

Dewran: *„Nein, das geht nicht.“*

„Weiß jemand, warum das so ist?“

Hane: *„Ich bin mir nicht sicher – weil wir eine reine Religion sind? So hat es mir zumindest unser Sheikh gesagt. Er hat gesagt, unsere Religion ist die älteste Religion der Welt und nur besondere Menschen haben das Glück, Êzide zu werden.“*

Hasan: *„Glück? Und warum dürfen wir nicht so viele Sachen machen, wie die Moslems, Christen oder Juden?“*

„Was meinst Du mit ‚nicht machen dürfen‘?“

Hasan: *„Wir dürfen nur Êziden heiraten und das nur aus einer bestimmen Kaste, oder wir essen kein Schweinefleisch, einige essen auch keinen Kohl oder Bohnen …“*

Berakat unterbricht und sagt: *„Ja, und? Die Moslems essen doch auch kein Schweinefleisch. Es gibt bestimmt auch in anderen Religionen Regeln und Verbote. Das ist halt so!“*

„Ich will nicht unterbrechen, aber wir haben abgemacht, dass ich Fragen stellen darf und ihr später dran seid. Es wäre sicherlich hilfreich zu wissen, woher diese Regeln kommen und warum die Êziden z.B. den gesunden und vitaminreichen Kohl nicht essen. Oder?“

Viele nicken, einige haben schon die Hand wieder oben.

„Nicht vergessen, ich bin immer noch mit dem Fragen dran. Ich habe nun folgende Frage: Woher kommen die Êziden?“

Gülistan: *„Meine Familie z.B. kommt aus Kurdistan. Die meisten von uns, die hier sind, kommen aus dem Irak. Es gibt auch Êziden in der Türkei, Syrien, Armenien und in der ganzen Welt verstreut. Wir sind Kurden und Êziden.“*

Berakat widerspricht erneut: *„Ja. Wir sind Êziden. Aber, ob wir Kurden sind, weiß ich nicht. Viele muslimische Kurden haben uns schlimme Dinge angetan, nur weil wir Êziden sind. Ich bin sogar in der Schule im Irak von muslimischen Kindern geschlagen worden. In einigen Geschäften hat man mir nichts verkauft. Sie haben mich beschimpft. Wenn ich Kurde bin, dann macht man doch so etwas nicht.“*

Viele der Schüler nicken und wirken plötzlich traurig und nachdenklich.

„Es ist eine wichtige Frage, die ich nachher versuchen werde zu erklären. Aber einige von euch wirken jetzt etwas nachdenklich. Berakat hat von schlimmen Erfahrungen berichtet. Haben andere wie Berakat ähnliche Dinge erlebt? Ihr müsst nicht darüber sprechen, wenn ihr nicht wollt ...“

Da fällt mir Meryem schon ins Wort und sagt: *„Ja. Uns Êziden mögen die Moslems nicht. Sie sagen über uns schlimme Dinge.“*

„Was sagen sie denn zum Beispiel?“

Meryem: *„Das Wort dürfen wir nicht sagen!“*

„Gibt es bestimmte Wörter, die ihr nicht aussprechen dürft?“

Meryem und die anderen nicken, schauen sich an und einige beginnen sogar zu lachen.

„Könnt ihr Mir dann das Wort umschreiben, damit ich es verstehe?“

Bakir: *„Es gibt einen Gott, der gut ist und einen der böse ist. Den Namen des Bösen dürfen wir nicht aussprechen.“*

„Super. Du hast es wirklich gut erklärt. Jetzt weiß ich, was du meinst. Weiß jemand, warum ihr das Wort nicht aussprechen dürft?"

Ich erhalte keine Antwort. Viele erwarten von mir eine Erklärung.

„O. K. Dann merkt euch diese Frage; ich werde nachher versuchen, darauf eine Antwort zu finden. Aber ihr müsst die Frage auch stellen."

„Ihr habt gesagt, dass die Êziden andere Personen, die keine Êziden sind, nicht heiraten dürfen, ihr dürft ein bestimmtes Wort nicht aussprechen und ihr dürft bestimmte Nahrungsmittel nicht essen. Gibt es noch andere Regeln?"

Khanim: *„Die Êziden fasten drei Tage im Jahr. Die Kinder müssen aber nicht fasten. Ich faste aber seit ich neun Jahre alt bin. Das sind jetzt fünf Jahre. Es macht Spaß, weil wir alle kurz vor Sonnenaufgang aufstehen und etwas essen. Es ist immer viel los und es gibt leckere Sachen. Nach Sonnenuntergang können wir wieder essen. Es ist immer viel los. Wir bekommen auch viel Besuch von den Verwandten und Bekannten. Nach drei Tagen, an einem Freitag, wird dann gefeiert. Es ist richtig toll."*

Barakat: *„Es sind ja nur drei Tage. Die Moslems müssen 30 Tage fasten. Bei denen ist es viel schwieriger."*

Temo: *„Aber wir haben im Irak während der Fastenzeit der Moslems auch nichts gegessen. Sie haben uns immer so komisch angeschaut. Einige haben uns auch beschimpft, wenn sie auf der Straße gesehen haben, dass wir etwas gegessen haben. Wir haben dann nur zu Hause essen dürfen. Auf der Straße ging es nicht."*

„Gibt es noch andere Dinge bei den Êziden, die ihr Mir sagen wollt?"

Haribiye: *„Es gibt unter den Êziden Sheikhs, Pirs und Murids."*

„Gibt es einen Unterschied zwischen diesen drei Gruppen?"

Barakat: *„Die Murids kann man als Volk bezeichnen. Die gibt es am meisten. Die Sheikhs und die Pirs sind für die Religion zuständig. Sie wissen viel über unsere Religion."*

Hasan: *„Murids dürfen keine Sheikhs und keine Pirs heiraten. Auch die Pirs und Sheikhs dürfen keine Murids heiraten. Sheikhs und Pirs dürfen auch nicht untereinander heiraten."*

„Wer gehört hier zu der Sheikh- Kaste?"

Vier Schüler heben die Hand. Es gibt nur zwei Schüler, die zur *Pir*-Kaste gehören. Alle anderen sind *Murids*.

„Was passiert, wenn sich jemand nicht an die Regeln hält?“

Hisen: *„Es ist Sünde und man kommt in die Hölle.“*

Besir: *„Ich habe gehört, es gibt bei den Êziden keine Hölle.“*

Hisen: *„Das stimmt nicht. Was passiert denn, wenn Êziden sterben?“*

Besir: *„Tausi Melek hat sich doch schon für uns Menschen geopfert und gelitten.“*

„Über diese Überlieferung können wir gern später reden. Was ich aber meine ist, was macht ihr oder eure Eltern, wenn z.B. jemand nicht fastet?“

Berakat: *„Gar nichts.“*

„Was ist, wenn z.B. ein Êzide eine Muslimin oder Christin heiratet?“

Berakat: *„Das geht nicht.“*

„Ich weiß, aber was passiert dann konkret? Was machen die Êziden allgemein?“

Berakat: *„Ich würde mit dem nicht mehr reden. Meine Eltern meiden auch solche Leute. Die gibt es schon, aber wenige.“*

Memo: *„Sie sind nicht mehr Êziden und gehören dann auch nicht mehr zu uns.“*

Hasan: *„Ich weiß nicht, ob das richtig ist.“*

„Darf diesen Leuten auch Gewalt angetan werden?“

Berakat: *„Ich finde nicht. Es ist schon Strafe genug, mit ihnen nicht mehr zu sprechen.“*

„Ich habe gehört, dass eine junge Êzidin im Irak getötet wurde, weil sie mit einem Moslem zusammen war ...“

Die Stimmung wird jetzt etwas reizbar. Vor allem die Jungen melden sich eifrig.

Memo: *„Die Moslems haben uns so viele schlimme Dinge angetan, und dann geht eine Êzidin zu einem Moslem. Das geht nicht ...“*

Berakat: *„Sie hat unsere Ehre verletzt.“*

Meryem: *„Aber deswegen darf man sie doch nicht töten.“*

Berakat: *„Du bist ein Mädchen, du verstehst das nicht.“*

Meryem: *„Blödsinn. Unsere Religion erlaubt doch nicht, dass jemand getötet wird."*

Berakat: *„Die Ehre ist aber wichtig."*

„Hat diese Ehre mit der Religion der Êziden etwas zu tun?"

Memo: *„Ich denke schon."*

Meryem: *„Ich glaube nicht."*

Berakat: *„Das ist mir egal. Ich finde es trotzdem nicht in Ordnung, wenn Êziden Nicht-Êziden heiraten."*

„Es ist schon wichtig zu wissen, ob im Êzidentum Gewalt erlaubt ist und ob die Ehre der Êziden oder die Vorschriften ihrer Religion verletzt sind, wenn sich jemand nicht an die Regeln hält, oder?"

Meryem: *„Was sagen Sie nun dazu?"*

„Gut, dann wollen wir die Rollen wechseln und ich werde auf eure Fragen eingehen. Wie schon zu Anfang gesagt, ihr dürft wirklich alles fragen und ich werde versuchen, alles zu beantworten. Eine Bitte habe ich noch: Wir wollen offen miteinander sprechen, auch wenn wir nicht einer Meinung sind. Ihr müsst auch nicht akzeptieren, was ich sage. Aber wir sollten miteinander reden und argumentieren. Es geht also nicht darum, wer mehr oder weniger weiß, es geht darum, dass wir miteinander über eure Religion sprechen und gemeinsam voneinander lernen."

Die Religion der Êziden

Ein erster Überblick – Das Êzidentum

Vorbemerkungen

Aus dem kurzen Interviewabschnitt, den ich im letzten Kapitel vorgestellt habe, wurde u.a. deutlich, mit welchen Fragen sich die êzidischen Kinder und Jugendlichen beschäftigen. Zur besseren Überschaubarkeit haben wir die Fragen der Kinder und Jugendlichen inhaltlich geordnet und geben sie entsprechend zusammen mit den Antworten wieder.

Zunächst möchten wir einen allgemeinen Überblick über die Êziden geben und werden uns dann der Schöpfungstheorie der Êziden widmen, die sich in Form der Perlentheorie durchaus von der christlichen und islamischen Religion unterscheidet. Anschließend geht es um die Rolle des „Engels Pfau“ und des Kastensystems und um weitere Normen und Werte der Êziden. Außerdem sprechen wir über periodisch wiederkehrende und nichtperiodische êzidische Feste.

Was ist das Êzidentum?

Das Êzidentum ist eine Religion wie der Islam, das Christentum oder das Judentum. Die Anhänger dieser Religion, also die Êziden, glauben an einen einzigen Gott. Der kurdische Name für Gott ist *Xwedê*, *Xuda* oder *Khuda*. Das bedeutet so viel wie „sich selbst erschaffen“ oder auch „Schöpfer“.

Auf der Welt gibt es insgesamt etwas mehr als eine Million Êziden. Die meisten Êziden leben und lebten in den kurdischen Gebieten im Irak, Syrien und der Türkei, die meisten von ihnen (ca. 800 000) im.Nordirak. Es gibt aber auch eine Gruppe von Êziden in Armenien und Georgien, die vor ca. 140 Jahren aus der heutigen Türkei fliehen mussten. In Deutschland beträgt ihre Anzahl ca. 80 000, weitere 10 000 leben in den anderen europäischen Ländern. Seit einiger Zeit finden sich auch in den USA, Kanada und Australien einige Êzidengruppen.

Die Êzîden glauben, einer der ältesten Religionen der Welt anzugehören. Was die ethnische Zugehörigkeit betrifft, findet in den letzten Jahren innerhalb der Êziden eine heftige Diskussion statt. Einige Êziden im Irak und in Armenien gehen davon aus, keine Kurden zu sein. Sie glauben, dass sie einfach nur Êziden sind und durch das Zusammenleben mit den Kurden viele von deren Traditionen und Werten übernommen haben.

Eine kleine Gruppe von Êziden im Irak möchte daher auch, dass die Gebiete, in denen Êziden leben – in der Hauptsache Şengal – einen autonomen Status bekommen. Die Mehrheit der Kurden geht aber davon aus, dass die Êziden, ethnisch gesehen, Kurden sind, und alle Kurden sollen vor dem Aufkommen des Islam Êziden gewesen sein. Es ist also eine Diskussion, die uns im Irak und den kurdischen Gebieten des Iraks noch länger beschäftigen wird. In der Türkei gibt es eine solche Diskussion nicht, da nicht mehr als 500 Êziden in der Türkei geblieben sind. Die Êziden aus der Türkei leben heute mehrheitlich in Deutschland.

Wer war *Sheikh Adi*?

Für die Êziden ist *Sheikh Adi* der letzte Reformator der Êziden. Heute noch versuchen die Êziden, sich an die von ihm vorgegebenen Regeln zu halten. Er starb 1162 und wurde ca. 90 Jahre alt. Er war nie verheiratet, hatte aber viele Verwandte, die dann bei den Êziden eine wichtige Rolle spielten. Noch heute glauben die *Mir* (Fürsten) der Êziden, aus der Familie von *Sheikh Adi* zu stammen.

Woher stammt *Sheik Adi*?

Es gibt viele Geschichten und Legenden über *Sheikh Adi*. Einmal wird behauptet, dass *Sheikh Adi* aus dem Libanon oder dem heutigen Syrien stammte und eigentlich *Sheikh Adi al Shami* (aus Syrien) hieß. Andere glauben, dass er aus den kurdischen Hakkari-Bergen stammt und daher auch *Sheikh Adi el-Hakkari* genannt wird. Dieses Thema wird immer wieder auch unter den êzidischen Gelehrten heftig diskutiert. Es gibt bis heute unter den Êziden keine einheitliche Meinung dazu.

Haben die Êziden heilige Bücher?

Das „Schwarze Buch“ oder *Meshafa Resh* ist das heilige Buch der Êziden, so wie die Bibel das heilige Buch der Christen ist. Die Êziden glauben daran, dass es das Wort Gottes enthält. Im „Schwarzen Buch“ wird über die Geschichte der Schöpfung der Welt, über die Engel usw. berichtet, aber auch darüber, wie die Menschen am besten leben sollen und was gut und was böse ist.

Das Original des Buches soll aber aus dem heiligen Tempel in Lalish gestohlen und auf dem Markt verkauft worden sein. So gibt es nur einige Kopien des Buches. Man ist sich aber nicht sicher, ob es sich um das richtige Buch oder um eine Fälschung handelt. „Das Buch der Offenbarung", *Kiteba Jilve*, ist ebenfalls verschwunden.

Die meisten Geschichten über die Religion und Regeln der Êziden werden mündlich weitergegeben. Dies tun vor allem die *Sheikhs*, *Pirs* und *Qewals*. Dazu werde ich später noch mehr sagen.

Was ist *Lalish*?

Lalsih ist der Wallfahrtsort der Êziden. Hier befinden sich der heilige Tempel der Êziden und das Grab *Sheikh Adis*. Der Ort liegt im Nordirak und ist eine halbe Autostunde von der Stadt Duhok und etwa zwei Stunden von der türkischen Grenze entfernt. Jedes Jahr feiern dort tausende Êziden im Oktober das Fest zu Ehren von *Sheikh Adi*.

Heiligtum der Êziden in Lalish

Gibt es eine Taufe bei den Êziden?

Ja, in einigen Gegenden werden allerdings nur die Jungen durch die sogegenannte „Haarbeschneidung“ (*Bisk)* getauft. Der Glaube ist wie bei vielen anderen Religionen noch sehr von den Männern bestimmt. Die männlichen Kinder werden im 7., 9. oder spätestens 11. Monat getauft. Der *Sheikh* der Familie wird zusammen mit vielen Bekannten und Verwandten eingeladen. Der *Sheikh* schneidet insgesamt drei Locken ab und betet gleichzeitig, dass das Kind groß und gesund werde und die Engel es beschützen mögen.

Eigentlich werden aber Jungs *und* Mädchen getauft. Dies nennt man *Mohrkirin*, was soviel bedeutet wie „Anerkennung“. Im Kurdischen bedeutet das im weitesten Sinne auch „Stempel“. Sowohl Mädchen als auch Jungen werden dabei durch das Wasser des heiligen Brunnen (*Kaniya Sipî*, „Weißer Brunnen“) getauft.

Warum feiern die Êziden kein Weihnachten?

Die Êziden haben wie Moslems, Christen und Juden ihre Feste und Feiertage. Statt Weihnachten feiern sie ein Fest nach dem dreitägigen Fasten im Dezember. Dies ist etwa eine Woche vor dem christlichen Weihnachtstag. Im Oktober feiern sie eine Woche lang zu Ehren von *Sheikh Adi*. Es gibt noch einige weitere Feiertage bei den Êziden. Darüber berichte ich später noch ausführlich.

Was heißt Fasten?

Die Fastenzeit beginnt im Dezember, etwa zwei Wochen vor dem christlichen Weihnachtsfest. Die meisten Êziden fasten dann drei Tage, nämlich Dienstag, Mittwoch und Donnerstag. Am Freitag folgt dann die große Feier. Es gibt aber auch Êziden, wie etwa in der Türkei, die drei Wochen lang jeweils am Dienstag, Mittwoch und Donnerstag fasten und am Freitag feiern. Dabei muss man von Sonnenaufgang bis Sonnenuntergang auf Essen, Trinken und Rauchen verzichten. Die Fastenpflicht betrifft alle erwachsenen Êziden. Alte, kranke und schwache Leute sowie Reisende, Schwangere und stillende Mütter sind von der Fastenpflicht befreit.

Warum essen Êziden kein Schweinefleisch?

Jede Religion hat ihre Gebote und Verbote. Ich glaube, dass dieses Verbot von den Moslems übernommen wurde. Im Koran steht, dass die Muslime kein Schweinefleisch essen, weil es „unrein“ sei. Das Schwein wühlt gerne im Unrat und ist ein Allesfresser. Es gibt auch Geschichten, die besagen, dass zu Zeiten des Propheten Mohamed in der arabischen Wüste durch die Schweine sich viele Krankheiten auf die Menschen übertragen haben und viele Menschen krank geworden oder gestorben sind. Deswegen sei das Essen von Schweinfleisch untersagt worden. Da die Êziden seit mehr als 1400 Jahren mit den Moslems zusammen leben, haben sie vermutlich diese Regel übernommen. Sie ist auf jeden Fall als verbindlich von dem Reformator *Sheikh Adi* eingeführt worden.

Was ist der „Rote Mittwoch"?

So wie die Christen am Sonntag ihren Ruhetag haben, so war es ursprünglich bei den Êziden der Mittwoch. Die Êziden glauben, dass sich in der ersten Woche im April – nach der alten Zeitrechnung – an einem Mittwoch der oberste Engel *Tausi Melek* auf die Erde begibt und mit den religiösen Führern die Zukunft der Êziden bespricht. Daher dürfen die Êziden auch im April nie heiraten und Hochzeiten feiern. Es ist für die Êziden ein wichtiger Monat für den Glauben. Die Êziden feiern daher auch in der ersten Aprilwoche am Mittwoch ihr Neujahrsfest, also den „Roten Mittwoch". Die rote Farbe gilt bei den Êziden als Symbol für Hoffnung und Wärme und wird symbolisch mit dem Feuer gleichgesetzt. Das Feuer ist bei den Êziden immer noch besonders heilig.

Wie wird denn genau der „Rote Mittwoch" gefeiert?

Vielleicht sollten wir erst einmal klären, wann genau im April dieser Feiertag nach dem heute in Europa gültigen Kalender ist. Der „Rote Mittwoch" wird jedes Jahr am Mittwoch der ersten Woche im April gefeiert. Dabei wird der alte Kalender benutzt. Das heißt, dass der 13. Tag eines Monats nach der neuen Kalenderrechnung der erste Tag eines Monats ist. So fällt dieser erste Mittwoch in der Regel in die Mitte des Monats April nach der neuen Kalenderrechnung. Der „Rote Mittwoch" wird auch als „Tag der Analyse des letzten Jahres" (*Carshema hesaba*) oder Neujahrstag (*Ser sal*) bezeichnet.

In früheren Zeiten hat man drei Wochen vor Beginn des neuen Jahres mit den Feierlichkeiten begonnen. Jede Familie hat in den ersten beiden Wochen damit angefangen, leckere Gerichte vorzubereiten. Ein Teil dieser Gerichte wurde als Segenswunsch den Familien der *Sheikhs*, *Pirs* und Nachbarn gegeben. Dies soll die Familie vor Unglück und Krankheiten schützen.

Anschließend haben die Familien den Friedhof aufgesucht und auf den Gräbern ihrer Verstorbenen Speisen niedergelegt. Diese Speisen sollen den Toten Segen und Heil im Jenseits bringen. Die Friedhöfe ähneln an diesem

Feiertag eher einem Picknickplatz oder einem großen Festplatz. Das Essen wird aber auch – sozusagen als Almosen – an arme Menschen verteilt.

In der dritten Woche hat dann jede Familie vor der Haustür oder auf dem flachen Dach des Hauses ein Feuer entzündet. Dies war in der Regel am Tag nach dem „Roten Mittwoch" gegen Mittag. Die Familie versammelte sich dann um das Feuer und alle sprangen darüber. Sie sangen ihre Lieder und tanzten. Kleine Stoffe, aber auch Fetzen von Hemden und sonstiger Kleidung wurden verbrannt. Dies sollte vor Krankheit schützen, und alle begangenen Sünden und Fehler sollten ihnen damit symbolisch vergeben werden. Sie wollten ohne die Fehler und Probleme des alten Jahres das neue Jahr beginnen.

Ich habe gehört, dass auch Brot gebacken und eine Perle hineingetan wird. Warum macht man das?

In manchen Gegenden wird an diesem Donnerstag ein süßer Teig hergestellt und ein Knopf oder eine Perle hinein getan. Dann wird das Brot gebacken. Nachdem das Brot gebacken und unter den Familienmitgliedern verteilt wurde, schaut jeder nach, ob er oder sie die Perle findet. Wer die Perle findet, soll im neuen Jahr besonders viel Glück haben. Einige glauben, dass es im neuen Jahr eine besonders gute Ernte gibt, wenn das Messer beim Aufschneiden des Brotes die Perle trifft. Dieser Brauch besteht vor allem bei den Êziden in Armenien und Georgien.

Meine Eltern sagen, Feuer, Wasser, Luft und Erde seien heilig und mit Respekt zu behandeln. Warum?

Ja, die vier Elemente Erde, Luft, Feuer und Wasser sind bei den Êziden heilig, sollen geschützt und mit Respekt behandelt werden. So sollen die Êziden niemals ins Feuer, Wasser oder auf die Erde spucken. Feuer soll niemals mit Wasser, sondern nur mit Erde gelöscht werden. Diese Regeln gibt es auch in der Zarathustra-Religion, die in diesen Elementen die Grundstoffe der Schöpfung der Erde sieht. So werden zum Beispiel in dem Gebiet um den heiligen Tempel von Lalish keine Bäume gefällt, und kein Mensch darf den heiligen Boden mit Schuhen betreten.

Was sind das für Steine oder Amulette, die die Êziden bei sich zu Hause haben?

Ein solches Amulett heißt *Berat* und besteht aus einer tonhaltigen Erde aus Lalish. Es soll Glück bringen und die Êziden vor Krankheiten und Unglück schützen. Sie packen diesen weißen, kleinen Stein in ein rotes Stofftuch ein und hängen ihn an der Wand oder am Türsturz auf oder legen ihn in einen Schrank.

Warum tragen die Êziden keine Kleider, die die Farbe Blau haben?

Es gibt unterschiedliche Angaben darüber, warum die Êziden der blauen Farbe gegenüber reserviert sind. Einige sagen, dass die Farbe Blau die Natur – wie die Wolken oder das Wasser – symbolisiert und aus Respekt nicht als Kleiderfarbe benutzt wird.

Viel wahrscheinlicher ist aber, dass Kleidung mit blauen Bestandteilen seit dem 17. Jahrhundert vermieden wird. Damals sollen persische Soldaten in die êzidischen Gebieten eingedrungen sein, tausende von Êziden getötet und eine verheerende Zerstörung angerichtet haben. Die Soldaten sollen blaue Uniformen getragen haben. Nach dieser Version wäre das Tragen von blauer Kleidung nicht verboten, sondern die Abneigung dagegen hätte eher etwas mit der Angst und den schlimmen Erinnerungen der Vorfahren zu tun und sei so zu einer Art Tradition geworden.

Zu Beginn schuf Gott die Perle – Schöpfungstheorie der Êziden

Wie heißt Gott bei den Êziden?

Die Êziden nennen Gott *Xweda*, phonetisch „Khuda". Dies ist ein kurdisches Wort und bedeutet „sich selbst erschaffen" oder „Schöpfer". Er wird auch *Ezda* genannt, was so viel wie „der mich erschaffen hat" bedeutet, also der Schöpfer.

Wie wurde die Erde erschaffen?

Die Schöpfungstheorie, also die Idee, wie die Welt erschaffen wurde, ist bei den Êziden ähnlich wie bei den anderen Religionen und zugleich doch etwas anders. Sie wird auch als die „Perlentheorie" bezeichnet.

Aber zunächst möchte ich davon erzählen, wie Êziden glauben, dass die Erde und die Engel durch Gott erschaffen wurden:

In den Geschichten der Êziden heißt es, dass Gott zuerst aus seinem Schoße eine weiße Perle und einen Vogel, dem er den Namen *Anfar* gab, erschuf. Die Perle legte er hin auf den Rücken des Vogels. Die Perle lag tausende Jahre auf den Rücken des Vogels. Dann beschloss Gott, die Erde zu erschaffen.

Der erste Tag, an welchem er erschuf, war der *Sonntag*; einen Engel erschuf er, dem er den Namen *Azrail* gab, nämlich den, welcher der „Engel Pfau" ist, welcher der Größte ihrer aller ist.

Am *Montag* erschuf er den Engel *Dardail*, welchen später der Mensch *Sheikh Hasan* repräsentierte und in der Folge bis heute seine Nachfahren.

Am *Dienstag* erschuf er den Engel *Israfail*, welcher von dem *Sheikh Shems* repräsentiert wird und in der Folge bis heute von seinen Nachfahren.

Am *Mittwoch* erschuf er den Engel *Mikail*, welcher *Sheikh Abubekir* ist.

Am *Donnerstag* erschuf er den Engel *Jebrail*, welcher *Sheikh Sijadin* ist.

Am *Freitag* erschuf er den Engel *Shamnail*, welcher *Sheikh Nasiradin* ist.

Am *Samstag* erschuf er den Engel *Turail*, welcher *Sheikh Fahradin* ist.

Den „Engel Pfau", *Tausi Melek*, den machte er zu ihrem Größten.

Hiernach erschuf er das Bild der sieben Himmel und die Erde und die Sonne und den Mond.

Fahradin erschuf den Menschen und das beseelte Getier und das Geflügel und die Bestien und legte sie in die Tasche der Kutte, und mit den Engeln kam er aus der Perle heraus. Ein gewaltiges Gebrüll stieß er aus über die Perle, sie ging auseinander (zerplatzte), wurde zu vier Fetzen, und es kam Wasser aus ihrem Inneren heraus, es wurde zum Meer. Das Diesseits war rund und ohne Loch.

Den *Jebrail* erschuf er in der Gestalt eines Vogels und er sandte ihn hin und gab die vier Ecken in seine Hand. Hiernach erschuf dieser ein Schiff und setzte sich hin auf dem Wasser, 40 000 Jahre lang. Darauf kam er und siedelte sich in Lalish an. Er kreischte, er festigte im Diesseits die Steine, das Diesseits wurde zur Erde und begann zu zittern. Er befahl dem *Jebrail*, es werde Ruhe; zwei Stücke von jener Perle brachte er, und das eine legte er unter die Erde und das andere in das Tor des Himmels. Darauf hängte er an sie den Mond und die Sonne. Die Sterne, die er aus den Splittern der weißen Perle zurechtgemacht hatte, hängte er zum Schmucke am Himmel auf.

Fruchttragende Bäume und Kräuter und Bergspitzen zum Schmucke der Erde erschuf er, den Himmelsthron auf dem Erdenteppich erschuf er.

Gemeinschaftstreffen

Was ist mit Adam und Eva?

Gott hatte zwar die Engel mit der Erschaffung der Menschen beauftragt, aber dann sagte Gott zu den Engeln: *„Ich werde Adam und Eva erschaffen und sie zu Menschen machen. Aus dem Schoße Adams wird* Shahid ben Dshar *sein, von dem nämlich seine Religionsgemeinde auf der Erde zum Vorschein kommen wird, hernach wird die Religionsgemeinde, die des ‚Engel Pfau', zum Vorschein kommen."* Die heutigen Êziden sind also nach dieser Vorstellung das Volk des „Engels Pfau" und stammen von *Shahid ben Dshar,* dem Sohn Adams, ab. Nach dieser Vorstellung hat Eva nichts mit den Êziden zu tun.

Weiter wird erzählt, dass dann Gott herunter auf den Schwarzberg des Ortes Lalish kam, 40 000 Engel erschuf und sie zu Scharen machte; vierzig Jahre beteten sie *Tausi Melek* an. Dann gab Gott die Menschen und die Erde in die Hand des „Engels Pfau", und er ging mit den Engeln hin in den Himmel.

Hernach brachte der Engel *Jebrail*, welcher auch *Tausi Melek* genannt wird, alle Elemente von allen vier Ecken des Diesseits. Erde, Luft, Feuer und Wasser erschuf er, und durch seine Macht machte er sie beseelt und lebendig. Dann befahl Gott dem Engel *Jebrail*, er solle Adam ins Paradies führen. Er dürfe alle Früchte essen, nur nicht den Weizen.

So fragte nach mehr als 100 Jahren der „Engel Pfau" Gott: *„Wie wird Adam seine Nachkommenschaft vermehren?"*

Gott sagte: *„Befehl und Anordnung sind dies: Ihn habe ich gegeben hin in deine Hand."*

Tausi Melek kam und sagte zu Adam: *„Hast du Weizen gegessen?"*

Dieser sagte: *„Nein, weil Gott es nicht zugelassen hat."*

Der „Engel Pfau" sagte: *„Iß, für dich ist es besser."*

Nach dem Essen wurde sein Bauch aufgebläht, der „Engel Pfau" tat ihn aus dem Garten hinaus, ließ ihn an der Stelle und stieg auf zum Himmel.

Da er Weizen gegessen hatte, blähte sich sein Bauch auf und er hatte fürchterliche Schmerzen, weswegen er *Tausi Melek* um Hilfe bat. *Tausi Melek* sandte ihm daraufhin einen Vogel, und mit dem Schnabel machte der ihm eine Öffnung. Er fühlte sich dann erleichtert.

Gott befahl dem „Engel Pfau", der kam und erschuf die Eva aus dem unteren Teile der linken Achselhöhle Adams.

Erst dann erschuf Gott aus dem Schoße Adams *Shahid ben Dshar.* So stammen die Êziden von *Shahid ben Dshar,* dem Sohn Adams, ab. Zu *Shahid ben Dshar* sage ich nachher noch etwas.

Es gibt aber auch andere mündliche Überlieferungen, die eine Abstammung der Êziden von Adam ablehnen und davon ausgehen, dass sie direkt von der *Dirr* (der Perle) abstammen.

Wie entstand noch einmal die Erde?

Die Êziden gehen davon aus, dass zuvor nichts existierte. Gott erschuf eine Perle, die dann zersprang, und daraus kamen die heutigen Elemente wie Erde, Luft, Wasser und Feuer zum Vorschein. Deswegen sind diese Elemente bei den Êziden heute noch heilig. Die Perle wird in Kurdisch als *Dirr* bezeichnet. Wenn man einige Êziden fragt, von wem sie abstammen, dann sagen sie oft: „Vom *Dirr*, der Perle."

In der Geschichte der Schöpfung der Êziden heißt es:

Als er die Perle auseinandersprengte, kamen aus dem Getöse ihrer Zerstörung Berge hervor, aus ihrem Staube bildeten sich die Hügel und aus ihrem Rauche formte sich der Himmel, den der Schöpfer alsbald ohne Zuhilfenahme von Säulen und Stützen festigte. Gott forderte von dem ersten Engel, Tausi Melek, *sich an der Schöpfung zu beteiligen, worauf dieser die Sonne erschuf und seinerseits die Aufforderung an den zweiten Engel weiterleitete. Der zweite Engel bildete den Mond und gab den Auftrag wieder an den dritten weiter, der die Luft erschuf. Der vierte Engel erschuf Wasser und Feuer. Der fünfte Engel erschuf den Morgenstern und der sechste Engel erschuf die Planeten und Sterne. Der siebente Engel die Hölle.*

Warum wurde der „Engel Pfau" zum ersten Engel ernannt?

Gott hatte bereits zu Beginn eine sehr nahe Beziehung zu *Tausi Melek*, dem „Engel Pfau". Aber es war nicht immer so. So wird in der Schöpfungsgeschichte der Êziden berichtet:

Nachdem Adam erschaffen wurde, verlangte Gott von Tausi Melek, *dass er diesem huldige und ihn anbete. Gott unterzog* Tausi Melek *einer Probe. „Du sollst von jetzt an Adam und seinen Nachfahren, den Menschen, gehorchen!", befahl Gott. Doch* Tausi Melek *weigerte sich. „Er ist Kreatur, ein Mensch, und ich werde ihm nicht gehorchen", sagte er. „Ich werde nur Dir gehorchen, der Du mein Schöpfer bist", beteuerte* Tausi Melek.

Das war wirklich eine ungewöhnliche Rebellion. *Tausi Melek* gehorchte nicht, weil er nur Gott gehorchen wollte. In dieser seltsamen Mischung von Ergebenheit und Widerstand symbolisiert er die Vielfältigkeit des Glaubens. Hatte Gott die Treue des *Tausi Melek* prüfen wollen? Hatte er sehen wollen, ob *Tausi Melek* sofort zustimmen würde, sein Treueverhältnis zu wechseln? Aber dies sind Fragen, auf die wir keine Antwort haben. Was auf der höchsten Ebene der Schöpfung vor sich ging, muss zwangsläufig ein Mysterium, ein Geheimnis für uns bleiben ...

Jedenfalls soll *Tausi Melek* von Gott bestraft worden sein. Er soll 40.000 Jahre auf dem Meere gewandert sein. Er sei sehr einsam gewesen und habe schließlich eingesehen, dass es nicht richtig war, Gott nicht zu gehorchen. Er habe also diesen Ungehorsam sehr bereut. Er habe es so sehr bereut, dass er mit seinen Tränen das Feuer der Hölle ausgelöscht habe. Dann habe Gott ihm verziehen und wieder zum Obersten aller Engel benannt. Deshalb glauben viele Êziden auch, dass es für sie keine Hölle gibt, da *Tausi Melek* für sie gelitten und das Feuer der Hölle ausgelöscht habe.

Warum wird er „Engel Pfau" genannt?

Der „Engel Pfau" wird bei den Êziden auf kurdisch *Tausi Melek* genannt. Der Pfau ist ein Lichtträger. Seit etwa 2800 Jahren ist der Pfau ein wichtiges Symbol für die viele Völker im Mittleren Osten und Indien. Nach der alten Religion der *Sassaniden* hat Gott beide Kräfte des Lebens, *Ohrmadz* und *Ahriman*, als das dunkle und helle Prinzip des Lebens geschaffen, die in ständiger Fehde miteinander liegen; dabei symbolisiert der Pfau als Lichtträger die himmlische Lichtwelt. Der Pfau symbolisiert die Reinheit und die Sonne. Auch der Islam ehrt den Pfau. Für den Islam ist der Pfau ein kosmisches Symbol; sein Rad stellt das Universum, den vollen Mond oder die Sonne im Zenit dar. In Indien ist der Pfau ebenfalls von großer Bedeutung und kann heute noch überall als Symbol gesehen werden.

Die Êziden glauben u.a., dass Gott vor der Erschaffung der Erde die Perle, *Dirr*, dem Pfau auf den Rücken stellte und er damit das Universum bereiste.

Gibt es andere Versionen, wie die Erde erschaffen worden sein kann?

Ja, und zwar sind es mündliche Überlieferungen, die bis heute von den älteren Êziden erzählt werden. Sie unterscheiden sich von der bisherigen Version, die ich erzählt habe. Es ist aber interessant zu wissen, was so die Anschauung der Menschen über die Erschaffung der Erde ist:

Danach bestand die Welt am Urbeginn aus einem grenzenlosen Ozean, aus dem sich ein Baum erhob, auf dem Gott in Gestalt eines Vogels saß. Da er es bald müde wurde, immer allein zu sein, erschuf er aus sich selbst heraus einen Engel und ließ ihn auf einem Rosenstock Platz nehmen, der weitab von Gottes Baum aus den Wassern emporgesprossen war. Dies war der *Tausi Melek*, dem er großmütig gestattete, sich zu ihm auf den göttlichen Baum zu setzen. Dieses Privileg wurde jedoch von *Tausi Melek* falsch verstanden, und er setzte sich mit Gott gleich. Darüber entstand ein Streit, und Gott verbannte *Tausi Melek*. Dieser flog ruhelos über die Wasserwüste und suchte nach einem Ruheplatz. Eines Tages kam er wieder an dem Baum Gottes vorbei und erkannte dessen Herrschaft an, und Gott vergab ihm.

Was ist mit dem *Gamasi* gemeint?

Eine andere Version besagt, dass die Erde durch einen Stier und einen Fisch davor bewahrt wird, zu sehr zu schwanken. So würde sich ein Erdbeben dann ereignen, wenn der Stier die Erde von einem Horn auf das andere Horn legt. Andere Erzählungen benutzen den Begriff *Gamasi*, was wortwörtlich „Stier und Fisch in einem“ („Fischstier“) bedeutet. Dieser Begriff wird heute auch für den Wall benutzt. Es ist also gut möglich, dass sie den Wall meinen, der dafür sorgt, dass die Erde im Gleichgewicht bleibt.

Warum werden die Êziden manchmal als „Anbeter des Bösen“ bezeichnet?

Das habe ich indirekt schon in der Erzählung über den „Engel Pfau“, *Tausi Melek*, erwähnt.

Bei den Êziden spielt bekanntlich neben Gott der „Engel Pfau“ eine bedeutsame Rolle. Interessant ist aber, dass die Êziden in der mündlichen Überlieferung von einem Streit zwischen Gott und *Tausi Melek* erzählen. Hiernach akzeptiert *Tausi Melek* Gott nicht als Schöpfer und setzt sich ihm gleich. Deshalb verbannt Gott *Tausi Melek* für 40 000 Jahre. Dieser wandert ruhelos umher, bis er seine Handlung bereut und Gott um Vergebung bittet, der ihm verzeiht und wieder als obersten Engel einsetzt.

Während dieser 40 000 Jahre habe der „Engel Pfau“ so gelitten und geweint, dass Gott seinem Volk der Êziden für alle Zeiten ihre Sünden vergeben hat. Daher glauben viele Êziden, dass es keine Hölle gibt.

Da *Tausi Melek* sich Gott widersetzte, wird der „Engel Pfau“ von einigen muslimischen Historikern als der „Böse Engel“ bezeichnet. Die Êziden glauben an Gott und haben nichts mit bösen Engeln zu tun.

Wenn Gott das Gute darstellt, wer stellt dann das Böse dar?

Gott wird bei den Êziden als allmächtig angesehen, so dass es neben ihm keine andere Macht oder Kraft geben kann. Dass die Êziden das Wort für die böse Macht nicht aussprechen, hängt damit zusammen, dass die Êziden damit Gottes Allmacht nicht in Frage stellen wollen. Sollten sie das Wort aussprechen, so könnten vielleicht Zweifel daran bestehen, dass Gott allmächtig ist.

Die Êziden glauben, dass Gott sowohl gut als auch böse sein kann, so wie es die Menschen ja auch manchmal sind.

Warum aber werden die Êziden in der Literatur auch als Anbeter des Bösen bezeichnet?

Ich merke, das Thema scheint für euch wichtig zu sein. Wie gesagt, glauben die Êziden nicht, dass es eine andere Macht neben Gott geben kann.

Es gibt aber Vorstellungen einiger Moslems, die davon ausgehen, dass der „Engel Pfau", also *Tausi Melek*, der gefallene Engel sei. Sie erzählen, dass *Tausi Melek* den Adam im Paradies verführt habe, um ihn aus dem Paradies zu werfen.

Ein weiterer Grund für diese Behauptung ist, dass *Tausi Melek* sich einmal, auch nach der êzidischen Vorstellung, gegen Gott gestellt hat und deswegen 40 000 Jahre bestraft wurde. Daher meinen nun einige, dass *Tausi Melek* die Gestalt des Bösen ist. Auch diese Vorstellung teilen die Êziden nicht, da aus ihrer Sicht nach Gott *Tausi Melek* kommt und ausschließlich gut ist. *Tausi Melek* sei der Vertreter Gottes, der für die Menschen da ist.

Die Êziden sprechen den Namen des Bösen nicht aus, um nicht Gottes Allmächtigkeit in Frage zu stellen.

Wie ging es, nachdem Adam und Eva erschaffen wurden, weiter?

Die Erzählungen der Êziden sagen, dass Adam und Hawa, wie die Êziden Eva nennen, zusammen 80 Kinder auf die Welt brachten. Doch bald begannen sich Adam und Hawa über die Zukunft ihrer Kinder zu streiten und konnten keinen gemeinsamen Weg finden.

Jeder von beiden wollte allein in der Welt sein und über die Kinder bestimmen. Sie sahen nicht ein, dass sie beide vonnöten waren – für den Fortbestand ihrer Art, und um die von Gott gewünschte Aufgabe zu erfüllen: Die Welt grün und blühend wie im Paradies zu machen. In ihrem irdischen Eifer und ihrer Ignoranz beschlossen sie, ihre sich widersprechenden Forderungen einer Probe zu unterziehen.

Jeder füllte seinen Krug mit „dem Schweiß der Stirn". Hierbei ist nicht der Schweiß gemeint, der einem beim Arbeiten in die Augen rinnt. Heute würde man sagen: Jeder füllte seinen Krug mit der Aura seines Geistes, mit dem Hauch seiner Gedanken und seiner Vorstellungskraft.

Vierzig Tage vergingen. Aus dem Krug Adams stieg ein hübscher Jüngling hervor, genannt *Shahid ben Shar*. Er verkörperte das Vorbild, dem der Mensch nacheifern muss. Aus dem Krug der Hawa (Eva) ergossen sich Reptilien, gefährliche Kriechtiere und Insekten. Adam war vom ersten Augenblick an so angetan von dem Wesen des *Shahid ben Shar*, dass er seinen vorherigen Kindern – 40 Söhnen und 40 Töchtern – keine Beachtung mehr schenkte. Deshalb versammelten sich alle um die Mutter und machten ihrem Groll Luft. Hawa eröffnete ihnen, dass es keinen anderen Ausweg gäbe, als *Shahid ben Shar* zu töten. *„Solange er da ist“*, erklärte Hawa ihrer versammelten Nachkommenschaft, *„werdet ihr mit ihm verglichen werden und bei jedem Vergleich den Kürzeren ziehen“*.

Insgeheim wurde der Plan geschmiedet, *Shahid ben Shar* zu töten, und es wurde ein Tag für diese schändliche Tat festgesetzt. Für den verabredeten Tag vereinbarten sie eine Losung, ein Geheimwort. Hawa sollte die Losung kurz vor der Tat ausgeben.

Adam, bezaubert von *Shahid ben Shar*, nahm die Verschwörung um ihn herum nicht wahr. Aber *Tausi Melek* wusste um sie, wie er alles weiß; selbst das, was in den unergründlichen Tiefen unserer Gedanken vor sich geht. Am Morgen des verhängnisvollen Tages befahl deshalb *Tausi Melek* den vier *Djinnen*, in die Münder der 80 Kinder zu speien, solange diese noch schliefen. Als die Verschwörer aufwachten, stellten sie fest, dass jeder von ihnen eine andere Sprache sprach und keiner den anderen verstehen konnte.

Als nun Hawa kam und das Losungswort sprach, dass sie losschicken sollte, ihren Halbbruder zu töten, konnten sie ihre eigene Mutter nicht mehr verstehen. Seither, so diese êzidische Erzählung, gibt es unterschiedliche Sprachen.

Es gibt auch viele andere Geschichten über Adam und Eva. So glauben einige auch, dass nicht Gott, sondern *Tausi Melek* aus den Elementen Erde, Wasser, Luft und Feuer Adam erschaffen habe. Dann soll Adam hundert Jahre allein gelebt und sich gelangweilt haben. Deswegen habe *Tausi Melek* aus Adams linker Achselhöhle heraus eine Gefährtin erschaffen und sie Hawa genannt.

Gibt es einen Ablauf der Zeit?

Gemäß dem Glauben der Êziden gliedert sich der Lauf des Geschehens in einzelne Zeitalter auf. Alle 1 000 Jahre steige ein Engel auf die Erde herab und übernehme die Herrschaft für eine bestimmte Dauer. Der Engel, der auf die Erde gekommen ist, erlässt Gesetze und Vorschriften und zieht sich dann nach Ablauf seiner Mission wieder in den Himmel zurück.

Folgt man dieser Vorstellung, dann gibt es also sieben Zeitalter, und die Dauer des gesamten Weltgeschehens beläuft sich auf 7 000 Jahre. Einige Forscher gehen von einem êzidischen Kalender mit einem Weltalter von

10000 Jahren aus. Nach dieser Berechnung, welche sehr kompliziert ist, herrscht *Tausi Melek* noch 4000 Jahre auf der Erde. Diese Jahre sind aber keine Erdenjahre, wie wir sie kennen. So ist ein Engelsjahr gleich 10000 unserer Jahre.

Warum sagen einige, dass das Êzidentum eine Geheimreligion sei?

Das Êzidentum ist keine Geheimreligion. Seine Anhänger wurden aber immer wieder verfolgt und hatten keine großen Möglichkeiten, ihre Religion öffentlich, wie z.B. in einer Kirche oder Moschee, auszuüben. In ihren Dörfern haben sie ihre Religion aber offen gelebt. So haben Sie nach dem Fasten oder zu Ehren des *Sheikh Adi* offen und herzlich – auch gemeinsam mit ihren christlichen oder muslimischen Nachbarn – gefeiert.

Die Êziden sind natürlich auf Grund ihrer jahrhundertelangen Unterdrückung gegenüber anderen Gruppen misstrauisch und geben wenig detaillierte Informationen über ihre Religion preis. Europäische Historiker berichteten bereits vor 200 Jahren über die grausame Unterdrückung und Verfolgung der Êziden. Deswegen zogen sich die Êziden in ihre Dörfer in den Bergen zurück, um dort in Ruhe ihre Religion ausüben zu können.

Der Kontakt mit der Außenwelt entstand nur, wenn die Männer zum Militär gehen mussten. Hier versuchten die êzidischen Männer aber, wenig über ihren Glauben zu erzählen, da es viele Vorurteile gegen sie gab. Wenn es einmal bekannt wurde, dass sie Êziden waren, dann drohte ihnen viel Ärger und Gewalt.

Konnten denn die Êziden nicht in Ausnahmefällen einfach sagen, sie seien keine Êziden, damit ihnen nichts passiert, oder geht so etwas nicht?

Viele der Êziden sind sehr stolz auf ihre Religion und haben sich auch unter Androhung oder Erfahrung von Gewalt zu ihrer Religion bekannt.

Es gibt aber ein sehr altes Gebot, welches nicht typisch êzidisch ist, aber in der Literatur erwähnt wird. Dieses Gebot wird *Taqiyeh* genannt. Hiernach ist es den Êziden in äußerster Gefahr erlaubt, sich nicht als Êziden zu bekennen. Es gibt viele Êziden, deren Familien bedroht wurden und die, um sie zu schützen, Moslems geworden sind.

Gleichzeitig haben die obersten Priester die einfachen Gläubigen nicht in die Mysterien eingeweiht, sondern nur mit äußeren Verhaltensregeln und Tabus vertraut gemacht. Dieses Gebot soll dazu dienen, dass die Religion gegenüber Nicht-Êziden geschützt wird.

Die *Taqiyeh* war bereits von den Manichäern, einer über zweitausend Jahre alten Gemeinschaft, entwickelt worden. Den Anhängern des Manichäismus war es erlaubt, nach außen hin jeder Religion anzugehören. Anders als Moslems oder Christen, die sich konsequent zu ihrer Religion bekennen müssen, durften die Manichäer zum Schein einen anderen Glauben annehmen, solange sie insgeheim dem Manichäismus anhingen bzw. die Regeln des anderen Glaubens nach manichäischen Vorstellungen interpretierten. Diese Haltung wird im Arabischen als *Taqiyeh* bezeichnet.

Feste und Rituale bei den Êziden

Was ist der *Carsema Sor, Serê Salê* (Neujahr)?

Das Neujahrsfest wird bei den Êziden am ersten Mittwoch bzw. um den 14. April gefeiert, was in jahreszeitlicher Hinsicht eine Nähe zu *Newroz* (dem traditionellen Neujahrsfest der iranischen Völker) aufweist, das Ende März gefeiert wird. Diese Feier hat fast die gleiche Bedeutung wie das Herbstfest, auf das ich noch eingehen werde.

Das Fest spielt sich folgendermaßen ab: Am Festtag muss, soweit vorhanden, in jedem Haus Fleisch sein, wobei das Vieh bereits am Vortag geschlachtet und das Fleisch in der Nacht zubereitet werden soll, um dann am Mittwochmorgen von den Priestern gesegnet zu werden. Auch der Toten wird gedacht. Im Laufe des Tages begeben sich die Frauen auf den Friedhof und legen Nahrungsmittel auf den Gräbern nieder. Das Fest selbst wird zu Ehren von *Tausi Melek* gefeiert.

Nach den Erzählungen der Êziden begibt sich der *Tausi Melek* an diesem Tag auf die Erde und hält eine Ratsversammlung, in der das alte Jahr bedacht und bewertet und das kommende Jahr geplant wird.

Aus diesem Grund ist der wöchentliche religiöse Feiertag bei den Êziden auch der Mittwoch. Hochzeiten dürfen während des ganzen Monats April (der heilig ist) nicht gefeiert werden, aber dazu später mehr.

Was ist *Belendan* (*Belindê*)?

Dieses Ritual wird in einigen Gegenden am 1. Dezember und in anderen Gegenden am 25. Dezember des Jahres gefeiert. An diesem Tag backen die Êziden Brot und verteilen es an die Armen. Sollte man keinen Armen finden oder sind alle mehr oder weniger gleich wohlhabend, so wird das Brot symbolisch dem Nachbarn gegeben.

In einigen Regionen werden in das Brot Rosinen eingebacken und derjenige, der die Rosinen im Brot findet, soll Glück im Leben haben. Die meisten Êziden glauben, dass *Belindê* eine „Feier für die Toten“ ist. Sie backen das Brot und gehen damit an die Gräber. Einige Personen geben auch an, dass dieser Tag „die Manifestation des *Sheikh Adi* auf Erden“ ist.

Wird dabei an die Vorfahren erinnert?

Ja.

Was ist mit der großen Feier im Oktober, der *Cejna Jemaiyê* (*Cemiya*)?

Zu Ehren *Sheikh Adis* wird im heiligen Tempel von Lalish im Juli und im Oktober gefeiert. An diesen Tagen versammeln sich alle Religionsführer der Êziden. Diese Feierlichkeiten, vor allem die im Oktober, sind das wichtigste Ereignis des ganzen Jahres, und jeder Êzide ist verpflichtet, wenn er die Möglichkeit dazu hat, mindestens einmal im Leben diese Feierlichkeiten in Lalish zu begehen.

Das Cemiya-Fest ist eine religiöse Feier, die alle gemeinsam feiern sollen. Es soll den Glauben und das gemeinschaftliche Zusammenleben stärken. Die Zeremonie, wie bereits schon erwähnt, wird jedes Jahr in Lalish in den heiligen Tempeln der Êziden nahe der Stadt Duhok in Kurdistan abgehalten.

Wo genau befindet sich der Tempel von *Sheikh* Adi und warum müssen dort alle barfuss laufen?

Die heiligen Tempel der Êziden und das Grab *Sheikh Adis* befinden sich in einem Tal, das zwischen den Städten Mousil (Mosul) und Duhok liegt. Das Tal liegt nahe dem 36. nördlichen Breitengrad und etwa 930 m über dem Meeresspiegel. Es ist umgeben von mehreren Hügeln, und um das heilige Grab sind mit der Zeit eine Reihe von Stein- und Lehmhäusern gebaut worden.

An der Spitze des Tales liegt eine Brücke, welche *Pira Silava*, „Brücke der Begrüßung", genannt wird. Wenn ein Êzide diese Brücke erreicht, so zieht er seine Schuhe und Strümpfe aus und geht barfuss weiter, weil er heiligen Boden betritt. Vor dem heiligen Gebäude des *Sheikh Adi* befindet sich ein mit Steinen gepflasterter Hof, der während der Feierlichkeiten als Markt benutzt wird. Die Êziden verkaufen Lebensmittel und andere Dinge während dieser Zeit. Tausende von Menschen verbreiten eine heitere und fröhliche Atmosphäre.

Was ist mit den „vierzig Männern" oder *Cilmêr*?

Etwas südlich neben dem Markt befindet sich ein Gebäude, das den *Cilmêr* gewidmet ist. Der Name *Cilmêr* (kurd. „vierzig Männer") geht auf die vierzig Männer zurück, die *Sheikh Adi* begleitet haben sollen.

Wie geht es weiter, wenn man den Tempel betreten hat?

Wenn die Pilger den Tempel betreten, so küssen sie beide Seiten der Tür, während ein Priester vor der Tür sitzt. Die Pilger geben dem Priester Almosen. Es gibt keinen festgelegten Preis oder Dinge, die als Almosen gegeben werden müssen. Es ist jedoch üblich geworden, Geld zu spenden. Früher wurden auch Lebensmittel gespendet. Der Priester betet dann für die Pilger und wünscht ihnen Gesundheit, Wohlstand und den Schutz Gottes.

Was befindet sich im Tempel?

Im Gebäude befindet sich das Grab *Sheikh Adis*, das mit grünen, roten und gelben Stoffen umhüllt ist. Die Pilger umkreisen das Grab dreimal und binden Knoten an die vorhandenen Stoffe. Für jeden Knoten sollen sich die Pilger insgeheim etwas wünschen.

War dort auch der Wohnraum von *Sheikh Adi*?

Hinter diesem Raum befindet sich etwas unterhalb eine kleine Höhle mit einer Quelle. Diesen Ort dürfen nur Êziden betreten. Nach den alten Überlieferungen soll dies der Platz sein, an dem *Sheikh Adi* gebetet und geweilt hat. Er soll dort an einen Stein gestoßen und dabei *„Zimzim“* gerufen haben. Danach ist Wasser dort entlanggeflossen. Diese Quelle ist wirklich sehr rein und kalt. Die Êziden trinken von der Quelle und waschen ihr Gesicht damit. Das soll sie vor Krankheit schützen und Glück bringen.

Die Moslems erwähnen doch auch etwas von dem Wasser *Zimzim*, aber in Saudi Arabien?

Ja, das ist richtig. Das Wort *Zimzim* ist arabisch und bedeutet „komm, komm“. Durch die Kraft von *Sheikh Adi* soll diese Wasserquelle sich direkt mit der Wasserquelle in Saudi Arabien verbunden haben. So sagen es jedenfalls einige Erzählungen.

Wie sieht der Tempel weiter aus?

Der Tempel steht am Hang eines Tales ganz in Weiß und ist schon sofort von Weitem zu sehen, wenn man das Tal betritt.

Am rechten Hang bei den anderen Gebäuden befindet sich eine Stelle, an dem die heiligen Steine der Êziden aus einem hellen und weißen Ton gewonnen werden. Dieser Ton wird mit dem heiligen Wasser des „Weißen Brunnens“, *Kaniya Spi*, zu einer kleinen Kugel geformt (*Berat)* und jedem Besucher gegeben.

Um den Tempel herum befindet sich eine Reihe von Häusern, die während der Feierlichkeiten als Gästehäuser dienen. Jeder *Sheikh* und jede *Pir-*

Familie hat ein Haus dort und bewirtet eine bestimmte Anzahl von *Murids* und gibt ihnen während der Feierlichkeiten Obdach.

Seit wann gibt es diesen Tempel?

Das ist wirklich unklar und es gibt verschiedene Informationen. Man weiß nicht genau, was richtig und was falsch ist. Die Êziden erzählen sich jedenfalls, dass der Tempel schon vor *Sheikh Adi* existiert habe. Der Sage gemäß ist der Tempel auf Gottes Befehl hin entstanden. In einigen anderen mündlichen Überlieferungen heißt es, dass Lalish durch das Licht Gottes entstanden und an diesem Platz das Schiff Noahs gestrandet sei. Von hier aus wäre also die Erde neu besiedelt worden. Im Jahre 1993 erzählte mir ein Êzide in Lalish, dass das Tempelgebäude vorher eine christliche Kirche gewesen sei. *Sheikh Adi* habe sich dort angesiedelt und die dort lebenden Mönche zu seiner Religion bekehrt. Lalish wurde erst dann zum Hauptsitz *Sheikh Adis*.

Ich habe in einem Nebenraum am heiligen Tempel in Lalish eine Säule gesehen und alle haben sie umarmt. Warum?

Diese Säule heißt auf Kurdisch *Stûna Mirada*, was so viel wie „Glückssäule" bedeutet. Die Êziden glauben, dass jeder, der es bei der Umarmung schafft, dass seine Hände sich berühren, im Leben viel Glück haben wird.

Können Sie etwas über das heilige Mahl des *Sheikh* Adi erzählen?

Dieses Ritual wird jeden Morgen gegen zehn Uhr abgehalten. Das heilige Mahl des *Sheikh Adi* wird auch *Simat* genannt. Dieses Essen wird von den Bewohnern von Lalish vorbereitet und den Besuchern des Tempels gegeben. In den Erzählungen wird gesagt, dass zu Zeiten *Sheikh Adis* Essen verteilt wurde. *Sheikh Adi* selbst soll die Gäste bewirtet haben. *Simat* ist ein Gericht, das aus Fleisch und Weizen besteht.

Während das *Simat* zu Ehren von *Sheikh Adi* regelmäßig unter den Besuchern im Vorhof des Tempels verteilt wird, wird das *Simat* zu Ehren der *Cilmêr* („vierzig Männer") außerhalb von Lalish zu unterschiedlichen Zeiten verteilt. Das *Simat* der *Cilmêr* besteht wiederum nur aus Fleischstückchen.

Die Êziden glauben, dass es genügt, ein Stückchen von dem Fleisch zu essen, um für ein ganzes Jahr gesund zu bleiben. Dieses *Simat*, das nur aus Fleisch besteht, wird insbesondere zu Ehren des *Sheikh Schems* verzehrt. Dazu fällt mir eine Geschichte ein, die ich euch erzählen möchte:

Es wird gesagt, dass *Sheikh Adi* und *Sheikh Shems* wegen einer Entscheidung nicht der gleichen Meinung gewesen seien. Die Familie des

Sheikh Shems war vor dem Kommen des *Sheikh Adi* so etwas wie die alleinige Fürstenfamilie der Êziden. Der Prinz der *Shems* war so sehr von den Wundern und Ideen *Sheikh Adis begeistert*, dass sie seine Führung akzeptierten. Aber die Prinzen der *Sehmsani*, so wurden sie damals auch genannt, waren weiterhin sehr einflussreich unter den Êziden. Jedenfalls hatten *Sheikh Adi* und *Sheikh Shems* sich gestritten.

Sheikh Shems soll dann aus Ärger Lalish verlassen haben. Nach sieben Jahren sei dann ein Bote zu *Sheikh Adi* gekommen und habe ihm die Nachricht gebracht, dass *Sheikh Shems* auf dem Weg nach Lalish sei. In der Küche wurde normalerweise das traditionelle *Simat*, Fleisch mit Weizen, vorbereitet. Von der guten Nachricht erfreut, vergaß man, den Weizen mit dem Fleisch zusammen zu kochen. Diese Fleischstückchen wurden dann zur Brücke der Begrüßung, der *Pira Silavan*, gebracht und *Sheikh Shems* zur Begrüßung angeboten.

Seitdem wird auch diese Art von *Simat* vorbereitet und verteilt.

Werden bei den Êziden Tiere geopfert?

Die Anhänger *Mithras*, eine alte Religion vor etwa 4 000 Jahren, opferten während ihrer religiösen Zeremonien Bullen (Ochsen) zu Ehren *Mithras*, ihres obersten Gottes, in ihrem Tempel. Die Êziden opfern ebenfalls einen Bullen zu Ehren *Sheikh Shems* bei den Herbstfeierlichkeiten in Lalish.

Gibt es auch Tiere, die bei den Êziden heilig sind?

Schon bei den alten Religionen, wie gerade gesagt, spielten Tiere eine besondere Rolle. Viele Êziden sehen auch ihren Ursprung in der Religion des *Mithras*-Kultes, also einer sehr alten Religion. Heute noch sehen wir in Lalish an *Sheikh Adi*s Schrein Tiere abgebildet, die schon zu Zeiten *Mithras*' heilig waren.

So wird der Bulle heute noch während der Feierlichkeiten zu Ehren *Sheikh Adis* im Oktober in Lalish geopfert. Die Êziden opfern den Bullen für die ganze Menschheit und hoffen dabei auf ein harmonisches und friedliches Leben auf der Erde. Der Bulle wurde früher symbolisch auch als Zeichen des Herbstes geopfert, in der Hoffnung auf einen fruchtbaren Acker für das nächste Jahr.

Warum dürfen Êziden Schlangen nichts antun?

Diejenigen, die schon einmal Lalish besucht haben, werden eine schwarze Schlange, im Kurdischen *Marê Resh* genannt, am Schrein des *Sheikh*

Adi vor dem großen Hof gesehen haben. In der *Mithras*-Religion hatte die Schlange eine symbolische Bedeutung für den Kosmos und den Tierkreis.

Die Schlange sei symbolisch der Weg, an welchem sich die Sonne und der Mond entlang bewegen.

Bei den Êziden wird daher die Schlange als ein Symbol der Zeit, auch der Jahreszeiten und des Weges, gesehen. Bei ihnen ist die Schlange, insbesondere die „Schwarze Schlange", ein heiliges Tier.

Mit dem Kommen des *Sheikh Adi* wurde die Bedeutung der Schlange erweitert. So ist seit dieser Zeit die *Sheikh*-Kaste der *Sheikh Mend* für den Schutz der Schlange zuständig. *Sheikh Mend* soll über unglaubliche Kenntnisse bezüglich Schlangen verfügt haben. Dieses Wissen hat er an seine Söhne und diese wiederum an ihre Söhne bis heute weitergegeben. Zum Beispiel sollen die *Sheikh Mend* in der Lage sein, Menschen, die von Schlangen gebissen wurden, zu heilen.

Noch heute gehen Êziden zu der *Sheikh*-Kaste der *Sheikh Mend*, wenn sie von Schlangen gebissen werden. Durch Gebete, bestimmte Handlungen und nur ihnen bekannte Pflanzen sollen sie in der Lage sein, jedes Gift aus dem Körper der Menschen herauszuholen.

Was ist mit dem Skorpion?

Auch der Skorpion wird bei den Êziden als heilig angesehen. Dies ist ebenfalls eine Überlieferung aus der *Mithras*-Religion. Der Skorpion symbolisiert die Sonne und vereinigt sich jedes Jahr am 23. Oktober mit ihr. Die *Pir*-Kaste, die *Pirê Gerwa*, sind für das Symbol und den Schutz des Skorpions zuständig.

Warum wird die Schlange bei den anderen Religionen eher als böse und niederträchtig angesehen?

Die Schlange gilt erst seit der Religion des *Zarathustra*, auf Kurdisch *Zerdesht* genannt, als etwas Schädliches und Böses. Die *Zarathustara*-Religion ist später als die *Mithras*-Religion entstanden und hat einen großen Einfluss auf die heutigen Religionen, wie das Judentum oder Christentum, ausgeübt.

Fasten die Êziden?

Zur Ehre Gottes fasten die Êziden nach dem Mondkalender am ersten Freitag im Dezember. Sie fasten Dienstag, Mittwoch und Donnerstag, von Sonnenaufgang bis zum Sonnenuntergang.

Die *Koceks*, die Wunderheiler und die Wahrsager und einige weitere Personen fasten im Sommer und im Winter jeweils 40 Tage. Am heiligen Tempel der Êziden gehen *Baba Sheikh*, die *Koceks* und andere religiöse Würdenträger zum Grab *Sheikh Adis* und fasten dort drei Tage. Danach kehren sie zurück und führen ihre Fastentage fort.

Einige Tage, bevor die 40 Tage zu Ende sind, gehen sie wieder zum Grab von *Sheikh Adi* und beenden dort ihre Fastentage. Die Fastentage im Winter beginnen am 20. Januar und verlaufen ähnlich wie die Tage im Sommer. Fasten im Sommer und Winter ist nicht für jeden Êziden verbindlich.

Das Fasten im Dezember für drei Tage ist gemäß der Religion der Êziden aber für jeden Erwachsenen Pflicht. In einigen Regionen, wie bei den Êziden in der Türkei, fastet man im Dezember nicht nur drei, sondern neun Tage. Jeweils drei Tage – immer dienstags bis donnerstags – wird immer für einen der Engel gefastet. Die letzten drei Tage gehören Gott, dem Schöpfer. Hier dauert die Fastenzeit drei Wochen, aber es wird nur drei Tage in der Woche gefastet.

Welche Feierlichkeiten gibt es noch?

Ich werde euch zunächst von den regelmäßigen Feiertagen erzählen und dann von Feiertagen, die nicht an bestimmte Tage und Jahreszeiten gebunden sind.

Khidir Elyas Feier

Zu Ehren *Khidir Ilyas* wird am ersten Donnerstag im Februar gefeiert. Dieser Feiertag wird von den meisten Gemeinschaften des Mittleren Ostens, wie z.B. den Aleviten, gefeiert. Einige Leute fasten auch hier drei Tage. *Khidir Ilyas* ist fast identisch mit *Hizir* bei den Aleviten oder St. Nikolaus bei den Christen. *Khidir Elyas* wird als Heiliger für das Leben, die Gesundheit und Heilung der Beschwerden der Menschen gesehen.

Khidir Nebi-Feier

Zu Ehren von *Khidir Nebi* wird ebenfalls am ersten Donnerstag im Februar gefeiert. Er wird als Heiliger für die Liebe zwischen den Menschen angesehen. Zu seinen Ehren fasten einige Êziden in Armenien drei Tage. Während dieser drei Tage sollen die Êziden sich nicht waschen oder ihre Wohnung reinigen, sie sollen nicht arbeiten und sollen durch das Fasten ausschließlich an *Khidir Nebi* und die Liebe zwischen den Menschen denken.

Gerstenbrot-Feierlichkeiten

Die Feier des Gerstenbrots wird am 7. Januar begangen. Brot gilt bei den Êziden als heilig.

Melkazan-Feier (Versammlung der Engel)

Wird eine Woche vor dem Neujahrsfest gefeiert.

Cejna Batizmiyê (*Cejna Piyalî*)

In der letzten Dezember- bzw. der ersten Januarwoche wird, insbesondere bei den Êziden in der Türkei aus dem Gebiet des Turabidin, also der Städte Mardin und Midyat, *Cejna Batizmiyê* gefeiert.

Diese Feier beginnt damit, dass von Samstag bis Montag alles saubergemacht werden muss. Es wird auch als *Cilsho* bezeichnet, was so viel wie „Kleiderwaschen" bedeutet.

Am Dienstag und Mittwoch wird zu Ehren der Toten *Nanê Miriyan,* „das Brot der Toten", gebacken und an die Nachbarn verteilt. Am Mittwoch wird ein Schaf geschlachtet und in sieben Teile geteilt und nach einer speziellen Rezeptur gekocht. Aus dem Öl werden sieben Lampen zum Leuchten gebracht. Schließlich findet am Donnerstag ein großes Fest statt, bei dem das vorbereitete Essen mit den sieben Lampen präsentiert wird. Es werden den Besuchern auch andere Dinge wie z.B. Tabak angeboten. Es wird dann gegessen, gesungen, getanzt und bis in den Morgen hinein gefeiert. Diese Feier wird auch *Şevronk* genannt, was soviel bedeutet wie „bis die Nacht wieder hell wird". Der Tradition entsprechend wird ein spezielles Brot mit Schafsöl gebacken, was *sewik* genannt wird. Aus diesem Schafsöl wird auch eine Art Milchsuppe gekocht. Am Freitag wird ein anderer Teil des Schaffleisches gegrillt und an alle Bewohnern verteilt. Der Samstag dient der Ruhe und Entspannung. Am Sonntag wird dann Neujahr gefeiert. Dieser Feiertag folgt grundsätzlich auf das zweite Wochenende, nach welchem die Feierlichkeiten der Fastenzeit stattgefunden haben, also in der letzten Dezember- bzw. der ersten Januarwoche.

In einigen Regionen wird verlangt, dass einer der Feiertage auf den 14. Dezember fällt, da an diesem Tag das Neujahr der Êzîden beginnt.

Was kann man unter nicht-regelmäßigen Feiertagen verstehen?

Die nicht-periodischen Feierlichkeiten und Zeremonien sind zum Beispiel eine Heirat, aber auch der Tod eines Menschen. So ist z.B. das erste Schneiden der Haare eines Kindes (*Biks*), die Beschneidung, das Auswählen eines Bruders bzw. einer Schwester für das Leben nach dem Tod und die Aufnahme von Personen in den *Faqir*-Status nicht an bestimmte Tage und Monate gebunden.

Feiern die Êziden auch den *Newroz*?

Das *Newroz*-Fest hat, so wie bei den Kurden und anderen Völkern, auch bei den Êziden eine besondere Bedeutung. Es hängt sicher mit dem parallelen iranischen Brauch zusammen, den ersten Mittwoch vor *Newroz* (21. März), den sog. „festlichen Mittwoch“, vor allem in den Dörfern und Landstädten zu feiern: Man steigt auf die Hausdächer, zündet Feuer an, singt und springt.

Gibt es auch hierzu eine Geschichte?

Natürlich. Es gibt immer eine *Geschichte zu einer Geschichte*!

So glaubten die Babylonier, dass am Neujahrstag, also dem *Newroz,* der Gott *Marduk* in dem kosmischen Ort *Doku*, welcher im Meer lag, die Götterversammlung abhielt. Hier wurde das Schicksal des Himmels und der Erde festgelegt.

Es gibt also Ähnlichkeiten mit den êzidischen Erzählungen, wenn diese glauben, dass sich im Neujahr *Tausi Melek* auf die Erde begibt und sich mit dem ältesten Rat der Êziden, den *Cilmer*, der „vierzig Leuten“, trifft. Dieser Tag wird bei den Êziden Neujahr bzw. „der Rote Mittwoch“*, Carshema Sor,* genannt, was wir schon besprochen haben.

Warum gibt es die Haarbeschneidung (*Bisk*) bei den Êziden und was bedeutet sie?

Erst im siebten, neunten oder spätestens im elften Monat nach der Geburt eines Jungen ist es erlaubt, seine Haare zu schneiden. Bei den Mädchen werden die Haare nicht abgeschnitten. Der *Sheikh* des Kindes schneidet das Haar von beiden Seiten und nimmt drei Locken (*Bisk*); zwei werden den Eltern gegeben und eine behält der *Sheikh*. Während der Zeremonie sagt der *Sheikh* einige kurze Gebete: Er widmet das Haar des Kindes den Vorfahren *Sheikh Adis* und bittet ihn, dabei zu helfen, dass das Kind behütet und ohne Schaden aufwächst:

„Diese Locke ist gewidmet Dir Sheikh Kale Shemsan und

Sheikh Adi, der Ruhmreiche, der Ehrenwerte ist Zeuge.

Oh, Sheikh Adi,

Diese Locke soll sich vierzigfach vermehren.“

Êzidischer Qewals (Erzähler)

Durch das Ritual der Haarbeschneidung wird das Kind offiziell Mitglied dieser Religion. Es kann mit der christlichen Taufe gleichgesetzt werden.

Gibt es auch eine Taufe?

Ja. In einigen Regionen werden nur die Jungen getauft. Dies hat seinen Ursprung sicherlich mehr in den Vorstellungen der Männer, als in der Religion. Die Taufe wird bei den Êzîden als *Mohrkirin* bezeichnet. Es bedeutet soviel wie „dazugehören". Der Begriff wird auch als „Stempel", „Zeichen" oder „Uhrkunde" bezeichnet. Die Taufe wird auch *Bisk* genannt. Bei den Jungen werden, wie bereits gesagt, drei Locken abgeschnitten. Bei den Mädchen werden keine Locken abgeschnitten, sondern sie werden mit dem heiligen Wasser des Heiligtums Lalish getauft.

Gibt es ein Leben nach dem Tod? Und wenn ja, gibt es jemanden, der die Toten begleitet?

Nach der êzidischen Vorstellung soll jeder Êzide einen Bruder oder eine Schwester haben, der bzw. die ihm im Leben nach dem Tod beisteht. Die Auswahl des Bruders oder der Schwester für das Leben nach dem Tod trifft der *Sheikh* des Gläubigen.

Am Tag des Jüngsten Gerichts, wenn der Gläubige zur Rechenschaft gezogen wird, stehen ihm sein Bruder bzw. seine Schwester nach dem Tod bei. Für das Leben im Jenseits bedeutet dies, dass „der Bruder oder die Schwester für das Jenseits“ besonders freundlich und hilfsbereit ist und die Verpflichtung eingeht, in der Not zu helfen und Beistand zu leisten.

Die Feierlichkeiten anlässlich dieses Rituals können im êzidischen Heiligtum in Lalish oder in anderen Siedlungsgebieten begangen werden. Wird die Zeremonie im Heiligtum von Lalish vollzogen, so trinken beide, die Schwester bzw. der Bruder für das Jenseits und die Person selbst einen Schluck aus der heiligen Quelle *Zimzim*. Sie küssen den heiligen Stein, den *Berat,* und zeigen somit ihre unzertrennliche Bindung.

Mir fällt gerade ein, dass *Bave Cavush*, der Wächter von Lalish, mir vor einigen Jahren bei einer meiner Aufenthalte in Lalish berichtete, dass, wenn jemand diese Bindung eingeht, ab diesem Moment jeder für die Sünden des anderen verantwortlich ist und beide ihre Sünden teilen werden.

Es gibt auch ein Gedicht dazu, das etwa wie folgt lautet:

“Şêx ferz e, Pir nişan e
Ferz e birayê axiretê, ferzeke giran e
Şêxê me, birayê me
Pîrê me, destdarê me
Xweda ye, rebî ye, her du dinyayê, tu paşayê min î”

„Einen Sheikh zu haben ist Pflicht, der Pir ist ein Symbol
Den Bruder für danach zu haben ist Pflicht, es ist eine schwere Pflicht
Unser Sheikh ist unser Bruder
Unser Pir ist unser Helfer
Gott, Herr der beiden Welten, ist mein König.“

Die Êziden glauben, dass diese Regel eine göttliche Regel ist, die die Engel den Êziden gegeben haben. Es ist wie eine Blutsbrüderschaft, vielleicht noch viel mehr. Es ist eine tiefe Freundschaft, die sobald sie geschlossen ist, für immer gilt. Beide Personen sind für einander und ihre Familien immer da und unterstützten sich uneingeschränkt. Den leiblichen Bruder muss man z.B. nicht unbedingt immer besuchen oder kann über ihn verärgert sein, dies gilt nicht für den Bruder oder die Schwester für das Jenseits.

Gibt es bestimmte Aufgaben für diese Personen?

Theoretisch müsste der Gläubige jeden Morgen seinen „Bruder oder seine Schwester für das Leben nach dem Tode besuchen“; der Kragen eines neuen Kleides muss von dieser Person geschnitten werden, bevor er genäht werden kann.

Der Gläubige muss jedes Jahr seinem „Bruder oder seiner Schwester für das Leben nach dem Tod“ ein Geschenk machen. Dafür ist es die Aufgabe „des Bruders bzw. der Schwester nach dem Tod“, dem Gläubigen bei Krankheiten beizustehen, ihm bei Schwierigkeiten zu helfen und ihm bei seinem Tod beizustehen.

Wie wird *Tausi Melek* bei den Êziden symbolisiert?

Das Symbol des *Tausi Melek* ist ein Vogel aus Bronze, der einem Pfau ähnelt. Bis vor dem ersten Weltkrieg hatten die Êziden sieben solcher Bronzestatuen, die in den Êzidendistrikten verteilt waren. Im Jahre 1892 entfesselte General *Whapi Pasha*, General des osmanischen Reiches, einen blutigen Krieg gegen die Êziden in den Hakkari-Bergen und *Sheikhan* und ließ eine Anzahl von êzidischen Dörfern plündern.

Das êzidische Dorf Baadra, das Hauptquartier der êzidischen Fürsten-Familie *Mir*, wurde ebenfalls ausgeplündert. Hier befanden sich auch die êzidischen *Tausi Melek*- Bronzestatuen. General *Whabi Pasha* raubte alle sieben Bronzestatuen und ließ sie nach Bagdad bringen. Im Jahre 1895 wurden diese Bronzestatuen mit Hilfe einiger Êziden und ausländischen Diplomaten aus Bagdad wieder zurückgebracht.

Die Bronzestatuen werden *Khizinet al-Rahman* genannt, was so viel bedeutet wie „Schatz des Barmherzigen“. Diese werden während der Feierlichkeiten zu Ehren *Sheikh Adis* vom Oberhaupt der Êziden oder von seinem Vertreter an die *Qewals,* die Erzähler, gegeben, die dann mit ihnen in die Dörfer gehen und Versammlungen abhalten.

Der *Qewal* bringt die Statue als Erstes zum heiligen Tempel von *Sheikh Adi*, wäscht sie mit dem heiligen Wasser des *Zimzim* und säubert sie anschließend noch einmal mit Olivenöl. Hierbei sind sechs oder sieben *Qewals* und fünf Priester, darunter *Sheikhs* und *Pirs*, anwesend. Dieser Gruppe müssen folgende Personen angehören:

1. Der *Naqib*, er ist das Oberhaupt und muss von der Kaste der *Pirs* sein. Der *Naqib* stellt alle Statuen nebeneinander auf, zwei Kissen werden dahinter gestellt und ein Teller für *Kher*, die Almosensammlung, werden ebenfalls aufgestellt.
2. Der Torwächter des *Kaniya Spi* (weißer Brunnen des Lalish).
3. Der Torwächter des *Sheikh Adi*-Tempels.
4. Ein Vertreter der *Mir*-Familie.
5. Der Kaffeemacher.

Bevor die Statuen des *Tausi Melek* in die Dörfer getragen werden, wird ein Kurier geschickt, der den Dorfbewohnern die heiligen Steine (*Berat*) von Lalish mitbringt und verteilt und sie gleichzeitig davon unterrichtet, dass die Statuen des *Tausi Melek* kommen werden.

Beim Erreichen des Dorfes spielen die *Qewals* ihre Trommeln und Flöten, während die erwachsenen Frauen *„Hol hola Tausi Melek e“* rufen, was so viel wie *„Herrlichkeit dem Tausi Melek“* bedeutet. Dann werden in einem Haus die Statuen ausgestellt.

Auf dem Weg zum Haus wird dann weiter Musik gespielt. Die Dorfbewohner küssen als Erstes die Statue von oben nach unten. Der Hausherr bewirtet die Dorfbewohner und zahlt sein *Kher*, seine Almosen.

Wenn alle Platz genommen haben, steht der *Micewir*, „Hüter des lokalen Tempels“, auf, legt die Hände vor sich aufeinander und sagt:

*„Oh, Oberhaupt der Erzähler (*Qewals*), Du, Vertreter des weißen Flusses, der Torwächter des* Sheikh Adi, Mir *und* Baba Sheikhs, *ihr seid uns besuchen gekommen und unterrichtet uns über die Lehren unserer Religion. Ich grüße Euch im Namen der Dorfbewohner und aller Teilnehmer. Wir würden gerne von Euch, den* Qewals, *über* Tausi Melek, Sheikh Adi *und unsere Vorfahren hören.“*

Anschließend sprechen die *Qewals* über die Geschichte und Religion der Êziden, über Werte der Zusammenarbeit, der gegenseitigen Hilfe, der Solidarität und des religiösen Glaubens. Dann rezitiert das Oberhaupt der *Qewals* eine Reihe von heiligen Gedichten und Erzählungen und gibt den Êziden Rat in religiösen und alltäglichen Fragen.

Während der Rezitation müssen alle Teilnehmer stehen und es darf nicht geraucht, gegessen oder geredet werden. Das Oberhaupt der *Qewals* rezitiert die Gedichte und die anderen *Qewals* spielen Flöte oder schlagen eine kleine Trommel. Sowohl Frauen als auch Männer können zusammen an der Zeremonie teilnehmen.

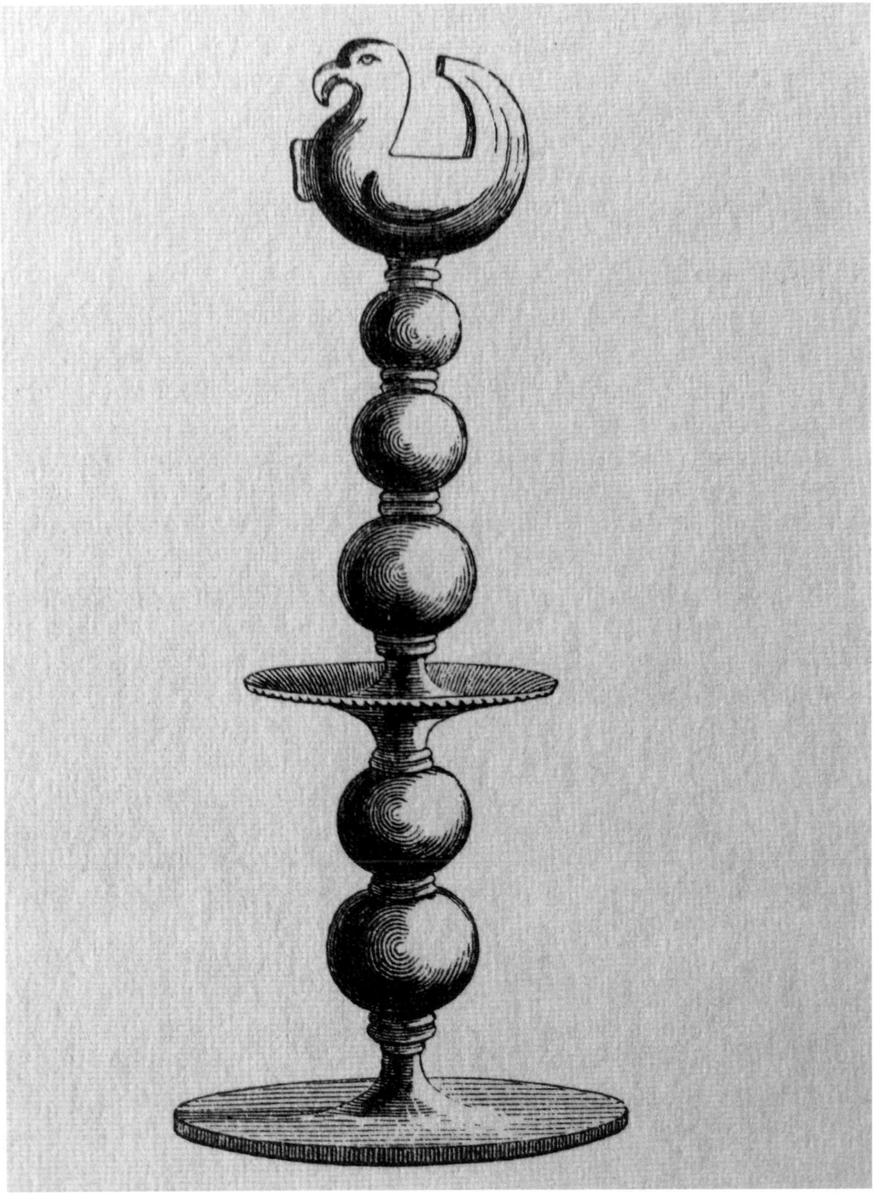

Die Tausi Melek-Statue ist das Sympbol für Tausi Melek (Engel Pfau)

Am Ende der Zeremonie findet eine Diskussion mit den Dorfbewohnern über religiöse Fragen und das Verhalten der Dorfbewohner statt. Fragen werden gestellt und von den *Qewals* beantwortet. Schließlich wird das von den Dorfbewohnern vorbereitete Mahl verzehrt. Zum Schluss erhält das Oberhaupt der *Qewals* die – meist aus Geld bestehenden – Almosen, die der *Micewir* von den Dorfbewohnern eingesammelt hat. Dann verlassen die *Qewals* das Dorf und machen sich auf den Weg ins nächste.

Was bedeuten die Bronzestatuen?

Die Bronzestatuen, die *Tausi Melek* darstellen, sind für die Êziden heilig. Sie stellen die übernatürliche Macht des *Tausi Melek* dar. Allein das Beobachten und Anbeten der Statuen kann aus der Sicht der Êziden die Natur und den Weg des Lebens verändern.

Viele Êziden, die an einer solchen Zeremonie teilgenommen haben, berichteten, dass eine unglaublich angenehme Atmosphäre herrschte, in der man sich wohl und inspiriert fühlte. Wenn die Êziden die Statuen anbeten, dann ist es für sie so, als ob sie wirklich *Tausi Melek* anbeteten.

Trotz eines gewissen sozialen Druckes ist die Teilnahme an solchen Zeremonien freiwillig. Für die Gläubigen hat diese Zeremonie eine wichtige Bedeutung: Sie glauben an die übernatürliche Macht des *Tausi Melek* und daran, dass er sie jeden Tag beschützt und vor Unglück und Krankheit bewahren kann.

Selbst bei kleinen, aber natürlich erst recht bei großen Ereignissen, die gut ausgehen, sind sie davon überzeugt, dass *Tausi Meleks* Macht und Einfluss dabei seinen Anteil hatte. Der Glaube an *Tausi Melek* spielt für die Êziden aber vor allem deshalb eine so herausragende Rolle, weil er dabei geholfen hat, angesichts der unmenschlichen Repressionen und Verfolgungen, denen sie oft ausgesetzt waren, die Hoffnung nicht ganz zu verlieren und diese Zeiten trotzdem zu überstehen. Ich glaube, dass ohne diesen Glauben die êzidische Gemeinschaft schon längst zerfallen wäre.

Was soll diese Zeremonie bewirken?

Sie soll bewirken, dass die Teilnehmer über ihre religiösen Pflichten und ihr religiöses Verhalten Klarheit gewinnen. Alle Elemente der Zeremonie wirken dabei zusammen; sowohl die Rezitation der Gedichte, als auch die Musik und schließlich die Gespräche mit den *Qewals* tragen dazu bei, die Gläubigen untereinander zu verbinden und ihr religiöses Empfinden zu vertiefen und zu festigen.

Die *Tausi Melek*-Statue repräsentiert auf der anderen Seite aber auch die Kontrolle und Macht der religiösen Schicht, vor allem der *Sheikhs* und *Pirs* über die Êziden.

Während und nach den Zeremonien werden auch mögliche Konflikte und Streitigkeiten zwischen einzelnen Personen und Familien geschlichtet. Es ist schwer, dem Wunsch der *Sheikhs* und *Pirs* nicht nachzukommen, sich wieder zu vertragen. So kann es vorkommen, dass sich nach der Schlichtung die beiden streitenden Parteien die Hand halten und schwören sich zu versöhnen; sie küssen dabei den heiligen Stein *Berat*. Der *Sheikh* erzählt den beiden betroffenen Parteien, dass Gott, *Tausi Melek* und alle hier Anwesenden Zeugen sind und dass dieser Streit nun für alle endgültig beendet sei.

Sind die Bronzestatuen so etwas wie ein Zeichen, z.B. eine Fahne für die Êziden?

Das Symbol des *Tausi Melek* ist das Emblem der Êziden, mit dem sie sich von den anderen religiösen Gemeinschaften unterscheiden. Ein Êzide identifiziert sich in erster Linie als Anhänger des *Tausi Melek* und erst in zweiter Linie mit seinem Stamm oder dem Gebiet, in dem er lebt.

Wie werden die Êziden beerdigt?

Wenn jemand stirbt, dann sind natürlich alle Verwandten und Bekannten sehr traurig. Die Familie des Verstorbenen bekommt dann viel Besuch, manchmal auch von Êziden, die man nicht kennt. Es ist üblich, sich an solchen Tagen gegenseitig zu unterstützen.

Es kommen manchmal so viele Êziden, dass die Familie des Verstorbenen für einige Tage einen Saal mieten muss. Nicht selten können bis zu 1 000 Leute zu einer Beerdigung kommen.

Zunächst findet die Totenwaschung statt, in der Regel in einem Krankenhaus oder auf dem Friedhof, wo es die Möglichkeit dazu gibt. Bei der Totenwaschung müssen der *Sheikh*, der *Pir* und der „Bruder bzw. die Schwester für das Jenseits“ anwesend sein.

Der Verstorbene wird dann in einem weißen Leichentuch eingewickelt und auf seine Augen und den Mund wird ein *Berat* gelegt. Ihr erinnert euch, der *Berat* ist ein kugelförmiges Ton-Amulett aus der Erde in Lalish. Jeder Êzide hat solche *Berats* bei sich zu Hause.

Bei der Beerdigung ist festgelegt, dass der Sarg so liegt, dass das Gesicht des Verstorbenen in Richtung Sonnenaufgang zeigt. Dann wird ein Grabstein auf den Sarg – dorthin, wo sich das Gesicht befindet – gelegt.

Danach muss der *Sheikh* festgelegte Gebete der Êziden für den Verstorbenen in Anwesenheit aller Trauernden wiedergeben.

In der Regel trifft sich dann die Trauergemeinde an einem Ort und wird von der Familie des Verstorbenen mit Essen und Getränken bewirtet.

Warum wird eine Steinplatte über das Gesicht des Toten gelegt?

Ich erzähle euch eine kurze Geschichte über diese Steinplatte und den Verstorbenen, wie ich sie von Êziden in Syrien und dem Irak gehört habe:

„Sabri, so wollen wir den Mann nennen, um den es hier geht. Er lebte glücklich und zufrieden in einem êzidischen Dorf. Es war gegen Mittag, als Sabri plötzlich hörte, wie einige Frauen sich sammelten und zu weinen begannen.

Einige von ihnen zogen sich an den Haaren und schlugen sich auf ihre Brust und Beine. Sie versuchten, sich überall Schmerz zuzufügen. Sabri ging und setzte sich zu den anderen Männern, die ebenfalls herbeigeeilt waren.

Ältere Männer sprachen über einen Mann und jedes Mal lobten sie ihn und sagten, er sei ein guter Mann gewesen. Später kamen auch Leute aus den Nachbardörfern und besuchten das Haus. Die Frauen hatten sich in dem Haus versammelt und man hörte von Weitem ihr Weinen und ihre traurigen Gesänge.

Sabri wusste jetzt, dass jemand gestorben war, aber nicht wer. Niemand erwähnte seinen Namen. Man sagte nur, er war so, er hat dieses und jenes gesagt oder getan. Sabri kam vieles bekannt vor, aber er konnte in seinen Gedanken niemanden finden, der zu diesen Beschreibungen passte. Überall schaute er sich um, insbesondere unter den Dorfbewohnern, aber es fehlte niemand, alle waren anwesend. Die Frauen kochten und brachten den Gästen Essen.

Bis spät in die Nacht hinein blieben die Leute, die engsten Verwandten schliefen bei der Familie, um ihr Mitgefühl auszudrücken und ihnen in der schweren Stunde beizustehen. Am nächsten Morgen wurde der Körper des Toten traditionell gewaschen. Auch Sabri ging zum Waschplatz, konnte aber den Körper nicht sehen, weil das Gedränge so groß war. Der Sheikh *und andere religiöse Würdenträger waren anwesend und beteten für den Toten. Der Körper wurde mit einem weißen Leintuch umhüllt. Sabri hatte schon viele Bestattungen gesehen, aber diese war irgendwie anders, doch konnte er nicht erklären, warum. Vielleicht, weil er immer noch nicht wusste, wer der Verstorbene war.*

Am Nachmittag trugen die Männer die Leiche zum Friedhof, der außerhalb des Dorfes lag. Auch Sabri half, die Leiche zu tragen. ‚Diese Leiche ist ganz schön schwer', dachte Sabri, als er sich in der Hitze den Schweiß von der Stirne wischte. Schließlich kamen sie an. Sabri setzte sich hin und holte tief Luft. Alle erholten sich. Die Frauen weinten immer noch. Einige hatten so viel geweint, dass sie nur noch husten konnten vor Heiserkeit.

Das Grab wurde ausgehoben. Bei der steinigen Erde war das nicht einfach. Die Männer wechselten sich ab. Auch Sabri nahm den Spaten in die Hand und half beim Graben. Das Grab war so ausgehoben, dass das Gesicht der Leiche zur Sonne, wenn es Sonnenaufgang wäre, zeigte, zwei flache und breite Steine sollten über das Gesicht der Leiche gestellt werden.

Die Leiche wurde behutsam ins Grab hinab gelassen, die Steine wurden oberhalb des Gesichtes aufgestellt, so dass zwischen ihnen noch etwas Platz bleibt. Anschließend wurde das Grab zugeschüttet. Einige Frauen warfen sich auf das Grab und schütteten die Erde, welche obenauf lag, auf ihren Kopf. Andere Frauen zerrten sie vom Grab und die Menschen machten sich auf den Rückweg ins Dorf. In der Zwischenzeit wurde Essen für sie im Dorf vorbereitet.

Auch Sabri wollte aufstehen und mit den Leuten ins Dorf zurückgehen. Aber irgendwie konnte er sich nicht bewegen. Kalter Schweiß floss auf seinen Rücken hinunter. Er rief die Leute um Hilfe und bat sie zu warten. Dann schrie er noch lauter um Hilfe. Doch anscheinend hörte ihn niemand. Plötzlich merkte er, wie ein kleiner Tropfen Blut aus seiner Nase floss. Jetzt wusste er es. Er war der Tote. Die Geschichten der Alten aus dem Dorf waren also doch wahr, dachte Sabri. Sie besagten: Der Stein im Grab, der auf das Gesicht der Leiche gelegt wird, ist dazu da, damit der Tote, der bis dahin nicht weiß, dass er gestorben ist und den Leuten folgen will, sich an dem Stein stößt und dann erkennt, dass er selbst der Tote ist."

Ich hoffe, ich habe euch nicht erschreckt. Diese Geschichte ist insofern wichtig, damit ihr wisst, warum diese Steinplatte über das Gesicht des Verstorbenen gelegt wird.

Aber vielleicht seid ihr etwas beruhigter wenn ich euch sage, dass die Êziden glauben, dass das Leben nicht mit dem Tod endet, sondern dass es nach einer Seelenwanderung einen neuen Zustand erreicht. Als was man dann wiedergeboren wird, hängt davon ab, wie gut man sich vorher verhalten hat.

Deswegen gibt es ja auch den Bruder oder die Schwester nach dem Tod. Diese Personen wählt man sich noch in diesem Leben, und nach den Erzählungen begleiten sie einen nach dem Tod und unterstützen einen, damit dem Toten seine Fehler auf Erden vergeben werden.

Dürfen Êziden auch im Ausland beerdigt werden?

Es gibt keine Vorschriften, dass ein Êzide nur in seinem Heimatland oder am Herkunftsort begraben werden darf. So gibt es z.B. in einigen Städten in Deutschland auch êzidische Friedhöfe. Hier finden die zeremoniellen Beerdigungen statt.

Regeln und Ordnung, *Sad u Had*

Gibt es ein Oberhaupt bei den Êziden?

Der *Mir*, auch Fürst genannt, ist das absolute Oberhaupt der Êziden. Er kann analog zum christlichen Glauben auch als der „Papst“ der Êziden bezeichnet werden. Sein traditioneller Sitz liegt in Baadre, das einige Kilometer von dem Heiligtum Lalish entfernt ist. Doch meistens residierten die *Mirs* früher in Mousil oder Bagdad. Sie kamen nur anlässlich der Hauptfeierlichkeiten nach Lalish oder Baadre.

Der *Mir* symbolisiert *Sheikh Adi*. Er ist der direkte Vertreter *Sheikh Adis* und wird fast wie ein Heiliger angesehen. Mir fällt gerade wieder eine Geschichte ein, die ich in einem Buch über die Êziden gelesen habe. So hatte das irakische Innenministerium 1945 eine Versammlung durchgeführt und die Êziden über ihren *Mir* befragt. Vor mehr als 60 Jahren sollen die Êziden laut des Buches von Edmond über ihren *Mir* Folgendes gesagt haben:

„Der Mir *ist das höchste Oberhaupt der Êziden. Er hat die Freiheit, alles zu entscheiden und niemand hat das Recht, ihn zu einer Verhandlung oder zu einem Gespräch zu zwingen. Nur nach seinem Tod kann jemand aus der* Mir-*Familie seinen Platz einnehmen. Diese Stellung hat er seit der Gründung der Religion bis zum heutigen Tage inne.*

Er ist das Oberhaupt der Familie Sheikh Adis, *der sein Vorfahre ist. Wenn der* Mir *stirbt, dann kommen alle êzidischen Führer oder ihre Vertreter zusammen und wählen eine Person aus der Familie des* Mir *als Nachfolger. Der neue* Mir *ist dann zuständig für die Kinder des vorherigen* Mir, *und er muss lebenslang für sie sorgen. Die Personen, die den* Mir *treffen, sind verpflichtet, ihn zu ehren und ihm zu gehorchen.“*[1]

Die außerordentliche Macht, die der *Mir* über die Êziden hat, rührt von ihrer Überzeugung her, dass er der Vertreter des Reformators *Sheikh Adi* ist. Das heutige Oberhaupt der Êziden, *Mir Tashin Beg*, besuchte in den 1990er Jahren des Öfteren die Êziden-Gemeinschaft in Europa. Die außerordentliche Verehrung, die ihm zuteil wurde, lässt sich daran ablesen, dass alles, was der *Mir* anfasste, für die Êziden gesegnet war.

Das Wasser, das er beim Trinken übrigließ, wurde aufgehoben, um den Kindern damit das Gesicht zu waschen, wenn sie krank wurden. Als der *Mir Muawi* in den 1970er Jahren die Türkei besuchte und dabei in die êzidi-

1. Edmond, L. J.: *A Pilgrimage to Lalish*, S. 24.

schen Dörfer ging, wurden ihm zu Ehren Hunderte von Schafen und Kühen geschlachtet. Tag und Nacht wurde gefeiert.

Der *Mir* hat das Recht, jeden Êziden zu exkommunizieren, der die religiösen Regeln verletzt. Der *Mir* ist verantwortlich für die Instandhaltung der Heiligtümer, und er ist verpflichtet, jedes Jahr bei den Feierlichkeiten anwesend zu sein. Der *Mir* empfängt Geschenke, Geld und andere Wertgegenstände von den Êziden.

Natürlich hat sich dies seit den 1990er Jahren verändert. Die Êziden in Europa erkennen ihren *Mir* weiterhin als Oberhaupt an, aber verehren ihn eher dadurch, dass sie ihn besuchen. Sie waschen ihre Kinder nicht mehr mit dem Wasser, dass der *Mir* berührt hat. Sie zeigen ihm und seiner Familie aber weiterhin großen Respekt.

Wer sind die *PisMirs*?

Sie stammen aus der Familie der *Mirs*, der Fürstenfamilie. Im Kurdischen bedeutet das Wort soviel wie „mit der Fürstenfamilie verwandt sein". Sie stellen aber eine separate Gruppe dar. Die *PisMirs* sind Nachfahren des *Sheikh O Bekir*. Folgt man den traditionellen Erzählungen, so stammt die Gruppe der *PisMirs* von *Menshur ben O Bekir* ab. Angehörigen der *PisMirs* ist es erlaubt, Mitglieder aus der Fürstenfamilie der *Mirs* zu heiraten.

Die *PisMirs* vertraten jahrhundertelang die Gruppe der Intellektuellen in der Gemeinschaft der Êziden. Sie waren es, die periodisch Sitzungen abhielten, um über politische und religiöse Fragen am Hauptsitz der *Mirs* in Baadre zu diskutieren. Seit den politischen Veränderungen in Kurdistan, vor allem im Irak, spielen auch die *PisMirs* nicht mehr die wichtige Rolle, die sie einmal innehatten.

Gibt es auch ein Oberhaupt der Êziden, das nur für die Religion zuständig ist?

Ja, es ist der *Baba Sheikh* (Vater der *Sheikhs*). Er ist das absolute geistige Oberhaupt aller Êziden, sowohl der *Sheikhs* als auch der *Pirs*. *Baba Sheikhs* können nur aus der *Shemsani-* und *Fakhradin*-Familie rekrutiert werden.

Die Führer der Êziden wählen den *Baba Sheikh*, der dann von dem *Mir* bestätigt werden muss. Während der *Mir* die Freiheit hat, zu reisen und unter das Volk zu gehen, verbringt der Baba *Sheikh* die meiste Zeit in seinem Haus oder besucht den êzidischen Tempel.

Der *Baba Sheikh* muss ebenfalls 40 Tage im Sommer und im Winter fasten. Er ist bekannt für sein profundes Wissen über die Religion und kann alle êzidischen heiligen Erzählungen auswendig. Außerdem hat er den ein-

Êzidische Männer im 18. Jahrhundert

zigen Teppich, der von *Sheikh Adi* zum Beten benutzt wurde, in seinem Besitztum. Dieser Teppich wird der Bevölkerung bei den êzidischen Feierlichkeiten im Heiligen Tempel gezeigt. Bei dieser Gelegenheit, wenn die Êziden Baba *Sheikh* besuchen, küssen sie zunächst den Teppich und erst dann seine Hand.

Der *Baba Sheikh* ist verpflichtet, *Sheikh Adis* Tempel zu schützen, die *Kocaks* (eine Gruppe von Priestern) zu unterweisen und zu betreuen und mindestens zehn Versammlungen im Jahr abzuhalten, in denen religiöse Themen behandelt werden. *Baba Sheikh* eröffnet die Fastentage und die Gebete und erklärt die religiösen Rechte eines jeden Êziden. Nach dem Tod des *Mir* erbt *Baba Sheikh* dessen Kleidung. Zweimal im Jahr besucht Baba *Sheikh* die êzidischen Dörfer, die ihm Almosen geben. Während der Feierlichkeiten zu Ehren *Sheikh Adis* im Heiligen Tempel, wenn *Baba Sheikh* auf dem heiligen Teppich sitzt, empfängt er ebenfalls Almosen.

Er residiert in der Stadt Ain Sifne in Südkurdistan (Nordirak). Die Stadt ist ca. 60 km von Mousil entfernt.

Was ist ein *Peshimam*?

Das Wort *Peshimam* bedeutet so viel wie „Hochgelehrter“ oder „Gelehrter ersten Ranges“. Vermutlich stammen die *Peshimams* von den Ahnen des *Sheikh Hasan* ab. Dies ist einer der drei Hauptzweige der *Sheikhs*.

Die *Khatanis* (*Qatani*) werden von den Fürsten, die *Schemsanis* von *Baba Sheikh* und die *Adanis*, die von *Sheikh Hasan* abstammen, von den *Peshimams* repräsentiert. Sie haben das Recht, Heiratszeremonien durchzuführen.

Traditionell durften nur die *Sheikhs* aus der Gruppe der *Adanis* die Heiratszeremonien durchführen. Heute jedoch tun das auch andere *Sheikh*-Gruppen. Der *Peshimam* wird grundsätzlich vom *Mir* bestimmt und genießt ein sehr hohes Ansehen in der êzidischen Gemeinschaft.

Das Wort *Sheikh* ist doch arabisch und nicht kurdisch?

Ja, das ist richtig. Das Wort selbst ist ein arabisches Wort und bedeutet soviel wie „Gelehrter“, „Führer“ oder „Oberhaupt“. Schon zu Zeiten *Mithras*' und *Zarathustras* gab es Hohepriester, die eine ähnliche Aufgabe wie die *Sheikhs* erfüllten. Es sind die heutigen *Pirs*, die wir bei den Êziden, Yarasan, Zarathrustra-Anhängern im Iran oder den Aleviten antreffen. Aber mit der Etablierung des Kasten-Systems in der êzidischen Gesellschaft seit *Sheikh Adi* hat sich die Stellung der *Sheikhs* so verändert, dass man sie heute nur noch mit den Priestern der *Ahl-i Haqq* im heutigen Iran vergleichen kann, die sowohl *Sheikhs* als auch *Pirs* haben.

Die *Sheikhs* sind die geistigen Führer der Gemeinschaft. Jeder *Sheikh*-Familie ist eine Anzahl von *Murids* zugeteilt worden, für die sie zuständig und verantwortlich ist. Die *Sheikh*-Familie hat die Aufgabe, den *Murids* in religiösen Fragen zu helfen und die religiösen Zeremonien mit ihnen abzuhalten. Dafür erhalten die *Sheikhs* von den *Murids* eine jährliche Summe von Geld. Die Summe wird nicht vom *Sheikh* bestimmt, sondern der *Murid* entscheidet selbst, wie viel er bezahlen will und kann.

Der *Sheikh* reist mindestens einmal im Jahr zu den *Murids*, um sein *Fito*, das sogenannte Jahresgeld einzusammeln.

Wie wir bereits erwähnt haben, repräsentiert jede *Sheikh*-Familie einen der sieben Engel, die von Gott erschaffen worden sind. Sie sind die Nachfahren der ersten *Sheikhs*, die von *Sheikh Adi* bestimmt worden sind.

Die Gruppe der *Sheikhs* ist in drei Hauptgruppen und in verschiedene Untergruppen unterteilt. Die *Shemsanis* behaupten, von den vier Söhnen des *Mir Ezdîn* abzustammen. Die *Adanis* sehen sich als Nachfahren von *Sheikh Hasan*, und die *Qatanis* berufen sich direkt auf *Sheikh Adi*. Zur Familie der *Shemsani* gehören: *Sheikh Shems* mit der Untergruppe *Amadin* und *Baki*, und *Sheikh Fekhredin* mit der Untergruppe *Mend* und *Fekhra*; *Sheikh Sejandin* und *Sheikh Nasiradin*. Zur Hauptfamilie der *Adanis* gehört die Familie des *Sheikh Hasan*. Weitere Untergruppen sind: *Sherfedin*, *Ibrahim Khetni* und *Sheikh Musa*.

Die *Mir*- und *PisMir*-Familie gehört zur Gruppe der *Qatani*. Zu den *Qatanis* wiederum gehören die Familien von *Sheikh O Bekir*, von *Abdulkadir Rahmani* und von *Ismail Anzel*. Um euch nicht weiter zu verwirren, höre ich jetzt mit dieser Aufzählung auf.

Gab es auch Kämpfe um die Macht, wie z.B. bei den Königen und anderen Herrschern?

Eine besondere Rivalität herrscht bis heute unter den oben erwähnten drei *Sheikh*-Gruppen, die die Stellung des *Mirs* inne haben wollen.

Ich hatte schon erwähnt, dass bevor *Sheikh Adi* zu den Êziden kam, die *Shemsani* über die Êziden herrschten und dann ihre Macht an *Sheikh Adi* abgaben. Noch heute sehen viele Anhänger der *Shemsani* dies mit Missbilligung. Auch wenn die *Qatani*-Familie behauptet, von der *Sheikh Adi*-Familie abzustammen, gehen viele davon aus, dass die *Qatanis* wohl eher von der Familie *Sheikh Adem* abstammen, die keine so bedeutende Rolle spielt.

Es gibt auf jeden Fall einen Konflikt zwischen den *Shemsani* und den *Adanis*. Die *Peshiman*, die die *Adanis* repräsentieren, haben nach der Auffassung der *Shemsani* und anderer Êziden zu viele Elemente des Islams in die Religion der Êziden eingeführt, was von ihnen strikt abgelehnt wird.

Von den *Pirs* haben Sie nur kurz erzählt. Sind das auch Priester?

Sie sind die alten Priester, die bereits zu Zeiten *Mithras*' und *Zarathustras* existierten und für die Erhaltung der Religion innerhalb der Bevölkerung zuständig waren. Sie sind eine wichtige Kaste innerhalb der Gemeinschaft der Êziden. Gemäß der Religion haben die *Pirs* die gleiche religiöse Stellung wie die *Sheikhs*, aber zum Teil sind die *Sheikhs* höher angesehen als die *Pirs*. Der Status der *Pirs* wurde eigentlich durch *Sheikh Adi* verändert, der den Status der *Sheikhs* hervorhob. *Sheikh Adi*, bekannt als *Adi ben Musafir*, ernannte sich selbst zum *Sheikh* und stärkte damit die Position der neu gegründeten Kaste innerhalb der Gemeinschaft der Êziden.

So wie jeder Êzide einen *Sheikh* haben muss, so ist es auch Pflicht, einen *Pir* zu haben. Es ist im Übrigen bemerkenswert, dass die *Sheikhs* alle arabische Namen haben, während die *Pirs* kurdische Namen tragen. Dies kann damit erklärt werden, dass die *Pirs* lange vor dem Erscheinen *Sheikh Adis* bei den Êziden als geistige Führer gewirkt haben.

Ich will nicht wieder für Verwirrung sorgen, aber kurz die vier Hauptgruppen der *Pirs* erwähnen, damit ihr schon einmal davon gehört habt:

Hesen Meman mit den Untergruppen *Hesen Elka* und *Khetibesi*;

Pir Afat mit den Untergruppen *Mehmed Reshan*, *Buwal* und *Pir Derbes*;

Pir Jerwan mit den Untergruppen *Esibiya Haci Muhamed*, *Omer Khale* und *Qediban*;

Pir Haci Ali mit den Untergruppen *Pir Behri*.

Die Familien der *Pirs* können ebenfalls nur untereinander heiraten. Mitglieder aus der Familie des *Pir Hesen Meman* dürfen allerdings nur eingeschränkt heiraten, weil diese Familie zur Zeit *Sheikh Adis* das Oberhaupt aller *Pirs* war. Mitglieder der *Pir Hesen Meman*-Familie dürfen nur Mitglieder der *Pir Jerwan*- oder *Mehmed Reshan*-Familie heiraten, weil nur sie den gleichen Status haben.

Ihr müsst euch vorstellen, dass es ein oder zwei *Pirs* unter den Êziden gibt, die nicht heiraten können, da in den zwei *Pir*-Kasten, aus denen sie heiraten dürfen, keine erwachsenen Frauen vorhanden sind.

Es gibt doch diese Geschichtenerzähler? Heißen sie nicht *Qewals*? Was ist deren Aufgabe?

Sie sind dafür zuständig, die Geschichte der Êziden auswendig zu lernen und an ihre Kinder weiter zu geben. Eines der Kinder muss schon sehr früh beginnen, alles in seinem Kopf zu behalten, damit es später von Dorf zu Dorf wandern und die Geschichte der Êziden erzählen kann. Da die meisten Êziden früher nicht lesen und schreiben konnten, habe sie so ihre Geschichte gelernt.

Die *Qewals* können sehr schön und spannend erzählen. Das ganze Dorf, Frauen, Kinder, Männer und die Alten setzten sich alle zusammen und hören von den Geschichten ihrer Vorfahren.

Vor nicht allzu langer Zeit heirateten die *Qewals* lediglich untereinander. Im Jahre 1950 erlaubten der *Mir* und *Baba Sheikh*, dass die *Qewals* Personen aus der Kaste der *Murids* heiraten dürfen, weil die Zahl der *Qewals* rapide gesunken war. Die *Qewals* leben in zwei Dörfern in der Region Basik u Bahzani, die etwa 35 km von Mousil entfernt liegen.

Die *Qewals* lernen von ihrem Vater alle religiösen Gedichte, alle mündlichen Geschichten der Êziden und alle heiligen Erzählungen auswendig.

Sie sind somit das religiöse Gedächtnis der Êziden, da außer in den beiden heiligen Büchern die Religion der Êziden nirgends niedergeschrieben ist.

Seit *Sheikh Adis* Reform war es die Aufgabe der *Qewals*, die traditionellen Erzählungen, Gedichte und Geschichten zu lernen und weiterzugeben. Die älteren *Qewals* halten spezielle Sitzungen im Dorf Bahzani ab, bei denen sie die neuen *Qewals* unterrichten und sie lehren, wie sie das religiöse Wissen auswendig im Gedächtnis behalten.

Die *Qewals* tragen während ihrer Reisen in die Dörfer oder generell bei der Abhaltung von Zeremonien eine kleine Statue, die den „Engel Pfau" symbolisiert, mit sich. Sie singen religiöse Hymnen und Lieder. Darüber habe ich schon berichtet.

Gibt es bestimmte Stellungen oder Hierarchien innerhalb der êzidischen Gemeinschaft?

Im Êzidentum gibt es ein Kastensystem. Schon durch die Geburt gehört ein Êzide z.B. entweder zu den *Murids*, *Sheiks* oder *Pirs*. Das Kastensystem erlaubt also den Êziden nicht, von einer Kaste in die andere zu wechseln. Jeder wird in seine Kaste hineingeboren. Soziale Mobilität gibt es nicht, es herrscht ein hierarchisches System.

Drei Positionen in der gesellschaftlichen Hierarchie allerdings können von jedem Êziden erreicht werden, wenn er gewisse Rituale vollzieht. *Murids* können demnach *Kocheks, Fakire* und *Micewirs* werden. Diese drei Positionen sind sozial gesehen sehr niedrig und beeinflussen die Struktur der religiösen Hierarchie der Êziden nicht.

Gibt es so etwas wie Wunderheiler bei den Êziden?

Ja. Sie werden *Kochek* genannt. Das Wort ist aus zwei kurdischen Wörtern zusammengesetzt: *Guh*, was „Ohr" bedeutet und *Chek* oder *Chak*, was übersetzt „sehr gut" bedeutet. Beide Wörter zusammen bedeuten also „sehr gutes Ohr", und im übertragenen Sinne bedeutet es, dass der *Kochek* Stimmen aus der unsichtbaren Welt hört.

Der *Kochek* führt viele religiöse Rituale durch. Wenn der *Sheikh* oder der *Pir* nicht anwesend sind, so kann er die traditionelle Waschung eines Toten durchführen. Die wichtigste Aufgabe des *Kochek* ist es jedoch, über das Schicksal der verstorbenen Seele zu berichten. Er interpretiert außerdem Träume und Gebete in Zeiten von Zerstörung und Unheil.

Der *Kochek* nimmt während der Riten und Zeremonien Verbindung zur unsichtbaren Welt auf. Er liegt dabei auf dem Boden, kommt in Trance und beginnt eine unverständliche Sprache zu sprechen.

Ein Êzide, der auf dem Weg ist, ein *Kochek* zu werden, spürt zunächst eine starke Neigung zu Meditationen und Träumen.

Viele Kocheks berichteten mir, dass sie sich während dieser Träume mit den Seelen der êzidischen Heiligen unterhalten hätten. Ein Êzide, der derartige geistige Erlebnisse hat und solche spirituellen Erfahrungen macht, kann durch die geistigen Führer der Êziden ein *Kochek* werden. In einem solchen Falle muss der *Kochek*-Anwärter *Baba Sheikh* aufsuchen und ihn bitten, ihn in den Rang eines *Kocheks* zu erheben.

Für gewöhnlich akzeptiert *Baba Sheikh* diesen Wunsch. Der *Kochek* fastet dann 40 Tage im Sommer und im Winter. Hiernach bleibt der neue *Kochek* eine Woche allein und darf mit niemandem sprechen.

Wenn er alle Rituale vollzogen hat, besucht er erneut den *Baba Sheikh*. Hier bekommt er den Titel eines *Kochek* und eine spezielle Kleidung, die seinen Eintritt in den Orden symbolisiert. Neben der Kleidung gibt es noch einen roten Gürtel aus Wolle, auf dem ein Ring aus Kupfer befestigt ist. Dazu trägt der *Kochek* einen Turban, eine Robe und eine braune Kopfbedeckung.

Die *Kocheks* treffen zehnmal im Jahr *Baba Sheikh* im Heiligen Tempel der Êziden in Lalish. Während dieser Versammlungen wird über die Pflichten und die Verantwortung der *Kocheks* gesprochen. Außerdem erzählen die *Kocheks* ihre Träume und tauschen ihre Erfahrungen aus. Wenn die Êziden sich in Not befinden, z. B. bei Dürre, wenn Krieg herrscht oder bei anderen Krisen, dann bittet *Baba Sheikh*, „statt Gott zu erwecken“, die *Kocheks*, für die Linderung der Not zu beten. Die *Kocheks* leben von den Spenden der êzidischen Dorfbewohner.

Können Sie nun Wunder vollbringen?

In den êzidischen Erzählungen werden eine Reihe von *Kocheks* erwähnt, die Wunder vollbracht haben. Eine der berühmtesten Erzählungen in Südkurdistan (Nordirak) ist die Erzählung über *Kochek Sileman*, die mir von einem alten Mann im Jahre 1993 in der Nähe von Duhok erzählt wurde:

„Sileman war Schafhirte in einem Dorf bei Duhok. Er war sehr freundlich und zurückhaltend. Sileman war auch sehr arm. Eines Tages kehrte die Schafherde ohne Sileman zurück. Als die Leute ihn suchten, fanden sie ihn nicht weit vom Dorf bewusstlos auf dem Boden.

Es dauerte sehr lange, bis Sileman wieder zu Bewusstsein kam, und er wiederholte immer wieder den Satz: ‚Wir haben es Dir gegeben.‘ Anschließend berichtete Sileman, dass, während er sich um die Herde kümmerte, ein alter Mann in weißer Kleidung erschienen sei und zu ihm gesagt habe:

Êzîdiyatî û dînên din

Wekheviya dînê me bi dînên din re heye?

Kevitirîn dînê rojhilata navîn dînê Mithra ye. Hewqasî bihêz û bandor bû ku wî wextî gelek leşkerên Roma bûn mithrayî. Li Rom, ev leşker bi navê peristvanê rojê dihatin naskirin. Roj stûna bingehîn ya dînê Mithra bû. Gelek wekhevî di navbera dînê êzîdiyan û yê mithrayî de hene.

Wek ku tê diyarkirin navê êzîdiyan ji navê “yazata” hatiye. Ev nav li Îrana kevin û her weha di dînê Mithra de, ji bo firîşteyan dihat bikaranîn. Wek dînê Mithra, li ba êzîdiyan jî roj pîroz e, li ba êzîdiyan nîşana Şêx Şems e. Şemis bi erebî tê wateya rojê.

Gelek dibêjin êzîdî zerdeştî ne. Ev yek rast e?

Ev pirsek pir zehmet e. Lê ez ê hewl bidim biqasî ku dikarim bersivê bidim.

Rê bidin min ez bi kurtayî bibêjim, zerdeştî kî ne û em bibînin ka wekhevî di navbera êzîdiyatiyê û zedeştiyê de heye:

Hizra ku zerdeştî koka êzîdiyatiyê ye, vedigere ser hin wekheviyên çandî di navbera her du dînan de:

- Êzîdî jî, wek zerdeştiyê agir pîroz dibînin. Hîç çênabe tif bikin ser agir. Di dema ahenga dînî ya kevneşopiya Cimayîyê de, divê her kesê êzîdî destên xwe di ser agirê ku feqîrekî dadaye re bibe. Pişt re destên xwe di ser rûyê xwe re dibe.
- Bi her diwayê re êzîdî berê xwe didin aliyê rojê. Roj li ba zerdeştiyan ronahiya xwedê ye. Li ba êzîdiyan Şêx Şemis nîşana rojê ye.
- Her du dîn, zerdeştî û êzîdî, bawermendên wan bi hatina jiyanê re dikevin nava civaka dîn, û çênabe kesên din derbasî nava baweriya wan bibin.
- Rengê sipî, rengê kevneşopî ye li ba zerdeştî û êzîdiyan. Her êzîdiyek fanêrekî li xwe dike ku qirika wî miqewr e û binê qirikê vekirî be, bi *gêrîvan* tê binavkirin. Ev simbol êzîdiyan ji ne êzîdiyan cuda dike. Li ba zerdeştiyan jî hema kevneşopî heye û vî fanêreyî bi “Gêrîban” bi nav dikin.
- Cejn û ahenga Cimayîyê, her sal ji 6 heta 13 cotmehê tê pîrozkirin û gelekî mîna cejna Al-Mihrecan e. Ev her du cejin kêm yan zêde di hema demê de tên pîrozkirin.
- Afsûneya (elamet) ku Zeredeşt alîkarî ji Tawisî Melek xwest, da ku bikaribe li çem derbas bibe û Tawisî Melek av ber bi erdê veguhest ji bo ew

li çem derbas bibe, di Zend Avesta de hatiye nivîsandin û li ba êzîdiyan bi devikî tê gotin. Li gora vê serpêhatiyê, Zerdeşt û hin dûşopên xwe, direviya û diçûn Belx, li Afxanistanê. Gerek bû çemekî mezin derbas bike û Tawisî Melek alîkarî pê re kir.

- Gelek rêberên dînî yên êzîdiyan di wê baweriyê de ne ku dînê zerdeştî wek dînê êzîdiyan yê kevin e yan jî beşek jê parastiye.

Hemî xalên li jor hatine ziman diyar dikin ku di dînê êzîdiyan û yê zerdeştiyan de hin wekhevî û hevbeşî hene. Lê helbet, pirsa ku dimîne vekirî, eger her du dîn yek in, çima ne bi navekî tên naskirin.

Li gel hevpeyvînên cuda, li Kurdistanê, li peristgeha pîroz ya êzîdiyan Lalişê, li Duhokê, li Helebê, Europa, Hindistanê (Bomby, New Delhi) û Amerîka, sedemên cuda li ser bersiva vê pirsê bo min hatin gotin. Li vir dixwazim tenê awayê ku pir caran hat dubarekirin bo we bibêjin, ji ber ku hemî awa bên gotin wê xewa me bînin. Ev jî babeteke ku zanist xwe pê re mijûl dikin. Li gora vî awayê bersivê Zerdeşt mirovek bû, baweriya xwe bi Tawisî Melek anî, dema ku rêbaz û guherînên xwe pêşkêşkirin. Êzîdiyan kêfa xwe ji rêbaza wî re anîn û gelek jê birin, lê di hema wextî de, Zerdeşt prinsîpa bingehîn ya Tawisî Melek bo xwe bir. Di helbesteke êzîdiyan de, Zerdeşt bi navê "zêrbab" tê binavkirin.

Heta niha em dikarin destnîşan bikin ku bandora Mithrayî û Zerdeştiyê, bi her awayî li êzîdiyan bûye, lê tê diyarkirin ku ya Mithrayî bêtir bûye. Lê tê xuyakirin ku bandora cihûyan, xiristiyanan û dawiyê ya islamê jî li êzîdiyan bûye. Heta niha ahengin li ba êzîdiyan hene ku wek yên cihû û xiristiyanan e, wek mînak sinetkirin û cejna qurbanê. Li ser peristgeha Şêx Adî, li Lalişê heta niha em dikarin stêrekek wek ya Melik David bibînin. Tê texmînkirin ku ew ji dema ku cihû penaberî Kurdistanê bûne hatiye. Kurdistan, welatê ku êzîdî lê dijîn bûbû penageha yekem bo cihûyan. Ev yek di sala 727 berî Îsa, yanî berî 2.300 salî qewimî bû.

Çima êzîdî ji hêla misilmanan ve nayên pejirandin?

Dînê pir li herêmên mana êzîdiyan islam e. Vî dînî ticaran êzîdî wek dînekî serbixwe nas nekiriye, tevî pirtûkên wan yên dînî Pirtûka Reş (Mishefa Reş) û Celwa, wek dînekî bê pirtûk tê naskirin, yan nivîsandinên wî, wek yên Cihû û Xiristiyanan nîn in.

Berevajî, cihû û xiristiyanan, islamê di hîç wextî de bêhna xwe li êzîdiyan fireh nekiriye. Bêtir hewldana wan, ji sedsala 7 an heta îro ew bû ku êzîdiyan bibin ser islamê. Di vê yekê de serkeftî bûn, eger em weha temaşe bikin ku xelkê kurd yê Kurdistana niha bi piraniya xwe êzîdî bûn. Nepejirandina islamê her dem dibû sedema tawankirin û bindestiya êzîdiyan.

‚Höre auf als Schafhirte zu arbeiten. Das ist nicht deine Arbeit.‘ Dann verschwand der alte Mann und Sileman fiel in Ohnmacht. Nach diesem Erlebnis hatte Sileman eine Reihe von Visionen und hörte auf, als Schafhirte zu arbeiten.

Sileman verstand nun, dass die Engel ihm die Gabe Wunder zu vollbringen gegeben hatten. Anschließend ließ Sileman alle Êzidenführer um sich versammeln, um sie von seiner Gabe zu überzeugen. Aber erst bei der zweiten Versammlung führte Sileman eine Reihe von Wundern vor. Er verwandelte z.B. Staub in Zucker oder ließ einen morschen Stock grün und lebendig werden usw. Danach wurde Sileman als Kochek *anerkannt, und er wurde ein geachteter und ehrenhafter* Kochek.*“*

Im Fernsehen habe ich von indischen *Fakiren* gehört. Haben die *Fakire* bei den Êziden die gleiche Bedeutung?

Feqir oder *Fakir* bedeutet so viel wie „arm sein“, also eine Person ohne materiellen Besitz. Die Fakire bei den Êziden dürfen eigentlich keinen Besitz haben und haben es sich zur Aufgabe gemacht, ihrer Gemeinde zu dienen. Ein *Fakir* ist so etwas wie ein Mönch. Er hat es sich zur Lebensaufgabe gemacht, allein Gott zu dienen.

Die Position eines *Fakirs* ist ebenfalls für jeden Êziden erreichbar, ganz gleich ob er Geistlicher oder *Murid* ist. Wenn jemand *Fakir* werden möchte, so muss er die êzidischen Oberhäupter, *Mir* und *Baba Sheikh*, darum bitten. Wenn der Bittende nicht die Regeln seiner Religion verletzt hat, und wenn er Charakter und Persönlichkeit hat, so kann er *Fakir* werden. Nachdem seine Kandidatur von der Führung der Êziden bewilligt worden ist, muss der Kandidat sieben Tage allein sein, er darf mit niemandem sprechen, und während dieser Zeit muss er von morgens bis abends fasten.

Er darf keinerlei zwischenmenschlichen Kontakt haben außer zu dem, der ihm sein Essen bringt. Während dieses Alleinseins muss er die ganze Zeit meditieren und beten. Wenn die Zeit des Alleinseins zu Ende ist, besucht der Kandidat die heiligen Tempel in Lalish.

Hierbei begleitet ihn „sein Bruder für das Leben nach dem Tode“, *Birayê Axretê*. Auf dem Hof am Haupteingang des heiligen Tempels bekommt er nach dem Vollzug verschiedener Riten und Rituale den Titel eines *Fakirs* verliehen.

Der neue *Fakir* steht zwischen einer Gruppe von *Fakiren* und *Qewals* und *Bave Cavush*, dem Verantwortlichen für die heiligen Tempel. Dann tritt „der Bruder für das Leben nach dem Tode“ vor und kleidet den Kandidaten mit einem schwarzen Unterhemd, das als *Kharqa* bekannt ist.

Gleichzeitig werden von den *Qewals* rhythmisch religiöse Gebete zitiert. Während dem Kandidaten das *Kharqa* angezogen wird, hält ein Fakir sein Ohr und seine Hand und umkreist mit ihm und anderen *Fakiren* dreimal einen kleinen Kreis. Anschließend küsst jeder *Fakir* das angezogene *Kharqa* des Novizen. Nun kann der Kandidat offiziell den Titel eines *Fakirs* tragen.

Die *Fakire* haben eine Reihe von Pflichten: Sie versorgen das Holzfeuer während der Feierlichkeiten zu Ehren *Sheikh Adis* und sind für die lokalen Tempel zuständig. Sie beten für die Êziden in Zeiten der Not und des Übels.

Was ist ein *Kharqa*?

Der Fakir trägt das *Kharqa*, und dieses macht ihn nach der êzidischen Vorstellung unverletzlich. Die Êziden glauben, dass das *Kharqa* die Kleidung der Engel ist. Personen, die das *Kharqa* tragen, werden selbst zu Heiligen. *Sheikh Adi* soll auch das *Kharqa* getragen haben.

Es muss noch erwähnt werden, dass das *Kharqa* aus sehr rauer und harter Schafwolle gefertigt ist. Es fühlt sich beim Tragen so an, als ob Tausende von Nadeln in die Haut stechen würden. Daher kann auch nicht jeder das *Kharqa* tragen. Der *Fakir* soll lernen, mit diesen Schmerzen umzugehen, und soll durch diese Schmerzen an seine Pflichten erinnert werden.

Kann man seinen Titel auch wieder verlieren?

Wenn der *Fakir* seinen religiösen Status für persönliche Angelegenheiten und Vorteile ausnutzt und missbraucht, dann kann ihm der *Mir* durch eine einfache Erklärung seinen Titel entziehen, und er muss das *Kharqa* zurückgeben.

Es wird in einem Raum, der sich *Xaniyê Kharqa* (Raum der *Kharqa*) nennt, im Heiligtum in Lalish aufbewahrt. Der *Fakir* muss ansonsten das *Kharqa* bis zu seinem Tode tragen, er wird sogar damit begraben. Früher trugen die *Fakire* einen roten Gürtel, einen gelben Ring aus Kupfer und auf dem Kopf eine schwarze Kopfbedeckung.

In einigen êzidischen Erzählungen wird auch erwähnt, dass die Vorfahren der *Fakire* christliche Mönche waren, die in Lalish lebten und nach der Ankunft *Sheikh Adis* zum Êzidentum konvertierten.

Ich habe auch von Wächtern des Êzidentums gehört. Wie heißen sie?

Sie heißen *Micewir*. *Micewir* ist ein kurdisches Wort und meint „Nachbar“ oder auch „Wächter“, „Erhalter“. Die *Micewirs* haben die Aufgabe, auf die lokalen Tempel oder heiligen Plätzen zu achten und sie zu pflegen. *Micewirs* erfüllen in einem Dorf üblicherweise die Aufgaben eines Priesters, sie sind auch handwerklich tätig und helfen wo sie können der Bevölkerung. Personen aus der Kaste der *Murids* können ebenfalls *Micewirs* werden. In den Dörfern sind die *Micewirs* angesehene Persönlichkeiten der Dorfgemeinschaft und werden oft um Rat gebeten.

In Lalish soll es auch Frauen geben, die im Tempel leben. Gibt es das bei den Êziden?

Ja. Diese Frauen nennt man *Kebani,* was soviel wie „Erhalter“ bedeutet. Die *Kebanis* sind ausschließlich Frauen, die in einer Ordensgemeinschaft in Lalish leben. Sie widmen ihr ganzes Leben der Religion und leben im Zölibat.

Eine Frau, die dem Orden beitreten möchte, darf die Regeln der Religion nicht verletzt haben und muss von mindestens zwei lokalen Priestern bestätigt werden. Dann besucht sie den *Mir* und den *Baba Sheikh* und bittet um die Erlaubnis, in den Orden eintreten zu dürfen.

Wenn die Frau in den Orden eingetreten ist, lebt sie als *Kebani* auf Lebzeiten im Heiligtum von Lalish. Der *Kebani*-Orden ist für Frauen aller Kasten offen.

Die Aufgabe der *Kebanis* ist es, für die Erhaltung des Tempels zu sorgen. Die *Kebanis* kochen für die, die im Tempel wohnen und für die Gäste während der Feierlichkeiten und Zeremonien. Sie beten ebenfalls in Zeiten der Not und der Krisen.

Wie heißt die Bevölkerung unter den Êziden?

Sie werden „*Murids*“ genannt. Es bedeutet so viel wie „Anhänger“. Dieser Begriff wurde von den *Sufis* benutzt und heiß eigentlich „Schüler“. Die *Sheikhs* sind Gelehrte, so etwas wie Lehrer, die ihren Schülern, also den *Murids*, den Weg der Religion zeigen. Bei den Êziden handelt es sich um die Bevölkerung. *Murids* können nur untereinander heiraten.

Jede *Murid*-Familie hat je einen *Sheikh* und einen *Pir*. Die Familie hat aber nicht die Möglichkeit, sich diese auszusuchen. Diese Wahl wurde bereits zu Zeiten *Sheikh Adis* getroffen und ist unveränderlich. Auch wenn einem *Murid* sein *Sheikh* oder *Pir* aus verschiedenen Gründen nicht sympathisch ist, kann er sich keinen *Sheikh* oder *Pir* aus einer anderen Gruppe aussuchen.

Was hat *Sheikh Adi* eigentlich bei den Êziden verändert?

Mit dem Erscheinen *Sheikh Adis* im 12. Jahrhundert hat sich nicht nur der Inhalt der Religion verändert, sondern auch die soziale Organisation der Gemeinschaft der Êziden. *Sheikh Adi* etablierte in der êzidischen Gesellschaft ein neues Kasten-System, welches das Gefüge der Gemeinschaft veränderte und die Beziehungen der einzelnen Gruppen untereinander neu definierte.

Dieses neue System trug den Namen *Sad u Had*, (Regeln und Ordnung). Die Regeln und Grundsätze, die von *Sad u Had* aufgestellt wurden, lauten folgendermaßen:

- Jede Person hat einen ganz bestimmten Platz in der sozialen Hierarchie.
- Jedes Mitglied der Gemeinschaft ist gegenüber den Mitgliedern der eigenen Gruppe und gegenüber den religiösen Führern (*Sheikh*, *Pir*, *Mir*) zur Loyalität verpflichtet.
- Die Fürstenfamilie ist unumstritten und verfügt über unumschränkte Macht. Ihre Beziehungen zu den anderen Kastengruppen sind geregelt.
- Die Rolle und Position eines Mitglieds der Gemeinschaft und die Grenzen der Mobilität sind festgelegt.
- Mitglied der Gemeinschaft der Êziden kann man allein durch Geburt werden.
- Ein Wechsel von der Gruppe der *Sheikhs*, *Pirs* oder *Murids* in eine andere Gruppe ist nicht möglich.
- Die Pflichten und Aufgaben innerhalb der Gruppe, wie z.B. die der *Sheikhs*, sind genau definiert.
- Jede Person muss einen *Pir* und einen *Sheikh* haben. Sollte einmal kein Mitglied einer *Sheikh*- oder *Pir*-Familie in der Region vor Ort sein, so kann man vorübergehend einen anderen *Sheikh* oder Pir für sich nehmen, bis man wieder die Möglichkeit hat, die *Sheikh*- oder Pirfamilie, die einem zugeordnet wurde, zu übernehmen.
- Die Mitglieder der Gemeinschaft sollen miteinander und innerhalb der eigenen Gruppe solidarisch sein.

Was sind die Grundprinzipien des Êzidentums?

Diese Frage möchte ich an einem Dokument von dem *Mir Ismail Beg*, dem Sohn *Ebdî Begs*, beantworten. Als Antwort auf die Frage der Armenier vor ca. 80 Jahren an den *Mir* der Êziden, was die Grundprinzipien des Êdzidentums seien, schrieb er Folgendes:

- Wir glauben an einen Gott, den Schöpfer des Himmels, der Erde und allen Lebens.
- Unser Prophet ist Ezîd.
- Die Êziden haben kein Gebetbuch; das Wort Gottes wird von dem Vater an den Sohn weitergegeben.
- Es ist den Êziden verboten, eine Beziehung mit Personen einer anderen Nation (Rasse, Religion) einzugehen. Wer sich nicht daran hält, gehört nicht mehr dieser Religion an.
- Die Êziden müssen die Menschen anderer Nationen, anderer Herkunft, anderer Rasse und anderen Glaubens mit Respekt behandeln.
- Jeder Êzide muss nach unseren Regeln Gott dienen. Tut er dies nicht, dann folgt er nicht dem Weg Gottes.
- Ein Êzide darf nicht die Frau eines anderen entführen. Vielmehr soll er dem oder der Entführten helfen und Schutz gewähren.
- Die *Sheikhs* der Êziden sind in drei Klans eingeteilt: *Sheikh Hesen*, *Sheikh Schems* und *Sheikh Abubekir*. Jeder Klan darf nur Angehörige aus seiner eigenen *Sheikh*-Gruppe heiraten.
- Die *Pirs* sind in zwei Gruppen eingeteilt: *Pir Hosmamama* und *Pir Arafata* und die anderen, wie *Pir Omarkhale* usw. Jeder Angehörige einer *Pir*-Gruppe soll nur Mitglieder seiner eigenen Gruppe heiraten.
- Mitgliedern der Kaste der *Murids* (Volk) ist es nicht erlaubt, Mitglieder aus der Kaste der *Sheikhs* oder *Pirs* zu heiraten. Eine solche Heirat bedeutet den Ausschluss aus der Religionsgemeinschaft.
- Gott hat die Welt und alle lebenden Kreaturen in sechs Tagen geschaffen. Am siebten Tag ruhte er. Deswegen sollen die Êziden sechs Tage arbeiten und am siebten Tag ruhen.
- Kein Êzide sollte sich scheiden lassen, außer, wenn durch drei Zeugen eine Untreue bestätigt werden kann.
- Der Heiratspreis für eine Frau darf nicht höher sein als 100 Rubel. Der Preis für eine Witwe darf nicht höher sein als 45 Rubel.
- Den Êziden ist es nicht erlaubt, Geld gegen Zinsen zu verleihen.
- Ein Êzide darf am Mittwoch nicht baden oder Geschlechtsverkehr haben.
- Wucher ist streng verboten.
- Ein êzidischer Priester muss einen Bart tragen. Wenn er keinen Bart trägt, so sind die *Murids* nicht verpflichtet, ihn anzuerkennen oder ihm die Hand zu küssen.

- Diebstahl ist strengstens verboten. Diebe müssen bestraft werden.
- Ein Êzide muss respektvoll und behutsam mit Menschen anderer Nationen und Herkunft umgehen. Er darf nicht hinter dem Eigentum anderer her sein. Wer diese Regeln nicht einhält, verlässt den Weg Gottes.
- Ein Êzide soll den Gesetzen des Landes folgen, in dem er sich befindet.
- In jedem Êziden-Dorf muss ein *Chawush* oder *Mijewir* (Hüter der Religion) sein, welcher beim Tod eines Êziden sieben Tage lang fastet und die *Qewls* (heilige Gedichte) auf den Gräbern der Toten rezitiert.
- In jedem êzidischen Dorf sollen drei Personen die Einhaltung der Regeln überwachen.
- Ein Êzide darf keine falschen Schwüre leisten. Diejenigen, die das tun, sollen bestraft werden. Ich (*Ismail Beg*) erlaube den Êziden, ihre Gebete in der Sprache und im Alphabet anderer Nationen zu schreiben, bis sie ein eigenes Alphabet haben.
- Die Êziden müssen Schulen bauen und ihre Kinder in der Wissenschaft und in den Sprachen ausbilden.

Nach der traditionellen Vorstellung und nach der Ansicht streng gläubiger Êziden sind aber folgende Hauptsäulen die Grundvoraussetzung, um Êzide zu sein:

- Als Êzide geboren werden
- Die Taufe *Bisk* (Haarbeschneidung bei den Jungen) und *Mohrkirin (*also Taufe bei Jungen und Mädchen)
- Drei Tage im Jahr als Erwachsener fasten
- Einmal im Leben den Wallfahrtsort Lalish besuchen
- Einen „Bruder oder eine Schwester für das Jenseits" haben
- Ein Heirat zwischen *Murid*, *Pirs* und *Sheikhs* ist nicht erlaubt
- Eine Heirat mit Nicht-Êziden ist nicht erlaubt.

Sind die Prinzipien nicht schwierig einzuhalten?

Ja. Es ist nicht einfach, all diese Dinge, vor allem in der Migration, einzuhalten. Ich bin kein Religionsgelehrter, aber als Sozialwissenschaftler würde ich als Grundvoraussetzung für die Glaubensgebundenheit eines Êziden – wenn man überhaupt von einem *Mindeststandard* sprechen kann – Folgendes sehen:

- Die Geburt als Êzide

- Die Haarbeschneidung (*Bisk*, Taufe).
- Die Gebundenheit zur Familie
- Die Glaubensbetreuung (freiwillig) durch *Sheikh* und *Pirs.*

Die weiteren Gebote, wie das Verbot von bestimmter Nahrung, das Tragen eines Bartes etc. sind in der heutigen Migration nicht mehr so wichtig. Aber das ist meine Meinung und wird von vielen nicht geteilt. Auch hierfür muss man Verständnis zeigen und dies respektieren.

Êzidischer Tanz

Sind Männer und Frauen gleichberechtigt?

Wenn man die Religion der Êziden sehr genau nimmt, dann gibt es überhaupt keinen Unterschied. Vor Gott sind alle Menschen gleich, ob Kind, Erwachsener, Mädchen, Junge, Mann oder Frau.

Es gibt aber Unterschiede, z.B. wenn die Männer in der Hauptsache bestimmen, wo es lang geht. Dies kann man auch „Männergesellschaft“ oder „Patriarchalismus“ nennen. Hier bestimmen die Männer, und die Frauen haben in solchen Gesellschaften leider wenig zu sagen.

Auf Grund dieser Vorstellung werden auch viele Frauen unterdrückt und ungerecht behandelt. Dies hat aber nichts mit der Religion zu tun, im Gegenteil, es ist sogar gegen die Religion, wenn Frauen unterdrückt werden. Diese Männergesellschaft gibt es schon sehr lange. Da die Männer für Jagd und Kampf der Familie oder des Clans zuständig waren, haben sie sich einfach diese Rechte genommen. Da die Frauen nicht so gut kämpfen konnten und körperlich schwächer waren als die Männer, haben sie nicht so viele Rechte gehabt. Dies hat sich aber heute in vielen Ländern der Welt geändert. Kraft ist heute nicht mehr Muskelkraft, sondern Intelligenz.

Wer schlau ist und gute Noten hat, der wird auch einen guten Beruf erlernen und kann ohne fremde Hilfe selbständig leben. Das können die Mädchen z.B. in Deutschland genauso gut wie die Jungen.

In der êzidischen Religion gibt es also keinen Unterschied zwischen Mann und Frau. Dazu möchte ich ein Beispiel geben. So war die Mutter des heutigen *Mir* Oberhaupt der Êziden, obwohl sie eine Frau war. Der Ehemann verstarb früh und der zukünftige *Mir* war zu jung, um die Führung zu übernehmen. Sie hat diese Position so lange übernommen, bis der heutige *Mir* erwachsen war.

Müssen êzidische Mädchen und Frauen ein Kopftuch tragen?

Bei den Êziden gibt es keine Kleidervorschrift. Die Mädchen müssen auch kein Kopftuch tragen.

Wie heiraten die Êziden?

Wie schon mehrfach erwähnt, dürfen die Êziden nur innerhalb ihrer jeweiligen Kasten heiraten. Eine Zwangsheirat ist aus religiösen Gründen eigentlich nicht erlaubt. Die religiöse und offizielle Heirat wird durch einen *Sheikh* vollzogen. Ich hatte bereits erwähnt, dass die Êziden wegen ihres Neujahrsfestes im April nicht heiraten dürfen.

Gibt es ein Brautgeld?

Leider ja. Es ist keine êzidische Eigentümlichkeit, aber es kann schon dazu führen, dass einige Personen nicht heiraten können, da z.B. das Brautgeld zu hoch ist. Es gibt aber kein genau festgelegtes Brautgeld in der êzidischen Gemeinschaft. Es hängt in der Regel von der Familie der Braut ab, die durchaus über die Summe verhandeln kann.

In der Vergangenheit haben überhöhte Brautgelder zum Scheitern von Eheabsichten geführt. Die religiösen Führer versuchen dieses Brautgeld abzuschaffen oder darauf hinzuwirken, dass Brautgeld nur noch symbolisch als ein geringer Geldbetrag verlangt wird, um solche Eheabsichten nicht zu erschweren.

Feiern die Êziden auch Hochzeiten und gibt es bestimmte Rituale, die eingehalten werden sollen?

Wenn nun beide Familien einverstanden sind, wird die Hochzeit von der Familie des Bräutigams vorbereitet und viele Freunde, Bekannte und Verwandte eingeladen. Die Feierlichkeiten in den Dörfern finden in der Regel im Freien statt. In Europa werden hierzu Säle gemietet.

Nach der Hochzeitsfeier wird die Braut in das Haus der Bräutigams gebracht. Noch vor Eintritt in das Haus nimmt eine sehr nahe Verwandte des Bräutigams einen Laib Brot und eine Kelle in die Hand und tanzt um die Braut herum. Die Braut wird dann gebeten das Brot zu brechen, was als ein Pakt mit der neuen Familie verstanden wird. Sie gehört damit zu dieser.

Die offizielle religiöse Trauung erfolgt durch den *Peshimam* oder einen *Sheikh*. Die Ringe werden dem neuen Paar gegeben und nach einem Gebet sind sie damit verheiratet.

Können sich die Êziden scheiden lassen?

Ja, natürlich. Es gibt keine religiöse Vorschrift, nach der es nicht erlaubt ist, dass sie sich scheiden lassen dürfen. Ähnlich wie im Islam soll es reichen, wenn einer der Eheleute drei Mal hintereinander ausruft, dass er oder sie sich scheiden lässt.

Neben der religiösen Heirat gibt es die standesamtliche Heirat, und die Scheidung erfolgt dann durch die Gerichte.

Wer hat das Sorgerecht für die Kinder?

In der Religion können wir keine Aussage dazu finden. Da die Êziden wie die anderen Völker im Vorderen Orient eher patriarchalische Werte und Normen haben, glauben sie, dass der Vater das Sorgerecht bekommen sollte. Sie glauben, dass damit auch die Frau bessere Möglichkeiten hat, erneut eine Ehe einzugehen, da oft Männer diese Frauen nicht heiraten wollen.

Das Sorgerecht in Deutschland wird aber im Allgemeinen von den Êziden anerkannt. Wenn also das Gericht entscheidet, dass das Kind bei der Mutter besser aufgehoben ist, dann akzeptieren dies auch die êzidischen Männer.

Wie ist es mit der Beschneidung?

Eine Beschneidung für junge Mädchen gibt es bei den Êziden nicht. Eine Beschneidung für die Jungen ist allerdings verbindlich. Der Vater sucht für seinen Sohn einen *Kiriv*, was so viel wie „Pate“ oder „Patenonkel“ bedeutet. Dieser muss aus einer anderen Kaste stammen als die Familie selbst. Der Pate muss auch nicht Êzide sein.

Von nun an ist der *Kiriv* mit dem Jungen lebenslang eng verbunden, das heißt, es entsteht eine Verantwortlichkeit füreinander wie bei Blutsverwandten. Jeder Junge hat seinen eigenen Kiriv, es können aber auch Brüder denselben *Kiriv* haben. Eine Heirat des Jungen in die Familie des Patenonkels ist dann nicht möglich.

Êzidische Frauen im 18. Jahrhundert

Êzidentum und andere Religionen

Gibt es denn Ähnlichkeiten unserer Religion mit anderen?

Eine der ältesten Religionen im Mittleren Osten ist die *Mithras*-Religion. Sie war so mächtig und einflussreich, dass sogar viele römische Soldaten damals die Religion übernahmen. In Rom wurden diese Soldaten als Sonnenanbeter bekannt. Die Sonne ist ein wichtiger Bestandteil der *Mithras*-Religion gewesen. Es gibt viele Ähnlichkeiten zwischen der êzidischen und der *Mithras*-Religion.

So stammt der Name der Êziden wahrscheinlich von dem Namen *Yazata*. Dieser Name wurde im alten Iran sowohl für die *Mithras*-Religion als auch für die Engel verwendet. So wie bei den *Mithras*-Anhängern, so ist auch für die Êziden die Sonne heilig, die bei den Êziden von *Sheikh Shems* symbolisiert wird. *Shems* bedeutet auf Arabisch „Sonne".

Viele behaupten, dass die Êziden eigentlich zur *Zarathustra*-Religion gehören. Stimmt das?

Das ist eine schwierige Frage. Aber ich will versuchen euch zu antworten, soweit es mir möglich ist.

Dann lasst mich erst einmal kurz erzählen, wer die *Zarathustra*-Anhänger (Zoroastrier) sind, und dann erzähle ich euch, ob es irgendwelche Ähnlichkeiten zwischen beiden Religionen gibt:

Die Idee, dass die Zoroastrier die Vorfahren der Êziden sind, geht auf eine Reihe von kulturellen Ähnlichkeiten zwischen den heutigen Êziden und den Zoroastriern zurück:

So wie die Zoroastrier verehren die Êziden das Feuer. Sie spucken niemals auf das Feuer. Während der religiösen Zeremonien der *Camiya* muss jeder Êzide seine Hände durch das Feuer ziehen, welches von einem *Fakir* gehalten wird. Anschließend wird das Gesicht mit den Händen berührt.

Bei jedem Gebet wendet sich der Êzide in Richtung der Sonne. Die Sonne ist wie bei den Zoroastriern das Licht Gottes. Bei den Êziden symbolisiert *Sheikh Schems* die Sonne.

Beide, Zoroastrier und Êziden, werden durch Geburt Angehörige ihrer Glaubensgemeinschaft und kein Andersgläubiger kann zu diesen beiden Religionen konvertieren.

Die weiße Farbe ist die traditionelle Farbe bei den Êziden und Zoroastriern. Jeder Êzide hat ein Unterhemd zu tragen, welches zirkulär unterhalb des Halses offen ist; es wird *Gêrîvan* genannt. Dieses Symbol unterscheidet einen Êziden von einem Nicht-Êziden. Die Zoroastrier haben die gleiche Tradition und nennen dieses Unterhemd *Gêrîban*.

Die Feierlichkeiten der Êziden, die *Cemiya*, werden vom 6. bis zum 13. Oktober des jeweiligen Jahres gefeiert und sind den Feierlichkeiten der *Al-Mihragan* sehr ähnlich. Diese werden ungefähr zur gleichen Zeit durchgeführt.

Das Wunder, dass Zarathustra bei der Flussüberquerung den *Tausi Melek* um Hilfe bittet und *Tausi Melek* schließlich das Wasser zu Erde umwandelt und er den Fluss überqueren kann, wird in der *Awesta,* der heiligen Schrift der Zoroastrier, und mündlich bei den Êziden erwähnt. Nach diesen Erzählungen ist Zarathustra mit einigen Anhängern nach Balkh in Afghanistan geflüchtet. Dabei mussten sie einen großen Fluss überqueren, und hierbei soll *Tausi Melek* Zarathustra geholfen haben.

Viele der religiösen Oberhäupter der Êziden gehen davon aus, dass die Religion der Zoroastrier die ursprüngliche Religion der Êziden darstellt, wovon sich noch Teile erhalten haben.

All die oben erwähnten Punkte weisen darauf hin, dass die Êziden mit der zoroastrischen Religion gewisse Gemeinsamkeiten haben. Die Frage bleibt natürlich, warum denn beide Religionen, wenn sie denn eins sind, nicht unter einem Namen bekannt sind.

Bei den verschiedenen Interviews in Kurdistan im heiligen Tempel der Êziden in Lalish, Duhok, in Haleb, Europa, Indien (Bombay, New Delhi) und Amerika sind mir verschiedene Gründe für die oben gestellte Frage angegeben worden. Hier möchte ich nur eine – oft genannte – Version wiedergeben, da die Aufführung aller existierenden Versionen den Rahmen sprengen und den Leser ermüden würde.

Nach dieser Version ist Zarathustra ein Mensch gewesen, der an *Tausi Melek* geglaubt hat, als er seine Doktrinen und Reformen vorstellte.

Die Êziden sind von seinen Doktrinen beeindruckt gewesen und nahmen vieles an, aber gleichzeitig nahm Zarathustra auch die Hauptprinzipien des *Tausi Melek* für sich an. In einem êzidischen Gedicht wird Zarathustra als *Zêrbab* (Goldener Vater) bezeichnet.

Wir können bisher festhalten, dass die Êziden auf jeden Fall vom Mithraismus und Zoroastrismus stark beeinflusst worden sind, wobei scheinbar der Mithraismus überwiegt. Es zeigt sich aber, dass die Êziden durch die jüdische, christliche und zuletzt auch von der islamischen Religion beeinflusst worden sind.

Bis heute gibt es bei den Êziden Feierlichkeiten und Sitten, die denjenigen der Juden und Christen, wie z.B. die Beschneidung und das Opferfest, gleichen. Auf dem Tempel des *Sheikh Adi* in Lalish können wir heute noch einen Stern, ähnlich dem von König David, sehen.

Es wird vermutet, dass dies aus der Zeit, als die Juden nach Kurdistan verbannt wurden, stammt. Das Land Kurdistan, wo die Êziden leben, wurde wohl zum ersten Exil der Juden überhaupt. Dies war ca. 727 vor Christus, also vor ca. 2700 Jahren.

Warum werden die Êziden von den Moslems nicht akzeptiert?

Die Mehrheitsreligion in den êzidischen Siedlungsgebieten ist der Islam. Dieser erkannte das Êzidentum historisch nie als eigenständige Religion an, da sie – trotz ihrer religiösen Bücher *Kiteba Reş* (das Schwarze Buch) und *Kiteba Jilve* (das Buch der Offenbarung) – keine „Buchreligion" sei bzw. ihre Anhänger keine „Schriftbesitzer" wie die Juden oder Christen seien.

Im Gegensatz zu Juden und Christen duldete der Islam die Êziden zu keiner Zeit. Vielmehr versuchen Muslime seit dem 7. Jahrhundert bis heute, diese zum Islam zu bekehren. Damit waren sie insofern erfolgreich, als dass wir davon ausgehen können, dass die meisten Kurden in den heutigen kurdischen Gebieten ursprünglich Êziden waren. Die Ablehnung durch den Islam führte immer wieder zur Verfolgung und Diskriminierung der Êziden.

Die von Erzählern (*Qewals*) seit mehr als 1000 Jahren mündlich überlieferte Geschichte der Êziden berichtet von 72 Genoziden im Namen des Islam. Die Êziden zogen sich in die Berge zurück und hofften, in der Isolation zu überleben. So entstanden zahlreiche Vorurteile: Die Êziden wurden als „Teufelsanbeter" verschrien oder galten als eine muslimische Sekte und waren damit Abtrünnige aus der Sicht ihrer muslimischen Landsleute oder der Herrschenden im Mittleren Osten.

Layards, ein bedeutender Forscher aus England, der vor ca. 130 Jahren die Êziden besuchte, schreibt in seinem Buch:

„Alljährlich machten die Gouverneure der Provinzen Expeditionen in ihre Distrikte. Während Männer und Frauen unbarmherzig hingeschlachtet wurden, schleppte man Kinder beiderlei Geschlechts fort und stellte sie in den bedeutendsten Städten zum Verkauf aus. Diese jährlichen Menschenjagden waren für Bedr Khan eine Quelle von Einkünften, und es war Brauch bei den Paschas von Mosul und Bagdad, die irregulären Truppen auf die unglücklichen Yezidi loszulassen – als eine leichte Art, ihre Forderungen

wegen rückständigen Soldes zu befriedigen. Noch bis wenige Monate vor meiner Ankunft war dieses System bis zu einem gewissen Grade in Gebrauch und gab zu Grausamkeiten Anlass, denen die des bekannten Sklavenhandels nicht gleichkommen.“[2]

Die Frage, ob die Êziden vom Islam anerkannt werden oder wurden, muss leider noch heute mit Nein beantwortet werden. Erst nach dem Sturz Saddam Husseins wurden die Êziden im Irak und insbesondere durch die dortige kurdische Regionalregierung anerkannt. In der Türkei wurden die Êziden nie als religiöse Gruppe anerkannt. Dies gilt heute noch.

Ist es aber nicht wichtig, dass alle Religionen anerkannt werden?

Ja, natürlich. Toleranz ist aus meiner Sicht eine ethische Forderung, Andersdenkende zu akzeptieren, und damit ein anzustrebendes und schützenswertes Gut.

Was muss getan werden, damit Toleranz anderen Menschen gegenüber vorhanden ist?

Das Ziel ist, ganz klare Bedingungen zu schaffen, unter welchen der Mensch eine neue Kultur kennenlernt und akzeptiert – wie z.B. in Deutschland – ohne seine eigene verlieren zu müssen. Dazu müssen sich beide Seiten kennenlernen und vielleicht vorhandene falsche Meinungen voneinander abbauen.

Können die Êziden tolerieren, wenn einige von ihnen sich nicht hundertprozentig an die Regeln halten?

Hier stellt sich also die Frage, ob bei Religionen – in diesem Fall der êzidischen – nicht nur die Toleranz gegenüber Andersgläubigen, wie z.B. Christen, sondern auch nach innen notwendig ist. Dies würde bedeuten, die Êziden, die anders leben wollen, genauso zu respektieren, wie andere Personen auch. Das wäre eine echte Toleranz und würde zeigen, wie demokratisch und liberal eine solche Religion ist. Dies ist aber ein langer Prozess, den die Êziden noch durchlaufen müssen.

2. Layard, Austen Henry: *Niniveh and its Remains: With an Account of a Visit to the Chaldean Christians of Kur-distan, and the Yezidis, or Devil-Worshippers; and an Enquiry into the Manners and Arts of the Ancient Assyrians* 1849, S. 190 ff.

Warum?

Weil innerhalb der êzidische Gemeinschaft ein striktes Kastensystem herrscht, das durch die Geburt festgelegt ist. Ein Wechsel von einer Kaste in eine andere ist nicht möglich. Eine Heirat außerhalb der eigenen Kaste und der êzidischen Gemeinschaft ist nicht erlaubt. In der Vergangenheit sind viele deswegen bestraft worden.

Wird man auch bestraft, wenn man z.B. nicht fastet?

Nein. Verstöße gegenüber der Pflicht zu fasten oder dem Verbot, Schweinefleisch oder Lauch zu essen, werden eher toleriert.

Warum kann man dann nicht wenigstens auf das Kastensystem verzichten? Dann könnten wenigstens mehr Êziden untereinander heiraten.

Es ist eine Tradition, welche vor nun fast tausend Jahren durch *Sheikh Adi* eingeführt wurde. Es ist schwierig, solche Dinge zu verändern. Es hat auch mit Angst zu tun. Viele Êziden glauben, dass, wenn sie zu viele Regeln ändern, sich die Religion irgendwann auflösen wird. Und viele möchten das nicht. Durch die Einhaltung der Regeln glauben viele Êziden, ihr Volk und ihren Glauben besser schützen zu können.

Aber ist das in der Migration nicht schwierig?

Ja. Die Êziden sind nicht mehr in ihren Dörfern und haben kaum Kontakt mit anderen Gruppen. In der Migration trifft man in der Schule, auf der Arbeit, im Fußballverein und woanders andere Menschen aus anderen Kulturen. Hier werden Freundschaften geschlossen.

Deswegen können wir in der Migration bei der Mehrheit der Êziden beobachten, dass die Toleranz gegenüber den eigenen Gläubigen, etwa, wenn sie die religiösen Vorschriften nicht einhalten, zugenommen hat. Es gibt aber einige wenige Êziden, die Gewalt gegen ihre Kinder anwenden, und in einigen Fällen sind vor allem êzidische Mädchen von der eigenen Familie getötet worden.

Werden sie wegen der „Ehre“ getötet?

Einige dieser Familien glauben, dass dadurch ihre „Ehre“ verletzt worden sei und deswegen tun sie so schlimme Dinge. Diese Vorstellung von „Ehre“ hat aber nichts mit der êzidischen Religion zu tun. Sie kommt aus einer veralteten Vorstellung einer Männergesellschaft, nämlich, dass Frauen und

Töchter dem Mann gehören. Wenn z.B. eine junge Frau vor ihrer Heirat eine sexuelle Beziehung hat, dann wird dies als eine Ehrverletzung angesehen. Sie kann dann bestraft werden, während vielleicht der junge Bruder des Mädchens für das gleiche Verhalten nicht bestraft wird.

Ist die Blutrache etwas Êzidisches?

Keinesfalls. Die oft Jahrhunderte währenden Fehden zwischen Familienverbänden, die jeweils eine Ehrverletzung bzw. einen vorangegangenen Mord der Gegenseite rächen, sind in vielen Ländern der Welt verbreitet gewesen. In der êzidischen Religion ist weder die Blutrache verankert, noch enthält sie Vorstellungen, die mit den alttestamentarischen Vorstellungen von „Auge um Auge, Zahn um Zahn" vergleichbar wären. Aber auch die Êziden bilden eine feudale Gesellschaft und unter ihnen sind deswegen Fälle von Blutrache bekannt. Die überwältigende Mehrheit der Êziden verurteilt aber solche Taten.

Was muss geschehen, damit solche Dinge nicht mehr passieren?

Insgesamt sehe ich, was die menschlichen und demokratischen Entwicklungen betrifft, drei große Defizite: Wissen, menschliche Freiheiten und ein veraltetes Männerdenken, was auch Patriarchalismus genannt wird. Sie bleiben weiterhin ernste Herausforderungen für die Êziden, sowohl in ihrer Heimat als auch in der Migration. Wie bei anderen religiösen Gruppen ist die mangelnde Toleranz auch bei vielen Êziden ein Bildungsproblem.

Kann Toleranz die Menschen und den Glauben ändern?

Die von den Êziden gewählte Isolation aufgrund jahrhundertlanger Verfolgung und Unterdrückung ist im Zeitalter der Globalisierung nicht mehr möglich. Sowohl im Herkunftsland als auch in der Migration verändert sich die neue Generation der Êziden. Sie braucht eine Neuorientierung, wenn sie noch an ihrer religiösen Identität festhalten möchte.

Meines Erachtens hat die Veränderung dieser Gemeinschaft bereits begonnen. Die Frage ist, ob die Êziden noch die Kraft haben, diese zu beeinflussen und in einer natürlichen Weise zu lenken. Denn nur, indem sie den Wandel anerkennen und durchdringen, Toleranz gegenüber anderen religiösen Gruppen und den eigenen Gläubigen mit ihren individuellen, demokratischen Freiheiten entwickeln, wird sich die Möglichkeit zur Einheit eröffnen, können das innere und äußere Gleichgewicht wiederhergestellt werden.

Sollen wir, um uns zu integrieren, alles was unsere Eltern und deren Eltern erlebt haben, vergessen?

Nein, im Gegenteil. Diese Dinge sollen nicht vergessen werden, aber diese Dinge sind in der Vergangenheit geschehen und daraus sollte man lernen, damit die nachfolgende Generation, also ihr, es besser habt.

Wenn man sich nur an Leid, Katastrophen und Tragödien erinnert und darin verharrt, dann wird man wie die eigenen Eltern oder deren Eltern darunter leiden und traurig sein, obwohl man dies nicht selbst erlebt hat.

Aus der Geschichte lernen und die Zukunft besser gestalten ist wichtig. Die Geschichte und die alten Vorschriften zu bewältigen, ist wichtig und bedarf eines langen und schwierigen Prozess. Dies bedeutet aber auch die Chance, durch Toleranz neue Perspektiven für ein neues Miteinander zu schaffen.

Die Angst vor Verlust der religiösen Werte und Identität darf nicht in einem Extremismus und Fundamentalismus enden, sondern muss in der Balance zwischen Tradition, Bewahrung und Schutz der religiösen Werte und der Moderne, individueller Freiheit und Akzeptanz von gesellschaftlichen Veränderungen liegen.

Können die Êziden ihre Regeln ändern?

Einige sagen: nein. Auf der anderen Seite wissen wir, dass der Mensch sich jeden Tag ändert. Das bedeutet also, dass sich auch unsere Vorstellungen über uns und über unsere Geschichte ändern. Wer glaubt heute noch wirklich, dass die Erde auf den Hörnern eines Bullen steht? Früher haben die Leute dies wirklich geglaubt. Bei jedem Erdbeben sagten sie: „Der Bulle hat sich gerade bewegt."

Die Religion ist ein Glaube und wenn jemand an seine Religion glaubt, dann sollte dies auch respektiert werden. Aber umgekehrt auch. Wenn jemand nicht an *Sheikh Adi* glaubt, dann muss man dies auch respektieren. Deswegen darf keine Gewalt angewendet werden. Gewalt wird in dieser Religion abgelehnt.

Kann man auch außerhalb seines Landes seine Kultur beibehalten?

Das hängt davon ab, was ihr unter Kultur versteht. Wenn es um Rituale, Feierlichkeiten oder z.B. das Fasten geht, dann hängt es von jedem Einzelnen ab, sich daran zu halten oder auch nicht. Aber Kultur, Werte, Vorstellungen und Normen ändern sich über die Zeit. Noch vor einigen hundert Jahren hat man in Europa viele Frauen als Hexen verbrannt.

Die Menschheit lernt und entwickelt neue Ideen, wie Menschen friedlich zusammenleben können. Das haben unsere Vorfahren auch so gemacht. Deshalb muss man vor Veränderungen keine Angst haben.

Hintergrundinformationen und praktische Ratschläge

Vorbemerkung

Dieses Kapitel ist dafür gedacht, dass die Kinder es zusammen mit ihren Eltern lesen. Gerade auch die Eltern sollten sich dieses Kapitel auf jeden Fall genauer anschauen, denn es enthält einige Hintergrundinformationen und praktische Ratschläge einerseits zum Thema Krieg und Trauma und andererseits zum Thema Religion und Erziehung. Hierbei geht es auch um Fragen zu Integration, Migration und der Bedeutung des Lernens für eine erfolgreiche Zukunft.

Am besten wäre es, wenn Eltern und Kind diesen Abschnitt gemeinsam lesen und anschließend darüber sprechen würden.

Holt also die Eltern, die älteren Geschwister oder Tante und Onkel!

Krieg und Trauma

„Meine Eltern erzählen immer von Massakern und Verfolgungen von Êziden"

Die Kindheit ist die Zeit der stärksten Gefühle. Alles, vor allem Trauer und Schmerz, wird mit größter Intensität erlebt, und manche dieser Erlebnisse sind so stark, dass Kinder von ihnen überwältigt werden.

Der schlimmste Schmerz und die schlimmsten Verluste bleiben oft gar nicht im Bewusstsein eines kleinen Kindes. Das heißt, sie werden vergessen, verdrängt, ins Unterbewusstsein verbannt, sonst würde das Kind an ihnen zerbrechen. Psychologen haben allerdings nachgewiesen, dass diese verdrängten Gefühle noch sehr viel später, im Erwachsenenleben, eine fatale Rolle spielen, das heißt, Ursache für schwere seelische Störungen sein können.

Da viele Kinder immer wieder über Krieg, Verfolgung und Ausgrenzungen sprachen, die sie und/oder ihre Eltern auf Grund ihrer religiösen Zugehörigkeit im Herkunftsland erlebt haben, haben wir uns auch mit diesem – sehr schwierigen – Thema beschäftigt.

Unsere Eltern erzählen uns immer wieder von den schrecklichen Dingen, die sie als Êziden erlebt haben. Ich selbst habe auch schlimme Dinge im Irak erlebt. Manchmal erinnere ich mich daran. Bin ich jetzt krank? Wie kann ich diese Dinge einfach vergessen?

Das sind wirklich wichtige und zugleich schwierige Fragen. Ich will euch von einem êzidischen Mann erzählen, der bei der Bombenexplosion im Jahre 2007 im Irak dabei war. Er hat gesehen, wie Menschen verletzt wurden und auch gestorben sind. Er ist damals leicht verletzt worden, aber er erinnert sich immer wieder an diese gewaltige Explosion.

Seitdem ist er immer wieder aggressiv, ungehalten, schreit viel und kann kaum zuhören. Er ist manchmal traurig und weint heimlich. Später erzählte er mir, dass er nicht nur wegen der Explosion so traurig ist.

Er hat schon als Kind viele schlimme Dinge erlebt, an die er sich aber seit der Explosion noch mehr erinnert. Er und seine Familie seien arm gewesen und hätten durch die Moslems viele Ungerechtigkeiten erlebt. Er musste schon als Kind auf der Straße Schuhe putzen oder andere Arbeiten machen, damit er etwas Geld für die Familie verdienen konnte. Auf der Straße hätten ihn immer wieder moslemische Kinder oder auch Erwachsene geschlagen.

Durch diese schlimmen Dinge, die er als Kind erlebt hat, ist seine Seele in der Kindheit verwundet worden, und er ist immer noch nicht geheilt. Solche schlimmen Erlebnisse, die nicht vergessen werden können und einen krank machen, werden auch *Traumata* genannt.

Manchmal kann man sich auch an solche Traumata nicht erinnern, weil man zu jung war oder weil die kindliche Psyche diese Situationen nicht ertragen konnte und sie verdrängt wurden. Schmerzhafte Erfahrungen wie zum Beispiel eine frühe Trennung von der Mutter oder dem Vater sowie körperliche Gewalt führen zu psychischen Erkrankungen.

Durch die Trennung von der Mutter, oder wenn die Mutter selbst krank ist und sich nicht um das Kind kümmern kann, entsteht bei dem Kind manchmal eine *Bindungsstörung*. Es braucht die Mutter, die aber nicht da ist oder das Kind nicht berührt, mit ihm spielt, spricht oder es füttert.

Diese Bindung ist für die Kinder unheimlich wichtig. Für sie ist in den meisten Fällen die Mutter (oder eine liebevolle Ersatzperson) von entscheidender Bedeutung. Der Vater und andere Menschen, die sich an der Betreuung beteiligen, sind aber auch wichtig.

Warum vergessen wir und unsere Eltern nicht solche Dinge?

Wir nehmen jeden Tag Millionen von Reizen wahr und speichern viele Informationen. Wenn ein Kind morgens aufsteht, seine Augen aufmacht und aus allen Dingen, die es bis zum Schlafengehen sieht, Bilder macht, dann werden es tausende von Bildern sein.

So wie z.B. ein Bild, wie das Kind seine Augen aufmacht, Schlafsachen auszieht, normale Kleidung anzieht, ins Bad geht, Zähne putzt, die Mutter kommt, gefrühstückt wird, Schulsachen gepackt, Straßenschuhe angezogen werden usw.

Jetzt muss man sich vorstellen, dass ein Bild etwa eine Million Punkte hat, die das Auge als Reize ins Gehirn aufnimmt. Damit haben wir Millionen von Reizen und Informationen. Einige dieser Ereignisse und Informationen können wir wahrnehmen und darauf reagieren.

Andere Informationen nehmen wir auf, reagieren aber nicht darauf, weil wir es nicht wollen oder unsere Psyche es nicht will, um z.B. nicht krank zu werden. Diese Ereignisse werden nicht vergessen; andererseits, wenn ein Kind in seinen ersten Lebensjahren Liebe, Zuwendung und Aufmerksamkeit erlebt und dadurch einen optimalen Start ins Leben bekommen hat, werden es diese Ereignisse vermutlich auch nicht krank machen.

Mein Vater war im Krieg und ich habe ihn lange nicht gesehen. Macht das auch krank?

Ich versuche, dir mit einer Geschichte darauf zu antworten. Höre bitte zu und zum Schluss wirst du verstehen, was ich meine:

Berivan ist fast vier Jahre alt, als sich die Eltern scheiden lassen. Sie haben sich vorher bemüht, ihre Streitigkeiten nicht laut und nicht vor Berivan auszutragen.

Niemand hat mit der Kleinen gesprochen. Sie ist nicht vorgewarnt, als der Vater plötzlich nicht mehr da ist. Er hat neu geheiratet und ist in eine andere Gegend gezogen. Die Mutter spricht nicht unfreundlich über ihn, wenn sie überhaupt über ihn spricht. Meistens aber schweigt sie und vertröstet Berivan, die wieder und wieder nach ihrem Papa fragt, mit vagen Ausreden.

Berivan hat dann sehr schnell verstanden, dass sie von der Mutter keine Antwort erhalten wird. Fortan fragt sie nicht mehr. Nach ein paar Monaten sieht es so aus, als habe das Kind die Sache gut überwunden. In Wirklichkeit aber bricht die Kleine fast zusammen unter dem Gefühl, sie sei schuld daran, dass der Vater verschwunden ist. Hätte sie damals besser auf den Vater gehört, dann „*wäre er nicht weggegangen. Es ist meine Schuld, dass mein Vater uns verlassen hat.*“ Dieses Gefühl wird sich in ihrem Unterbewusstsein festsetzen.

Es wird sie möglicherweise ihr Leben lang verfolgen. Es geht nicht nur um den Verlust des Vaters, sondern um das Gefühl der Unfähigkeit, nicht in der Lage gewesen zu sein etwas zu machen. Berivan wird vermutlich in der Zukunft Probleme und Ängste in Beziehungen bekommen. Sie wird vielleicht immer wieder Angst bekommen, eine Freundin zu verlieren und sich übertrieben verhalten. Beziehungen möchte sie auf jeden Fall, bekommt aber Angst, dass sie doch verlassen werden könnte.

Berivan wird sich in der Schule oder im Umgang mit Nachbarskindern bemühen, eher brav zu sein, Ungerechtigkeiten ertragen, sich nicht ausreichend wehren, wenn sie geärgert wird. Auch zu Hause wird sie versuchen, Konflikte unter allen Umständen zu vermeiden und es allen recht zu machen, vor allem der Mutter.

Niemand erkennt, dass sie unter der ständigen Furcht leidet, auch die Mutter könnte eines Tages einfach verschwunden sein.

Habe ich jetzt mit dieser Geschichte übertrieben oder sind solche Fälle eher selten?

Keineswegs. Kinder neigen auf extreme Weise dazu, Schuld auf sich zu nehmen, wenn sie sich in aussichtslosen Situationen sehen. Das gilt sogar für die furchtbaren Fälle, in denen sie misshandelt oder gefoltert werden.

Ein großes Problem besteht auch bei Kindern, die in Kriegsgebieten, wie im Irak, geboren und aufwachsen sind. Sie müssen schlimme Dinge mit ansehen. Gerade wenn der Vater oder die Mutter verhaftet werden, fliehen oder in den Krieg müssen, entwickeln viele Kinder Ängste. Sie entwickeln auch Schuldgefühle, weil sie denken, ihre Eltern nicht ausreichend beschützt zu haben. Darüber müsst ihr offen reden. Reden ist ganz wichtig.

Was hätte man bei Berivan besser machen können?

Die Kinderpsychologen geben da ganz klare Auskünfte: Berivans Eltern hätten offen mit ihr sprechen müssen. Sie hätten sagen können, dass sie sich als Ehemann und Ehefrau nicht verstehen, aber Berivan weiterhin lieben und lieben werden. Sie habe keine Schuld und sie werden weiterhin für sie sorgen. Sie werden immer für sie da sein.

Der Vater hätte sagen können, dass er sie besuchen, sie in den Ferien zu sich nehmen werde und sie ihn jederzeit anrufen könne. Der Vater hätte regelmäßig anrufen müssen, Briefe schreiben oder ihr etwas schicken können. Briefe helfen den Kindern besonders, da sie sie immer wieder lesen und sich „absichern“ können, dass der Vater sie liebt und für sie da ist.

Der Vater von Berivan hätte sie in den ersten Wochen und Monaten öfters besuchen müssen. Vor allem hätten die Mutter und der Vater ihre Gründe nennen müssen, warum es gemeinsam nicht mehr ging. Dabei sollten auf keinen Fall Schuldzuweisungen der Eltern erfolgen. Sie sollten Berivan sachlich über ihre Trennung informieren.

Erwachsene sollten die Kinder nicht unterschätzen. Eine Vierjährige versteht bereits unheimlich viel und bekommt durch andere Kinder ja mit, dass sich vielleicht die Eltern mancher ihrer Freunde getrennt haben. So wäre Berivan wenigstens ein wenig entlastet gewesen und hätte sich nicht mit Schuldgefühlen und diffusen Ängsten herumquälen müssen. Und der Vater wäre nicht einfach verschwunden. Er wäre eine ferne, aber reale Figur und weiterhin der Papa von Berivan geblieben.

Auch Kinder, die viel Gewalt erlebt haben, sollten mit ihren Eltern sprechen. Sie brauchen sich nicht zu schämen. Die Eltern können nichts dafür, dass es Krieg gab. Ihr könnt nichts dafür, dass die Êziden viele schlimme Dinge erleben mussten.

Können Kinder auch psychisch krank werden?

Es hat lange gedauert, bis Ärzte und Psychologen erkannten, dass auch kleine Kinder schon unter seelischen Krankheiten leiden können. Schuld daran war möglicherweise die Tatsache, dass sich dieser Zustand bei Kindern anders zeigt als bei Erwachsenen.

Bei den meisten psychischen Krankheiten der Kinder handelt es sich um Angststörungen oder Depressionen. Formen von Weinen, Wut, Trotz, Traurigkeit, Schlafstörungen oder Schreckhaftigkeit können bei Kindern als „normal" angesehen werden. Da Kleinkinder häufiger weinen, hinfallen oder in der Nacht aufwachen, werden diese Stimmungsschwankungen als vorübergehend abgetan. So ist es aber nicht. Oder nur selten.

Die Mutter des achtjährigen Roni berichtet, dass ihr Sohn sich seit mehr als vier Wochen verändert habe. Er würde nur noch zur Schule gehen und sonst nicht mehr das Haus verlassen. Er sei in seinem Zimmer und spiele für sich allein. Er werde schnell ärgerlich, wütend und weine dann. Er wolle nur noch schwarze Sachen anziehen und wache in der Nacht immer wieder auf, da er Angst habe und wolle bei der Mutter schlafen. Manchmal mache er auch in die Hose und schäme sich dafür. Nach dem Grund gefragt, kann die Mutter zunächst nichts sagen, sie wisse einfach nicht, was mit Roni los sei. Bei genauem Nachfragen stellt sich heraus, dass der Großvater vor zwei Monaten gestorben ist. Die Familie habe sehr um den Großvater getrauert. Auch der Vater von Roni sei sehr traurig gewesen und habe geweint. Hunderte von Leuten seien zu der Trauerfeier gekommen.

Viele Leute hätten, um ihre Trauer zu zeigen, laut geweint. Bis dahin hatte Roni so etwas nicht gesehen. Die Menschen im Orient haben eine andere Form des Trauerns. Es ist sehr intensiv und wirkt für viele sehr erschreckend.

Roni hatte auch immer wieder Bauchschmerzen. Aber der Kinderarzt konnte nichts finden. Was auch verständlich war: Ronis Körper war ja gesund. Krank war seine Seele. Die Trauerfeier und das Erlebnis der Trauer des Vaters hatten Roni tief getroffen. Niemand hatte mit ihm über Sterben und Trauern gesprochen. Er erlitt einen Schock und wurde allein gelassen.

Selbst wenn die Eltern erkennen – was keineswegs selbstverständlich ist –, dass das Kind Hilfe braucht, beginnt für viele von ihnen in einer solchen Situation eine schwierige Zeit. Es gibt bei uns immer noch viel zu wenige Experten, die sich mit kindlichen Störungen auskennen und sie richtig behandeln können.

Viele Eltern möchten ihre Kinder nicht zu einem Nervenarzt oder Psychologen bringen, da sie glauben, dass psychische Krankheiten etwas Schlimmes seien. Sie schämen sich und wollen nicht, dass ihre Familie oder Bekannte davon erfahren. Wobei eigentlich eine psychische Krankheit nicht viel schlimmer ist als andere Krankheiten.

Wenn ein Kind eine Erkältung hat, sich das Bein gebrochen hat oder eine andere Krankheit hat, wird es selbstverständlich zum Arzt gebracht. Dabei ist es wichtig, professionelle Unterstützung früh zu erhalten, damit die Depressionen oder Angstzustände nicht chronisch werden, womöglich über Jahre andauern und vielleicht das ganze Leben überschatten.

Ist das so, dass man, wenn man Gewalt erlebt hat, dann später als Erwachsener auch krank werden kann?

Ich habe schon versucht, etwas zu diesem Thema zu erzählen und merke, wie schwer es mir fällt, euch davon zu berichten. Ich möchte nicht, dass ihr traurig seid oder Angst bekommt. Aber ich glaube, Kinder haben das Recht, über die schlimmen Dinge in der Welt zu erfahren.

Vielleicht gibt es auch Kinder in der Schulklasse, die z.B. von den Eltern geschlagen werden und sich nicht trauen, darüber zu sprechen. Sie haben Angst, dass sie dadurch ihre Eltern verlieren könnten und alles noch schlimmer wird. Aber ein Kind darf von niemandem, wirklich von niemandem, jemals geschlagen werden. Gewalt, wie Schläge, auch nur eine Ohrfeige, ein Tritt oder sonstige Übergriffe sind nicht richtig.

Menschen dürfen Menschen nicht schlagen. Aber leider passiert es trotzdem immer wieder. Schließlich haben wir auf der Welt auch viele Kriege, bei denen erwachsene Menschen sich gegenseitig verletzen oder töten. Die Êziden sprechen von 72 Katastrophen, bei welchen viele Tausende von Êziden gestorben sind.

Kinder, die im Krieg aufgewachsen sind – darüber habe ich vorhin schon etwas erzählt – haben ebenfalls schlimme Dinge erlebt. Vielleicht ist auch eines dieser Kinder in deiner Klasse oder Nachbarschaft. Über solche Dinge sollten auch Kinder Bescheid wissen. Denn es nutzt ja nichts, die Augen zu schließen und so zu tun, als gäbe es die schrecklichen Ereignisse nicht. Kinder müssen und sollen darüber einiges erfahren, auch, um zu lernen sich zu wehren.

Kinder, die Gewalt erfahren oder auch selbst anwenden, verlieren das Vertrauen in die Welt der Erwachsenen, da sie nur schlechte Erfahrungen gemacht haben. Die Kinder können aber nicht mit diesen schlimmen Ereignissen umgehen und entwickeln z.B. Schuldgefühle. Als hätten sie Schuld daran, dass der Vater sie schlägt oder der Soldat in einem Kriegsgebiet den Vater mitnimmt und verhaftet. Ihr seid Êziden und niemand darf euch wegen eurer Religion etwas Schlimmes antun. Das gilt natürlich auch für jeden von euch.

Der Vater muss lernen, sich zu kontrollieren, wenn ein Kind nicht das macht, was er will, und er darf das Kind auf keinen Fall schlagen. Das geht nicht. Niemand darf wegen seines Glaubens, seiner Herkunft, Hautfarbe oder Meinung unterdrückt und benachteiligt werden. Und ein Kind kann erst recht nichts dafür, dass in einem Land Krieg herrscht.

Also darf das Kind auch seine Möglichkeiten nicht überschätzen. Er ist ein Kind und nicht Gott. Durch solche falschen Denkweisen und Ereignisse, die sich ins Gedächtnis geprägt haben, können Kinder Ängste, Schmerzen und Trauer empfinden. Sie verändern sich und bekommen eine andere Persönlichkeit, als die Natur für sie vorgesehen hat. Also: Gewalt gegen Kinder gibt es leider überall und sie ist unverzeihlich.

Daher sage ich immer: *Kinder zu schlagen ist eine Niederlage und eine Schwäche des Schlagenden. Es gibt immer einen Lösungsweg ohne Gewalt. Eine friedliche Lösung ist nicht immer einfach. Dazu muss man intelligent, mutig, verständnisvoll, einfach nur Mensch sein.*

Aber die Frage, ob Kinder, die Gewalt erlebt haben, auch als Erwachsene krank werden, kann nicht mit einem eindeutigen Ja oder Nein beantwortet werden. Es hängt sehr viel davon ab, wie jemand mit bestimmten Dingen umgeht. So kann z.B. das Schimpfen der Mutter manches Kind traurig machen und es kann einige Tage brauchen, um alles zu vergessen. Es gibt auch andere Kinder, die nach zehn Minuten schon nicht mehr traurig sind

Êzidisches Haus im 18. Jahrhundert

und sich lustig mit der Mutter unterhalten. Es gibt viele schlimme Erlebnisse, die die Kinder vielleicht nie vergessen, aber sie sollen lernen, nicht ständig daran zu denken.

Wie haben es unsere Eltern geschafft?

Die meisten Mütter und Väter leben heute unter Stressbedingungen. Viele Eltern, wie in Kurdistan, mussten viele Jahre ums Überleben kämpfen, flohen vielleicht mit den Kindern aus ihrem Dorf oder ihrer Stadt und haben heute Schwierigkeiten eine Arbeit zu finden, damit sie genug zu essen haben und irgendwo sicher wohnen können.

Andere Eltern müssen, wenn sie noch jung sind, sehr viel Kraft aufwenden, um einen Beruf zu erlernen, einen Job zu bekommen und gleichzeitig für die Kinder da zu sein. Das bedeutet für sie viel Stress. In einigen Ländern gibt es etwas Geld für die Eltern, falls sie nicht arbeiten, aber es ist wirklich nicht viel. Gerade so viel, dass man nicht hungert und eine kleine Wohnung hat.

In anderen Ländern wird den Eltern und Kindern einfach nicht geholfen. Die Eltern müssen selbst zusehen, wie sie ihre Familie ernähren. Da bleibt nur wenig Luft zum Atmen und Zeit etwas Ruhe zu finden. Und dann gibt es Menschen, denen das Schicksal noch größere Belastungen zugedacht hat, sei es durch die sozialen Umstände, sei es, weil ihre Kinder anders, krank oder behindert sind oder aus Kriegsgebieten kommen und damit in viel höherem Maße auf die Fürsorge der Eltern angewiesen sind.

Erziehung und Religion

Warum sind Lernen und eine gute Erziehung so wichtig?

Erzieher sagen, dass schlecht erzogene Kinder unglückliche Kinder werden. Daher wollen wir uns anschauen, wie Kinder erzogen werden sollen und was für sich richtig ist, damit sie im Leben selbständig auf ihren eigenen Beinen stehen können.

Kinder wollen eigentlich auch lernen, weil sie neugierig sind. Es gibt aber manchmal „Druck" von den Eltern oder den Lehrern. Sie wollen, dass die Kinder noch mehr und noch mehr lernen.

Ist denn Druck ausüben in Ordnung?

Die Kinder wollen ja in der Regel lernen. Deswegen ist ein Lernen ohne Druck immer besser. Es gibt aber z.B. êzidische Eltern, die selbst nicht die Chance hatten eine Schule zu besuchen, oder wie einige von euch erzählt haben, immer wieder von den moslemischen Schülern ausgegrenzt wurden. Sie wissen aber, dass Lernen und Erziehung ganz wichtig sind.

Manchmal sind die Eltern aber auch überfordert, weil sie euch z.B. nicht bei den Hausaufgaben helfen können oder bei Elternsprechtagen sowohl sprachlich als auch inhaltlich wenig verstehen. Und dennoch „nerven" die Eltern und wollen wissen, ob ihr gelernt habt.

Vielleicht bekommt ihr in solchen Situationen das Gefühl, dass eure Eltern nie zufrieden sind. Sie wissen, wie wichtig es ist zu lernen und gute Noten zu bekommen, damit ihr einen guten Beruf erlernen könnt. Ihr sollt es einmal besser haben als eure Eltern. Das wünschen sie sich und üben vielleicht ungewollt Druck aus. Darüber muss man mit ihnen reden.

Ich will euch aber auch erzählen, wie es ist, wenn Kinder überhaupt nicht von den Eltern und Lehrern aufgefordert werden zu lernen und zu üben. So gab es vor ca. 50 Jahren in Europa einige junge Menschen, die ihre Kinder „antiautoritär" erziehen wollten.

Die Kinder durften sozusagen machen, was sie wollten. Die Eltern ließen viele Sachen zu. Das Kind konnte entscheiden, wann es ins Bett gehen, wann es Hausaufgaben machen und ob und was es essen wollte. Tolle Sache, oder?

Die Menschen glaubten, dass jedes Kind eigentlich von selbst weiß, was richtig für es ist und daher eine strenge Erziehung nicht notwendig ist. Dadurch sollte das Kind selbständig werden und seine Talente entdecken. Diese „antiautoritäre Erziehung" war leider nicht so erfolgreich. Sie führte aber dazu, dass die Erziehung der Kinder nicht nur von den Erwachsenen vorgegeben wird, sondern die Wünsche und Entwicklung der Kinder mit berücksichtigt werden.

Es gibt keinen Zweifel daran, dass Kinder für ihre Entwicklung von Anfang an Orientierung und Halt im Leben brauchen. Nichts anderes aber bedeutet Erziehung. Und die Eltern und Lehrer haben diese Aufgabe übernommen. Damit haben vor allem die Eltern eine Verantwortung übernommen, über deren Ausmaß und Schwierigkeit sie sich erst im Laufe der Jahre ganz klar werden.

Ich will aber auch hier noch einmal deutlich machen, das Gewalt wie Schläge oder schlimme Bestrafungen nicht in Frage kommen. Auch eure Eltern dürfen euch nicht schlagen. Dazu hat niemand das Recht. In solchen Fällen solltet ihr mit euren Lehrern sprechen.

Die Eltern können zwar überfordert sein, aber sie dürfen euch deswegen nicht schlagen. Die Eltern dürfen euch schon mal ein Verbot, wie z.B. eine Woche keine Freunde zu treffen oder einen Monat nicht ins Kino zu gehen, erteilen, wenn ihr euch z.B. frech verhaltet oder schlechte Noten nach Hause bringt, aber wie gesagt: keine Gewalt.

Was meinen Sie genau mit der Erziehung?

Gut. Dann will ich versuchen zu erklären, was ich unter Kindererziehung verstehe. Ihr wisst sicher, dass ein kleines Kind zunächst versucht, mit vielen Reizen, Eindrücken und Erfahrungen zu Recht zu kommen. Es beginnt, die Welt zu entdecken und versteht langsam viele Zusammenhänge: „Warum gibt es einen Vater und eine Mutter, was sind Geschwister, wie gehe ich auf die Straße, was sind Freunde und was sind diese ‚blöden' Zeichen (z.B. in Büchern und Zeitungen), auf die Mama und Papa schauen und etwas sagen?"

Es gibt also Millionen von Informationen, die auf ein Kind einstürmen, und es versucht, mit seinen Möglichkeiten, diese Welt zu verstehen. Das Kind fällt das erste Mal hin und spürt Schmerzen und kann es aber nicht verstehen, es soll dieses Grünzeug essen, weil es gut sein soll, es aber scheußlich schmeckt, oder?

Die einzigen Dinge, die immer da sind und Sicherheit geben, sind die Eltern. Das kleine Kind orientiert sich an den Eltern und spürt Sicherheit und Geborgenheit. Daher ist die Art und Weise, wie die Eltern ihre Kinder erziehen, besonders wichtig. Die Mutter tröstet das Kind, wenn es fällt, Hunger und Durst hat oder es sich einfach nicht gut fühlt. Es wird umarmt und beruhigt, wenn es sich ängstigt, wenn die Welt verwirrend scheint.

Die „frühkindliche Bindung“, so nennen es die Psychologen, ist das wichtigste, alles entscheidende Element für die spätere Entwicklung des Kindes. Ich habe vorhin schon davon gesprochen. Aber eine Wiederholung schadet in diesem Falle nicht.

Das Vertrauen, die Beziehung zu den Eltern ist bestimmend für die Zukunft des Kindes. Es entwickelt in dieser Zeit bei einer guten Beziehung ein „Urvertrauen“, ein tiefes Vertrauen in einen oder mehrere Menschen. Das Kind kann sich darauf verlassen, dass es in schwierigen Situationen nicht allein ist. Dieses Vertrauen bedeutet natürlich eine große Verantwortung für die Erzieher, insbesondere die Eltern.

Mutter und Vater haben den Auftrag, das Kind so gut es geht zu erziehen, damit es eine Persönlichkeit entwickeln kann. Anders gesagt, die Eltern sind verpflichtet, dem Kind zu helfen, ein freier, selbstständiger, mitfühlender und intelligenter Mensch zu werden.

Ich weiß aber auch, wie schwierig es bei den Êziden in der Heimat war. Es herrschte Krieg, einige Väter mussten in den Krieg oder schlossen sich den kurdischen Kämpfern, den *Peschmergas*, an, um für ihre Freiheit zu kämpfen. Die Lehrer waren auch nicht immer einfach. Mir haben viele Schüler erzählt, dass sie sogar von den Lehrern geschlagen worden sind. Wir sollten aber später noch über den Krieg und die schlimmen Dinge, die ihr oder eure Eltern erlebt habt, sprechen.

Wie kann man jemanden erziehen?

„Ohne Ordnung gibt es keine Wahrnehmung“, sagen die Psychologen. Ein Kind braucht, um die Fülle seiner Eindrücke und Gedanken zu bündeln und zu bewerten, ein Ordnungssystem, und die Eltern sollten es den Kindern vermitteln.

Zum Beispiel zeigt das Kind mit dem Finger auf die Milch. Es sieht etwas Weißes und will es vermutlich trinken. Die Eltern müssen also dem Kind sagen: „Es ist Milch.“ Wenn es mit dem Auto spielt, dann sagt man eben „Auto“. Wenn es auf einen Hund zeigt und „Auto“ sagt, dann werden die Eltern vermutlich „Nein“ sagen: „Es ist ein Hund.“ „Ein Hund?“, fragt das Kind. „Ja, ein Hund“, antwortet die Mutter. „Warum?“, fragt das Kind. So beginnt es. Das hat mit Erziehung noch nichts zu tun, es ist das Ordnen und Erklären der Welt, das sich im Laufe der Zeit immer mehr erweitern wird.

Beginnt das Erziehen mit „Ja“ und „Nein“?

„Ja, du darfst mit der Puppe spielen.“ „Nein, tut mir leid, du gehst nicht allein hoch. Die Treppe ist zu gefährlich.“ Genau hier fängt es an. Nach dem zweiten oder dritten „Nein“ an der Treppe ist die Versuchung groß, dennoch die Treppe allein hochzugehen. Das Kind versucht, gegen die Regel zu verstoßen. Es schaut möglicherweise in die Augen der Mutter und macht genau das Gegenteilige von dem, was die Mutter gesagt hat.

Das Kind will wissen, was die Mutter jetzt tun wird. Die Mutter holt das Kind wieder zurück und es versucht es noch einmal. Aber diesmal schreit das Kind und will auf jeden Fall die Treppe hoch. Wenn die Mutter jetzt bequem ist und nicht will, dass das Kind weint, dann lässt sie einfach zu, dass das Kind die Treppe hochgeht. Sie wird sagen: „Wenn es hinfällt, dann wird es verstehen, warum ich ‚Nein‘ gesagt habe. Es wird aus den Fehlern lernen.“

Es kann auch sein, dass die Mutter das Kind anschreit, wütend wird, es packt und mit vielen anderen Spielsachen woanders hinbringt.

Bei diesem Beispiel macht die Mutter einen Fehler. Das Kind wird das „Nein“ nicht mehr so ernst nehmen. Es wird jedes Mal, wenn die Mutter „Nein“ sagt, weinen und versuchen, sich durchzusetzen. Das kennt, glaube ich, jeder von euch.

Die Mutter hat durch dieses Zulassen den Glauben bei dem Kind bestärkt, dass seine Wünsche immer erfüllbar sind. Es lernt nicht, dass der eigene Willen nicht immer vereinbar ist mit der Realität. Wie soll aus einem Kind ein soziales Wesen werden, das andere auch respektiert, wenn es die Erfahrung macht, dass es seine Wünsche immer durchsetzen kann, sofern es nur laut und lange genug weint oder schreit? Indem ein Kind die eigenständigen Gesetzmäßigkeiten der realen Welt erkennt, lernt es sich selbst kennen. Das ist das Grundgesetz der menschlichen Entwicklung. Ohne Ordnung und Gehorsam entwickelt sich kein Selbstbewusstsein. Diese Ordnung aber kann zunächst nur durch die zuverlässige Begleitung und Anleitung der Eltern entstehen.

Dürfen Kinder ihren Eltern widersprechen?

Ja, natürlich. Dass ein Kind versucht, sich den Anordnungen der Eltern zu widersetzen, ist eine ganz natürliche Regung. Eine, die das Kind zu seiner Entwicklung und zur Formung seines Charakters braucht. Es muss auch lernen „Nein“ zu sagen, aber nicht nur, um seinen Spaß zu haben. Wenn es vernünftig ist, dann sollte das Kind widersprechen und nicht nur das machen, was die Eltern wollen. Die Eltern sollten also auch schauen, was die Wünsche des Kindes sind. So kann ein Geschwister Äpfel mögen, aber das andere mag sie nicht. Das müssen die Eltern akzeptieren und diesem Kind statt einem Apfel vielleicht eine Banane zu essen geben.

Sollen die Eltern irgendwie Vorbild sein?

Die Eltern haben sicherlich viele Fehler und haben in ihrem Leben vielleicht auch nicht alles richtig gemacht. Sie haben aber aus diesen Fehlern gelernt und können euch davor schützen, die gleichen Fehler zu machen. Sie haben im Krieg erfahren, was es bedeutet, Hunger, richtigen Hunger zu haben. Vielleicht bestehen sie daher darauf, dass ihr ausreichend esst, auch wenn ihr manchmal nicht so viel Hunger habt.

Eltern können sich manchmal ungewollt schrecklich verhalten, sie sind ungeduldig, schimpfen und jammern ständig und vieles mehr. Aber trotzdem lieben Kinder ihre Eltern. Kinder sind ihren Eltern gegenüber sehr tolerant und verzeihen ihnen.

Dennoch sollten die Eltern sich im Umgang mit ihren Kindern auf ihren guten und liebevollen Kern besinnen und den Kindern ein Vorbild sein. Disziplin, Freundlichkeit und Aufrichtigkeit kann man von seinem kleinen Sohn, seiner Tochter oder seinen Enkeln nicht verlangen, wenn man sie nicht selbst praktiziert.

Frauen an einer Wasserquelle

Wir, die Erwachsenen, müssen uns großzügig zeigen, damit unsere Kinder es von uns lernen. Glaubwürdig sind wir doch nur, wenn wir das, was wir von den Kindern erwarten, auch von uns fordern.

Anders gesagt, Regeln können nur dann verbindlich sein, wenn wir an sie glauben und uns ebenfalls an sie halten. Und vielleicht wäre es gut, wenn wir uns von Zeit zu Zeit mit den Augen unserer Kinder betrachteten.

Kann lernen Spaß machen?

Ich weiß noch, wie es war, als ich in Deutschland zur Schule musste und kein Deutsch konnte:

Es fiel mir alles schwer und ich hatte keine Lust und wollte nur mit meinen kurdischen Freunden spielen. Meine Noten waren auch nicht so gut. Dann lernte ich in unserer Nachbarschaft über meine Eltern eine ältere jüdische Rentnerin kennen, die mir viele Geschichten erzählte. Und wenn sie diese Geschichten erzählte, merkte ich, wie gern sie das tat. Sie hatte Spaß daran. Auch die Geschichte der Juden in Deutschland während des zweiten Weltkrieges und die Deportation mit ihrem Ehemann erzählte sie mir. Diese Geschichten waren natürlich nicht so lustig. Millionen von Menschen sind damals umgebracht worden.

Ich hörte ihr aber gern zu und sie sagte mir immer, ich solle lernen, weil es irgendwann Spaß machen werde und dann könne man nicht mehr damit aufhören. Schließlich entschloss sie sich, mir das Lernen beizubringen. Ich ging jeden Tag nach der Schule zu ihr und sie erklärte mir Dinge, die ich bis dahin nicht kannte: Warum glaubten die Menschen früher, dass die Erde eine Scheibe ist? Wieso können so große und schwere Dinge wie ein Flugzeug fliegen? Und vor allem liebte ich ihre Geschichten über ihr Volk und was sie alles durchgemacht hatten.

Wir sprachen natürlich auch viel über Kurdistan, die Êziden und ihr Schicksal. Ich hatte Glück: Ich lernte zu lernen und empfand Freude darüber, wenn ich selbst Dinge erkennen, verstehen und selbst Lösungen für Fragen finden konnte.

Hirnforscher bestätigen auch: Auf diese Weise, also durch das selbstständige Lösen von Aufgaben, durch den Erfolg und das starke Lustgefühl, das sich dabei einstellt, lernt das Gehirn am liebsten und nachhaltigsten, auch schon bei kleineren Kindern.

Heute versuche ich, diese Dinge meinen Kindern beizubringen.

Schluss

Zum Schluss wieder eine Geschichte

Als eine Gruppe von Zarathustra-Anhängern aus Persien im 6. Jahrhundert vor der Islamisierung nach Indien floh, versuchte sie, sich in der Gegend von Bombay niederzulassen. Die dortige Bevölkerung hatte zuvor nie etwas von dieser Glaubensgemeinschaft gehört.

Sie begegneten ihnen mit Argwohn und Ablehnung. Die Neuankömmlinge waren fleißig, kannten sich mit Feldarbeit, Bewässerungsanlagen und Hausbau gut aus und konnten ihre Familien gut ernähren. Dies führte zu Neid. Viele der Einheimischen versuchten, ihnen die Schuld für ihre eigene Misere zu geben. Sie wollten die Fremden nicht in ihrem Land haben. Die Konflikte wurden so groß, dass der dortige König sie aufforderte, sein Land zu verlassen.

Die Zarthustra-Anhänger waren sehr erschrocken und traurig über diesen Befehl. Sie hatten eine neue Heimat gefunden und wussten nicht, wo sie hin sollten. Auch die anderen Königreiche in Indien wollten sie nicht bei sich aufnehmen. Ihr Hohepriester, der *Pir*, schickte als letzten Ausweg eine Nachricht an den König und sagte, dass sie friedlich und ohne Probleme sein Land verlassen würden, aber er würde vorher gern mit dem König sprechen, wenn er ihn empfange.

Der König wollte ein solches Treffen zunächst ablehnen, war aber neugierig darauf, die Zarathrustra-Anhänger und ihren Priester zu sehen, da er sie bisher nie kennen gelernt hatte. Er war damit einverstanden, und eine Delegation unter Führung des *Pirs* wurde schließlich von dem König empfangen.

Gleich zu Anfang machte der König deutlich, dass er seinen Beschluss, dass sie sein Land verlassen müssten, nicht zurücknehmen werde. Der *Pir* bat den König, ihm ein Glas Milch zu bringen. Der König war etwas verwirrt und wollte ihn am liebsten den Löwen zum Fraß vorwerfen, aber seine Neugier war so groß, dass er einen solchen Entschluss nicht fasste. Nach einem kurzen Nachdenken war er damit einverstanden. Nachdem der *Pir* sein Glas Milch erhalten hatte, holte er aus der Innentasche seines weißen und langen Mantels ein Pulver, schüttete es in das Glas Milch und rührte es kräftig mit einem Löffel um.

Er forderte den König auf, diese Milch zu trinken. Geschrei und Aufruhr erhoben sich im Saal. Soldaten hoben die Waffen und bewegten sich auf den *Pir* zu. Sie glaubten, dass er den König vergiften wollte. Der König rief die Leute zur Ruhe und forderte den *Pir* auf, sich zu erklären.

Der Pir machte deutlich, dass er ein armer Priester sei und doch nicht so dumm, den mächtigen König zu vergiften, denn dies wäre ja das Todesurteil für sein Volk. Er bat den König, ihm zu vertrauen und einen Schluck von der Milch zu nehmen.

Nach einem kurzen Überlegen ließ der König das Glas Milch zu sich bringen und nahm einen Schluck davon. Plötzlich sah man, wie sein Gesicht wie der Sonnenschein aufging und zu strahlen begann. Er begann zu lachen und fragte, was er mit der Milch gemacht habe, da sie sehr süß schmecke. Er habe noch nie eine so süße Milch getrunken. Er gab auch das Glas nicht mehr aus der Hand.

Der *Pir* antwortete: „Mein König, Ihr und Euer Volk seid die Milch. Ihr seid groß und mächtig und habt ein Volk von Hunderttausenden. Wir, eine Handvoll Zarathrustra-Anhänger, können, wenn ihr wollt, das Pulver, das man Zucker nennt, für euer Volk sein."

Seither leben sie dort und sind in ganz Indien bekannt für ihr Wissen und ihren Reichtum, was auch der Gesamtbevölkerung Indiens zu Gute kommt.

Schlusswort

Das Gefühl des Verlustes und der Gleichgewichtsverschiebung auf allen Seiten setzt vielfältige Umdefinierungs- und Kulturbehauptungstendenzen in Gang, die eines langen Prozesses bedürfen. Auf der anderen Seite ist es wohl so, dass derjenige, der einmal von seinen alten Riten und Regeln etwas ablässt, Schwierigkeiten haben wird, sich in der neuen „religiösen Heimat“ wohl zu fühlen.

Diese neue Heimat kann aber für die nachfolgenden Generationen eine echte Überlebenschance bedeuten. Erneuerungen, Reformen und Veränderungen müssen aber nicht notwendigerweise als negativ oder problematisch erlebt werden. Es ist auch denkbar, dass die zunehmende Kosmopolitisierung, die Migration und die Bekanntschaft mit anderen Kulturen als Gewinn empfunden werden und den Prozess der Erneuerung erleichtern.

Eine Neuorientierung und Wandlung ist notwendig, aber nur dann möglich, wenn ein offener Diskurs in der Êzidengemeinschaft, vor allem durch ihre Organisationen und Eliten, geführt wird. Dabei ist die êzidische Bevölkerung mit in die Diskussion einzubinden, um eine echte Annährung an die Veränderung und die Akzeptanz einer solchen Notwendigkeit zu erzielen.

Aus meiner Sicht ist für eine solche Neuorientierung die Einbeziehung der kollektiven Kultur und Religion fundamental. Nur durch die Verarbeitung der historischen Traumata und den Umgang mit dem kollektiven Gedächtnis ist eine gesunde Perspektive für die Zukunft möglich.

Die Bewältigung der Geschichte und das „Neu-Denken“ alter Vorschriften sind die Eröffnung neuer Zukunftsperspektiven, die den Menschen wieder Hoffnung geben kann.

Literaturauswahl

- Alexander, J. (1980). Core solidarity, ethnic group and social differentiation: A multidimensional model of inclusion in modern societies. In: Dofny, J. & Akiwowo, A. (Eds.): *National and Ethnic Movements*, Beverly Hills, London.
- Anon, F. (1969). The Yazidis, a Strange Survival, *Church Quartely Review* 58, [1904].
- Assmann, A. (2001). „Kollektives Gedächtnis“. In: Pethes, Nicolas & Jens Ruchatz (Hg.). *Gedächtnis und Erinnerung: ein interdisziplinäres Lexikon*. Rowohl Verlag, Reinbek bei Hamburg: 308–310.
- Badger, George P. (1969). *The Nestorians and Their Rituals*, International Press.
- Bemmelen, D. J.(1975). *Zarathustra*, J. Ch. Mellinger Verlag, Stuttgart.
- Boyce, M. (1979). *Zoroastrians, Their Religious Beliefs and Practices*, Routledge and Kegan Paul, London and New York.
- Daftar, A., Damyari, D. & Mokri, M. (1967). *Le Cahesseur de Dieu et le mythe du Roi-Aigle*, Wiesbaden.
- Edmond, C. John (1967). *A Pilgrimage to Lalish*. Aberdeen.
- Erhard Franz (2004). *Yeziden – Eine alte Religionsgemeinschaft zwischen Tradition und Moderne*, Deutsches Orient-Institut Hamburg, Mitteilungen Band 71.
- Guest, J. (1987). *The Yezidis*, KPI Verlag, New York.
- Habib, G. (1978). *The Yazidis*, Remnant of an Ancient Religion, Al-Maraf Press, Baghdad.
- Hamzeh'i, Reza M. (1990). *The Yaresan—A Sociological, Historical and Religio-Historical Study of a Kurdish Community*, Klaus Schwarz Verlag, Berlin.
- Homes, Henry A. (1842). The Sect of Yazidis of Mesopotamia, *Biblical Responsitory and Classical Review*, Series 2, Vol.7.
- Jackson, A. V. William (1919). *Zoroaster, The Prophet of Anxient Iran*, Columbia University Press, New York.
- Khalil Jindy Rashow (2003). Die Yezidi: Ihr Glauben, ihre Traditionen und ihr soziales System, *Iranistik, Deutschsprachige Zeitschrift für iranistische Studien* 2, 1&2: 123–136.

- Kizilhan I. (2002): Konflikte und Konfliktlösungen in patriarchalischen Gemeinschaften am Beispiel der Solidargruppen in Ostanatolien. *conflict & communication online* 1, 1.
- Kizilhan, I. (1995). D*er Sturz nach Oben, Kurden in Deutschland, Eine psychologische Studie*, medico international Verlag.
- Kizilhan, I. (1997). *Die Yeziden – eine ethnologisch-psychologische Studie über eine ethnische Minderheit*. medico international, Frankfurt.
- Kizilhan, I. (2002). *Fluchtursachen in den kurdischen Siedlungsgebieten. In: Fluchtursachen in den kurdischen Gebieten*, Navend e.V., Zentrum für kurdische Studien (Hg.), Bonn.
- Kizilhan, I. (2006). *Ehrenmorde. Der unmögliche Versuch einer Erklärung*. Regener Verlag. Berlin.
- Klaus, E. Müller (1967). *Kulturhistorische Studien zur Genese Pseudo-Islamischer Sektengebilde in Vorderasien*.
- Kreyenbroeck, Philip; G. Rashow & Khalil, J. (2005). *God and Sheik Adi are Perfect. Sacred Poems and Religious Narratives from the Yezidi Tradition*. Harrassowitz Verlag. Wiesbaden.
- Mackenzic, Donald A. (1974). *Mythos of Babylonia and Assyria*, The Gresham Publishing Company Ltd., London.
- Makas, H. (1900). *Kurdische Studien*, Vol. 3, Jezidengebete, Heidelberg.
- Mohaq, A. (1933). The Origin of the Yazidi Tribes and Their Present Home in Iraq, *Iran League Quartely* 3.
- Mokri, M. (1960). Le Symbole de la Perle dans le folklore persan et chez les Kurdes, Fideles de Verite (Al-e Haqq), J*ournal Asiatique Paris*: 463–481.
- Murad, Jasim E. (1993). *The Sacred Poems of The Yazidis*, A Bell and Howell Company, Michigan.
- Phytian, A. (1915). *Mithrasism*. Constable and Company Ltd., London.
- Pilgrim, W.A. & Wigram, Edgar T.A. (1914). *The Cradle of Mankind*, London.
- Sami Said Ahmed (1975). *The Yazidis—Their Life and Beliefs,* ed. Henry Field, Miami.
- Van Bruinissen, M. (1982) *Agha, Scheich und Staat*, Parabolis Edition, Berlin.

Forum
Migration • Gesundheit • Integration

herausgegeben von:
Ramazan Salman • Dr. Thomas Hegemann • Prof. Dr. İlhan Kızılhan

Begutachtung im interkulturellen Feld.
Zur Lage der Migranten und zur Qualität ihrer sozialgerichtlichen und sozialmedizinischen Begutachtung in Deutschland
Jürgen Collatz, Winfried Hackhausen & Ramazan Salman (Hg.)
Band 1 • 267 Seiten • ISBN 978-3-86135-290-7

Interkulturelle Beratung.
Grundlagen, Anwendungsbereiche und Kontexte in der psychosozialen und gesundheitlichen Versorgung
Thomas Hegemann & Britta Lenk-Neumann (Hg.)
Band 2 • 197 Seiten • ISBN 978-3-86135-291-4

Gertrud Wagemann
Verständnis fördert Heilung.
Der religiöse Hintergrund von Patienten aus unterschiedlichen Kulturen.
Ein Leitfaden für Ärzte, Pflegekräfte, Berater und Betreuer
Band 3 • 123 Seiten • ISBN 978-3-86135-292-1

Sonnenberger Leitlinien.
Integration von Migranten in Psychiatrie und Psychotherapie.
Erfahrungen und Konzepte in Deutschland und Europa
Wielandt Machleidt, Ramazan Salman & Iris T. Calliess (Hg.)
Band 4 • 302 Seiten • ISBN 978-3-86135-293-8

Ramazan Salman
Interkulturelle Gesundheitsmediatoren.
Aufbau eines sich langfristig selbsttragenden Systems.
Begleitstudie zum MiMi-Gesundheitsprojekt in Hamburg
Band 5 • 86 Seiten • ISBN 978-3-86135-294-5

Jan İlhan Kızılhan
Depresyon ve Psikolojik Ağrılar.
Hastalığı Yenmenin Yolları
Depression und somatoforme Schmerzen.
Wege aus der Krankheit
Band 6 • 144 Seiten • in türkischer Sprache
ISBN 978-3-86135-295-2

Gesunde Kinder.
Ein Handbuch für die Interkulturelle Gesundheitsförderung
in Erziehung, Pädagogik und Beratung
DRK, Landesverband Westfalen-Lippe e. V.
& Ethno-Medizinischen Zentrum e. V.
Band 7 • 192 Seiten • ISBN 978-3-86135-296-9

Jan İlhan Kızılhan
Kultursensible Psychotherapie.
Hintergründe, Haltungen und Methodenansätze
Band 8 • 176 Seiten • ISBN 978-3-86135-297-6

Prof. Dr. Jan İlhan Kızılhan

Êzîdî kî ne?

Zarok û ciwanên êzîdî pirsan li ser dîn,
nasname û penaberiya xwe dikin

Li ser vê pirtûkê: Ev pirtûka hatiye amadekirin ne pirtûkeke dînî-padagojî ye, ev ji bo diyalog, dayîn u sitandina zanistiyê di navbera nivîskar Ilhan Kizilhan û zarok û ciwanên êzîdiyan de ye.

Li Almanya teqrîbên 80.000 Êzîdî dijîn, ev xwediyê kurd-axiviyeke bawermendeke dinî kêmhejmar in. Bi koçberiya karkerî di salên 70ê de, di sedsala dawî de, ji Tirkiyê hatine Almanya. Lê bi taybetî di salên dawî de ji ber sedemên guherînên siyasî li Rojhilata Navîn und Sovyeta kevn Êzîdî bi hêzeke mezin ji Suriyê, Iraqê û heremên Kafkasyayê, bi taybetî ji Ermenistan û Gurcistanê, koçberî Almanya dibin.

Nivîs û dokumentên kevn li ser dîn û çanda Êzîdiyan kêm hene. Lê bi taybetî nifşa nû li ser kok û dîroka xwe, li ser dîn û nasnameya xwe li bersiva pirsan digerin. Pir caran tenê dikarin agahiyan ji dayik û bavên xwe bistînin. Lê ev nifş jî zanebûna xwe li ser dîn û dîroka xwe bi devkî ji qewal, pîr û şêxên xwe girtine. Di nav behra gotînên devkî û agahiyên tam ne dirust zarok û ciwanên Êzîdiyan rû bi rû himberî tehlukeyeke windabuna nasname û dinê xwe ne.

Lewra jî Ilhan Kizilhan bi axaftin û hevpeyvîn bi zarok û ciwanên Êzîdiyan re li ser bersiv û pirsên ku mirovên Êzîdiyan ahleqedar dike ket nav ger û ramanan. Ji xeyna mijarên li ser dirok û dîn zarok û ciwanan di axaftinên xwe de li ser babetên şer, trauma und jiyana koçberiyê radiwestin.

Nivîskar: Prof. Dr. Jan İlhan Kizilhan li ser babetên pir-çandiya Psîkatrî (derûnî), Psîkoterapî (demankirina nexweşên derûnî), Traumatolojî û guhartina civakan di nav şer de pîsporekî navdar yê navnetewî ye.

Wî Psîkolojî, Sosyolojî û Iranîstîk li Bochum, Köln û Washingtonê xwendiye û niha Profesorê zanistiya tenduristî, psîkolojî û migrasyonê ye. Ev nivîskarê pir pirtûkan û nvîsên navnetewî li ser babetên psîkotraumatolojî, psîkosomatîk, zanistiya sosyalizasyon und koçberiyê ye. Ev herwiha pîsporiyê ji bo dadgeh û saziyên navnetewî dike. Ev mamosteyî û lêkolînan li zanîngehê, dersdayînên taybetî ji bo bijîjkiyan û psîkologan dike û carcaran bi roman-nivîs û wêje ve meşgul e.

Prof. Dr. Jan İlhan Kızılhan

Êzîdî kî ne?

Zarok û ciwanên êzîdî pirsan li ser dîn, nasname û penaberiya xwe dikin

Bi Almanî û Kurdî (Kurmancî)

ji Almanî wergerandin:
Selim Bicûk

VWB – Verlag für Wissenschaft und Bildung
2013

Ez sipasiya hemû kesan û saziyan dikim
ku ji bo derxistan vê pirtûkê bûn alîkardar.

Bi taybetî sipasî dikim ji bo

Selim Bicûk • Ahmet Güneştekin • Yado Ciwan
David Brinkmann • Andre Stuber • Doris Winter
Ramazan Salman • Özlem Kızılhan • Aslan Kızılhan

Ji bo alîikarî û hewarz ez sipas dikim ji

Le Monde Diplomatique Kurdî • Bajarê Pforzheim
Wezaretiya Entgrasyon li Eyaleta Baden-Württemberg
Navenda Ethnik-Tenderustî û Projeya MiMi
“Koçber ji bo Koçberan” li giştî Almanya

ISBN 978-3-86135-298-3

Weşangeh û şirket:
VWB – Verlag für Wissenschaft und Bildung
Amand Aglaster
Postfach 11 03 68 • 10833 Berlin
Tel: +49-30-251 04 15 • Fax: +49-30-251 11 36
info@vwb-verlag.com • www.vwb-verlag.com

Wenê:
Ahmet Güneştekin

Wenêyên di hundirê pirtûkê de:
Arşîva Ilhan Kizilhan

Naverok

Pêşgotin

Di nivîs û mediya Almaniya de ku behsa Êzîdyan dikin ji wan re dibêjin "Yeziden" an jî "Jesiden". Em di vê pirtûkê de bêjeya Êzîdî bi kar tînin, ji ber ku Êzîdî di zimanê Kurdî wiha behsa xwe dikin.

Li Almaniya niha bi kêmayî 80.000 êzîdî dijîn ku bawermendên dînekî kêmhejmar in û bi zimanê kurdî diaxivin. Bi rêya panaberiya kar û bi taybetî êziydiyên ji Tirkiyê, di salên 70yan de hatine Almaniya. Û weha, bi sedema guherînên siyasî li Rojhilata Nêzîk û Soviyeta berê, di salên dawî de bi xurtî êzîdiyên Sûriya, Îraq û Kewkasiya û bi taybetî ji Ermenistan û Gurcistanê ber bi Almaniya ve reviyan.

Ëzîdî, ji herêmên welatên cuda, bi perwerdeyeke dibistanê gelek kêm koçberî Europa bûn û wek rawesteke pêwîst ji bo parastina dîn û çanda xwe jiyan û dijîn, ev dîn û çanda ku li malbat û teja êlî bi awayekî kevneşopî û fewdal temaşe dike. Civaka êzîdiyan bi tej û avahiya xwe bi awayekî teng bi hev girêdayî ye, ji jor ber bi jêr bi çîn û qatan hatiye beşkirin, bi awayekî ku hîç derfet ji biyaniyan re namîne da ku cihê xwe di nav vê civakê de bigirin.

Êzîdî ji sedsalan ve, li welatên xwe rastî êrîş û bindestiyê hatine, niha jî, ji nû ve li penaberiyê azadî, demokratî û mafên kesayetî û tevahî nas dikin. Stratîjiya wan heta niha xwedorpêçkirin û tenêhiştin li dijî zordariya islamî bû, herweha hevgirtina di nav xwe de û bi awayekî sert parastina rê û rismên xwe, ne tenê nirx û pîvan stratîjhiya baş e ji bo ku di cihana rojavahî de, dîn, çand û kesayetiya xwe biparêzin, herweha jî, ji bo têgihîştina giştî ya mafên mirovan bi pêş ve bibin. Cara yekê di 20 salên dawî de, êzîdî hizirîn ku demdirêj û bi gelek nifşan dê li penaberiyê bijîn. Cara yekê li ser bingeha vî hizrî, bi gavên hayjixwe ber bi hevguncînê ve çûn.

Di hema demê de, di salên dawî de, bi taybetî teqînên terorîstên Al Qayîda sala 2007 û nepejirandina dîn û mafên wan yên civakî li Îraqê hejmara êzîdiyên ji wê herêmê li Europa pir bû. Lê hîn jî, civaka êzîdiyan ya herî mezin ku nêzî miliyonek kes e li bakurê Îraqê dijî û li wir navenda wan ya pîroz dimîne. Ev kom bi hevpîvana bi êzîdiyên ku ji Tirkiyê di salên 70 yan de hatine Almaniya hîn bi tej û avahiya dînî sertir e ku ev yek bi xwe jî

di hevguncîna ji aliyekî di nava civaka êzîdiyan bi xwe de û ji aliyê din ve di nava vê civakê de pêşberiyekê çêdike.

Li kêleka sanca deshilatiya mêran ya dînî, awirveguhastineke nû jî di rêya nifşên ku tên re dikare bê dîtin û cih bigire. Nifşên sêyem û çarem yê êzîdî bi awayekî zelal bûne xwediyên perwerdeyiyeke dibistanê hejmarbilind û hejmara akademîkiyan her diçe bilindtir dibe.

Nifşê nû hewl dide ku hevhengiyekê di navbera teqezkirina xwe ya çandî û amadekariya xwe ji bo pêşberiya ho û mercên dinyayê yên nû nîşan bide. Ev yek bi xwe jî dibe sedema dijberiyek civakî û nifşî ku bargiranî û westanên mezin bi xwe re tîne.

Tenê zarok û ciwanên êzîdî ku ji Îraqê tên û ew bi xwe yan dê û bavên wan gelek tolhildan, şer, azar û rev jiyane, pêwîstiya wan bi danek û piştgiriyeke taybet heye ji bo ku bikaribin para xwe ji jiyana civakî ya çandî, aborî û siyasî li penaberiyê bistînin, da ku bi serkeftin xwe bi civakê re biguncînin.

Li ser vê bingehê min biriyar da ku pirtûkeke weha ji bo zarok û ciwanên êzîdî, belkî jî ji bo dê û bavên wan binivîsim. Ev ne pirtûkek perwerdeyiya dînî ye û bi çi awayî armanceke min nîn e ez zarok û ciwanan bînim ser dîn, bêtir ji vê ez di wê baweriyê de me ku dînê van zarok û ciwanan bi nirx û pîvanên xwe nûneriya jêmayekî (mîras) çandî, bîranînek tevahî, dike, ku ji bo kesayetiyeke ragîr û erênî pêwîst e.

Di encama Trauma dîrokî û dîroka bindestiyê ya êzîdiyan de, wan nikaribûn heta niha rêya serpêhatiya xwe bibînin. Bi gengeşiya serpêhatiya tevahî dibe ku hin valahiyên bîranîna tevahî bên dagirtin, ev yek di gotin û pirsên zarok û ciwanan de yên bi mereqek bêhempa li ser pirsên min kiribûn hat ziman. Bi dîtina min serborî û dîroka êzîdiyan, li penaberiyê beşek ji nasnameya van zarok û ciwanên êzîdî ye. Tenê dema hinekî ji vê dîrokê nas bikin, dikarin dîtina xwe li ser ava bikin.

Bêguman di jiyana rojane de wateyek pir ji vê dîrokê re nîn e, gerek e ew bibe zengîniyek bi gelek serpêhatiyên din re yên ku zarok û ciwan di jiyana xwe de dê bijîn û têbigihîjin. Wek mînak, ma ne pêwîst e ji zarokan re, bizanibin çima dê û bavên wan rojî digirin, rojên cejnan dikin û çima bisk û muhrkirin? Ev pirs û gelek pirsên din, bi sedema dorpêçkirina civakî, kêmperwerdeyî û kêmxwendin û nivîsandin, li welatên xwe û ji sedsalan ve, pir caran nikarin ji hêla dê û bavan jî ve bên şîrovekirin.

Lê ev babet min li ser bingehek din jî bijart ku taybetiyeke wê ji dilê min tê: Tiştekî mîna vê li dinyayê, tirsek weha wek azar û terora li dijî takkesan yan jî li dijî komekê belav nebûye. Tiştek bi hema pîvanê mirov tûre nake, neqayîlbûna pir û lidijderketinê naxwaze.

Êzîdî û dîroka wan li vir wek nûnerên çarenûsa gelek kêmhejmarên îroyîn û bindestiya komên netewî xwe tînin ziman. Heta bi radeyeke bilind, li kêleka paşxaneya dîrokî, dînî, zanistiya mirovan û zanistiya civakî desthilatî û serdestiyê, bindestî û destberdanê, lê cegerdarî û berxwedanê jî, tîne ziman. Tenê bi cegerdariyeke mezin û hêzek berxwedanê bêhempa êzîdiyan dikaribûn heta niha li jiyanê bimînin û xwe bigihînin penaberiyê.

Ji bo min rêyek hêrifandinê û dûr û dirêj bû û hîn jî weha ye. Di dema gelek hevpeyvîn û lêkolînan de, li ser encamên lêdana terorê li dijî êzîdiyên Îraqê min nas kir ku, û çawa şerê desthilatiyê hemî çandan dihêrifîne û metirsiya tunekirina mirovan ya laşî û giyanî, li dar e.

Tevî weha hêviyeke min bi vê pirtûkê heye: Hêvî ew e ku kesên ji vî dînî, ku hîn li jiyanê ne, li penaberiyê beşdarî parçeyekî ji serpêhatiya xwe ya tarûmarkirî bibin; hêvî ew e ku zarok û ciwanên êzîdiyan û dê û bavên wan li ser wê yekê gur bikin da ku li welatekî azad û demokrat ji hevguncînê netirsin û ceger bikin rêyek nû bibînin ku di hema demê de nasnameya xwe biparêzin û wek hemwelatiyên beşdar di welatê nû de hebin. Tenê bi hizrên azad û kiriyarên çalak û bixêr rêya dahatuyê li ser gerdûnek nû vedibe û tenê eger êzîdî ji bo vê yekê amade bin ev guherîn dê rêveçûna sitemkariya sedsalan û di aliyê giyanî jî de ji hundir, rawestîne û dawiyê lê bîne.

Ev pirtûk ji sê beşeyan hatiye amadekirin. Pêşî ezê bi kurtî li ser axavtina bi zarok û ciwanên êzîdiyan re radiwest im, ku ev bingeha vê pirtûkê ye. Di bêşa mezin ya pişt re li ser bingeha hevpeyvinên bi zarok û ciwanan re li ser ola Êzîdiyan tê rawestandin. Beşa paşî bi taybetî bi hinek pêşniyar ji bo dayik û bavan hatiye amadekirin. Di ve beşê de agahiyên pêwist û pêşniyarên konkret tên dayin. Ev pirtûk bi çîrok û paşgotinekê tê dawiyê.

Jan İlhan Kızılhan,

Kos 2012

Hevpeyvîn bi xwendevanê êzîdiyan yên dibistanê re

Li ser daxwaza hin mamoste û fermangehên ciwanan min serdana xwendevanên êzîdiyan yên dibistanê, li dibistanên cihê, li Almaniya kir. Wan dixwestin bêtir li ser dîn û koka xwe bizanibin. Astengî wan hene ku gelek tiştên li ser êzîdiyan ji dê û bavên xwe bihîstine bi cih bikin û ji mamoste yan jî, ji hevalên xwe yên Alman re şîrove bikin. “Pêdanek rastî ye dema diya min dibêje Tawisî Melek 40.000 sal li ser ser zemînê geriya?” Xwendevan Alî pirs kir û bi hêviyên tije li çavên min temaşe kir.

Çîrok, serpêhatî û derencamên rastî çi ne dema pirs tê ser guherînkarê êzîdiyan Şêx Adî? Bi rastî dînê êzîdiyan dînê herî kevn e li dinyayê? Çima navê serokê firîşteyan li ba êzîdiyan Tawisî Melek e û wateya teyr Tawis çi ye? Çima marê reş li ba êzîdiyan pîroz e? Çima çênabe êzîdî ji kesên xwediyên baweriyên din bizewicin? Çima pergala çînî li ba êzîdiyan heye? Çima êzîdî nikarin xas, baqil û goştê berêz bixwin? Wê çi çêbibe eger êzîdiyek li ser rêya dînê xwe neçe? Ev pirs û gelekên din di hevdîtinan de hatin gengeşekirin.

Her kêlî rave dikirin ku wan ev çîrok ji dê û bavên xwe û ji rêberên dîn bihîstine. Dînê wan bi devikî ji wan re hatiye gotin. Herweha xwendevanan rave dikirin ku li ser dînê wan bi zimanê kurdî ku êzîdî pê diaxivin tiştekî nivîskî nîn e.

Li Almaniya li ser êzîdiyan carcaran tiştin di ragihandinê de bihîstine. Lê ew jî hercar bi nebaşî hinekî tûre û neqayîl Meryem got û pê de çû, “wek mînak dinivîsin ku êzîdiyekî keça xwe kuşt ji ber ku têkiliya wê bi yekî ne êzîdî re hebû. Em wan tiştan nakin. Têkiliya vê yekê bi dînê me re tune ye” û li min temaşe kir wek ku pirsiyariya erêkirina min bike.

Ev pirs û gelekên din zarokan mijûl dikin. Ew dixwazin bizanibin êzîdiyatî çi ye û çawa mirov dikare li Almaniya bi vê nasnameyê bijî. Ew mereq dikin û zorpirs in bi netebatî dipên ku bikaribin her tiştî û bi rastî her tiştî ji wan re şîrove bikim. Lê berî dest bi bersivdana pirsên xwendevanan bikim, min ji polekî xwest da ku ew bixwe ji min re bibêjin ka ew çi ji êzîdîyatiyê û êzîdiyan dizanin.

Me li hev kir ku ez di geşta pêşî de pirsan ji wan bikim û ew di geşta duyem de bê qedexe û sînor pirsan bikin. Hevpeyvînê dirêjtir ji texmîna min kişand, ez ê ji bo xwendevanan parçeyekî jê rêz bikim û di şûn de vegerim ser pirsên xwendevanên dibistanê.

“Ez dixwazim çend pirsan li ser êzîdîyatiyê ji we bikim û hun dikarin wek ku dixwazin bersivê bidin. Tiştekî rast nîn e û tiştekî şaş jî nîn e. Tiştê hun dizanin wî bibêjin. Ez dixwazim hemî baş guhdarî bikin û rê bidin kesê diaxive heta bi dawî bê û di kêlekê re neaxivin, eger ku dîtina we bi awayekî din jî be. Her yek ji we dikeve rêzê. Hun dipejirînin?”

Piraniya wan sere xwe bi erêkirinê dihejînin.

“Em ê niha pirsan bikin. Ka yekser bibêjin, kî dikare bibe êzîdî?”

Azad: *“Tenê dema mirov êzîdî tê jiyanê dikare êzîdî be, wekî din çênabe.”*

“Û eger yekî xiristiyan yan misilman hes ji dîne êzîdiyan bike, nikare bibe êzîdî?”

Dewran: *“Na, ev yek çênabe.”*

“Kes ji we dizane çima weha ye?”

Hanê: *“Ez baş nizanim, ji ber ku em dînekî paqij in? Şêxê me weha ji min re got. Wî got ku dînê me kevintirîn dîn e li dinyayê û tenê kesên taybet xwedî şans in ku bibin êzîdî.”*

Hasan: *“Şans? Nexwe çima çênabe em wek xiristiyan, misilman û cihûyan gelek tiştan bikin?”*

“Mebesta te ji *nikarin tiştekî bikin* çi ye?”

Hasan: *“Çênabe em ji bilî êzîdiyan bizewicin û tenê ji çînek taybet, çênabe em goştê berêz bixwin, hin xwarinên din jî wek xas yan jî baqil ...”*

Berekat gotina wî birî û got: *“Û vêca? Misilman jî goştê berêz naxwin. Teqez dînên din jî hene ku rêzan û qedexeyên wan hene. Ev weha ye.”*

“Ez naxwazim axaftina we bibirin, lê me li hev kiribû ku ez pirsan bikim û piştre hun. Teqez wê alîkariyeke baş be ku mirov bizanibe ev rê û rêbaz ji ku tên û çima êzîdî xasa ku ji tenduristiyê re baş e û gelek vîtamîn tê de hene naxwin, yan?”

Gelek bi erêkirinê serê xwe dihejînin, hinekan jî destên xwe hildane jor.

“ji bîr nekin ku hîn ez pirsan dikim. Niha jî ev pirsa min heye: Êzîdî ji ku hatine?”

Gulistan: *"Em ji Kurdistanê hatine. Piraniya me yên li vir ji Îraqê hatine. Êzîdî li Tirkiyê, Sûriyê, Armenistanê û li tevahiya cihanê belav bûne. Em kurd in û êzîdî ne."*

Berekat dîsa li dij derket: *"Erê, em êzîdî ne. Lê, em kurd in yan na ez nizanim. Gelek kurdên misilman tiştên pir xerab bi me kirine. Tenê ji ber ku em êzîdî ne. Zarokên misilmanan li dibistana Îraqê li min didan. Li hin dikanan tişt nedifirotin min. Dijûn bi min dikirin. Eger ez kurd bin, tiştên weha bi min nedikirin."*

Gelek xwendevan serê xwe bi erêkirinê dihejînin û di cih de hestekî xemgîn û hizirandinê didin.

"Pirseke pêwîst e, ez ê pişt re li ber xwe bidin ku şîrove bikim. Lê hin ji we ketin hizir û ramanan. Berekat li ser serpêhatiyên nebaş axivî. Yên din jî wek Berekat serpêhatiyên weha xerab jiyane? Hun dikarin li ser neaxivin eger hun nexwazin ..."

Li vir peyva Meryem hat bîra min û got: *"Erê, Misilman ji me êzîdiyan hes nakin. Tiştên pîs li ser me dibêjin."*

"Çi dibêjin, wek mînak?"

Meryem: *"Çênabe em wê gotinê bibêjin."*

"Ma gotinin taybet hene ku çênabe hun bibêjin?"

Meryem û kesên din serê xwe dihejînin, erê dikin, li hev temaşe dikin û hin ji wan dest pê dikin dikenin.

"Hun dikarin wê gotinê ji min re şîrove bikin da ku ez têbigihîjim?"

Bakir: *"Xwedayekî baş heye û yekî nebaş heye. Navê yê nebaş çenabe em bînin ser ziman."*

"Pir baş e, bi rastî te baş şîrove kir. Niha ez dizanim mebesta te çi ye. Kesek ji we dizane çima çênabe hun bînin ziman?"

Kesek bersivê nade. Gelek ji wan dixwazin ez şîrove bikim. Ok. Bila ev pirs li bîra we be, pişt re ez ê berê xwe bidimê ku bersivekê jê re bibînim. Lê divê hun pirs bikin.

We got ku çênabe êzîdî bi kesên ne êzîdî re bizewicin, peyvek taybet heye çênabe hun bibêjin û çênabe hun hin xwarinên taybet bixwin. Hîn rêgehên din hene?

Xanim: *"Êzîdî sê rojan di salê de rojî digirin. Lê negerek e zarok rojî bigirin. Lê ez bi xwe hîn ji temenê neh salî ve rojî digirim. Ev bûn pênc sal. Ev cihê xweşiyê ye, ji ber ku hemî berî rojhilat ji xew radibin û tiştekî dixwin.*

Gelek tevger çêdibe û her car tiştên xweş ji bo xwarinê hene. Piştî rojava em dikarin dîsa bixwin. Pir çûn û hatin çêdibe. Gelek mêvanên me, ji mirov û naskiriyên me tên. Piştî sê rojan, di roja înê de cejin û şahî tê. Bi rastî pir xweş e."

Berekat: *"Tenê sê roj in. Divê misilman 30 rojî bigirin. Li ba wan gelekî dijwartir e."*

Temo: *"Lê me li Îraqê, di dema rojiya misilmanan de jî nedixwar. Her dem bi awireke nexweş li me temaşe dikirin. Hinekan jî dijûn bi me dikirin, eger dîtibûne ku em li kolanê dixwin. Tenê me karibû li mal bixwin. Li ser kolanê çênedibû."*

"Hîn tiştên din li ba êzîdiyan hene ku hun dixwazin ji min re bibêjin?"

Haribiye: *"Di nav êzîdiyan de şêx, pîr û mirîd hene."*

"Cudahî di navbera van hersê koman de hene?"

Berekat: *"Mirov dikare mirîdan wek gel bibîne û bi nav bike. Ew pirtir in. Şêx û pîr berpirsên dîn in. Ew gelekî li ser dînê me dizanin."*

Hasan: *"Çênabe mirîd bi şêx û pîran re bizewicin. Herweha çenabe şêx û pîr jî bi mirîdan re bizewicin. Çênabe şêx û pîr bi hev re jî bizewicin."*

"Kî li vir şêx e?"

Gelek xwendevanê dibistanê destên xwe hildidin jor. Tenê du xwendevan pîr in. Yên din hemî mirîd in.

"Wê çi çêbibe eger mirov bi vê rêgehê neke?"

Hisên: *"Ev yek guneh e û mirov diçe dojehê."*

Beşîr: *"Min bihîstiye ku dojeh li ba êzîdiyan nîn e."*

Hisên: *"Ev ne rast e, çi çêdibe dema êzîdî dimirin?"*

Beşîr: *"Tawisî Melek xwe ji bo me kir qurban û êş kişandin."*

"Li ser vî tiştî em ê pişt re biaxivin. Mebesta min hun yan dê û bavên we dê çi bikin, wek mînak, eger kesek rojî negire?"

Berekat: *"Ne tiştekî."*

"Çi dibe eger êzîdiyek bi misilmankî yan xiristiyanekî re bizewice?"

Berekat: *"Ev yek çênabe."*

"Ez zanim, lê çi dibe. Bi giştî êzîdî çi dikin?"

Berekat: *"Ez ê bi kesên weha re neaxivim. Dê û bavên min jî xwe dûrî kesên weha dikin. Kesên weha hene, lê kêm in."*

Memo: *"Ew nema dimînin êzîdî û nema dimînin ji me."*

Hasan: *"Ez nizanim ne ev tişt rast e yan na."*

"Çêdibe li dijî van kesan tundî bê bikaranîn?"

Berekat: *"Ez weha nabînin. Ew bi xwe cezayekî bes e ku mirov bi wan re neaxive."*

"Min bihîst ku ciwaneke êzîdî ji Îraqê hat kuştin ji ber ku bi misilmanekî re bû."

Niha hewes hinekî tûre dibe. Di serî de xort bi bêaramî dixwazin biaxivin.

Memo: *"Misilmanan hewqas tiştên pîs bi me kirin û êzîdiyek here ba yekî misilman. Ev çênabe ..."*

Berekat: *"Wê rûmeta me binpê kir."*

Meryem: *"Lê ji bo vê yekê çênabe bê kuştin."*

Berekat: *"Tu keçekî, tu vî tiştî fam nakî."*

Meryem: *"Ne rast e. Dînê me napejirîne ku kesek bê kuştin."*

Berekat: *"Lê namûs pêwîst e."*

"Ev namûs girêdayî dînê êzîdiyan e?"

Memo: *"Ez bawer dikim."*

Meryem: *"Ez bawer nakim."*

Berekat: *"Ji bo min ne pêwîst e. Lê ez ne rast dibînim ku yeka êzîdî bi yekî ne êzîdî re bizewice."*

"Pêwîst e ku em bizanibin ka êzîdiyatî rê dide tundiyê û namûsa êzîdiyan yan dîn binpê dibe eger mirov li ser rê û risman neçe. Yan?"

Meryem: *"Tu çi li ser dibêjî?"*

"Baş e, em ê cihên xwe biguherin û ez ê bersiva pirsên we bidim. Wek me di destpêkê de gotibû, birastî gerek e hun her tiştî bipirsin û ez ê hewil bidim bersiva her tiştî bidim. Hîn daxwazek min din ji we heye: Eger dîtinên me ne yek jî bin gerek e em vekirî bi hev re biaxivin. Ne gerek e tiştê ez bibêjim hun bipejirînin. Lê gerek e em bi hev re biaxivin û giftûgo bikin. Pirs ne ew e ka kî bêtir û kî kêmtir dizane, ya pêwîst ew e em bi hev re li ser dînê we biaxivin û bi hev re ji hev fêr bibin."

Dînê Êzîdiyan

Awîra yekem – Êzîdayetî

Pêşgotin

Ji vî beşê kurt, ku min die bêşa borîn de diyarkir bû, eşkere bû ku bi çi pirsan zarok û ciwanên êzîdiyan xwe mijûl dikin. Me pirsên zarok û ciwanan bi awayekî baştir berbiçav û birêkûpêk kirin û em ê ji nû ve, tevî bersivên wan rêz bikin.

Pêşî, em dixwazin awireke giştî li ser êzîdiyan bidin û piştre dîtina êzîdiyan li ser afirînê bînin ziman ku bi rêya teqîna dirê xwe ji dîtina xiristiyan û misilmanan cuda dike. Dawî em ê vegerin ser rola Tawisî Melek û pergala çînî û pîvan û nirxên din yên êzîdiyan. Herwiha emê li ser cejinên êzîdiyan ku herdem û li goriya hewecetiyê tên pirozkirin bixavin.

Êzîdiyatî çi ye?

Êzîdiyatî dînek e wek islam, xiristiyan û cihûyan. Bawermendên vî dînî êzîdî baweriya xwe bi xwedayekî tenê tînin. Navê vî xwedayî bi kurdî “Xwedê, Xweda” û tê wateya yê ku xwe bi xwe afirandî yan jî afrîner.

Piraniya êzîdiyan li bakurê Îraqê dijîn, li wir dora 800.000 êzîdî dijîn. Êzîdî li Tirkiyê, Sûriyê û Armenistanê jî hene. Li dinyayê hemî nêzî 1 miliyon êzîdî hene. Gelek êzîdî li Europa jî dijîn, nêzî 80.000 li Almaniya û dora 10.000 li dewletên europî din. Hin komên êzîdiyan ji demekê ve li Amerîka, Kanada û Istraliya jî dijîn. Êzîdî, bi taybetî li herêmên kurdî li Îraqê, Tirkiyê û Sûriyê dijîn yan jî dijiyan. Li Armenistanê û Gurcistanê jî komek êzîdî dijî ku berî dora 140 salî bêçare mabû ku ji Tirkiya îroyîn bireve.

Êzîdî bawer dikin ku kevintirîn dînê cihanî ne. Li ser koka netewî ya êzîdiyan, di salên dawî de, di navbera êzîdiyan de, gengeşeyeke dijwar dest pêkiriye. Hin êzîdiyên Îraqê û Armenistanê dibêjin ku ew ne kurd in. Ew bawer dikin ku tenê êzîdî ne û ji ber ku di nav kurdan de dijiyan hin kevneşopî û nirx ji hev hilgirtine. Komek biçûk ji êzîdiyên Îraqê dixwaze ku herêmê êzîdiyan autonomiya xwe bi dest bigirin. Piraniya kurdan di wê baweriyê de

ne ku êzîdî kurd in û berî islamê kurd hemî êzîdî bûn. Ev gengeşeyeke ku wê me li herêmên Kurdistana Îraqê gelekî mijûl bike. Li Tirkiyê gengeşiyên weha nîn in ji ber ku zêdeyî 500 êzîdî li wir nemane. Piraniya êzîdiyên Tirkiyê niha li Almaniya dijîn.

Şêx Adî kî bû?

Ji bo êzîdiyan Şêx Adî guherînkarê êzîdiyatiyê yê dawî bû. Niha jî êzîdî dixwazin li ser hed û sed û rêgehên wî bimînin. Sala 1162 ê, di temenê 90 salî de ji jiyanê koç kir. Ticaran neziwicî bû. Mirovên wî pir hebûn ku piştî wî di nav êzîdiyan de roleke mezin lîstin. Niha jî, mîrên êzîdiyan bawer dikin ku ji malbata wî ne.

Şêx Adî ji ku ye?

Gelek çîrok û afsane li ser Şêx Adî hene. Carna tê gotin ku Şêx Adî ji Libnan û Sûriya niha ye û navê wî Şêx Adiyê Şamî ye. Hin jî bawer dikin ku ew ji Kurdistanê ye, ji çiyayê Hekarî hatiye û bi navê Şêx Adiyê Hekarî tê naskirin. Ev babet her dem di nav rêberên dînê êzîdiyan de bi xurtî tê gengeşekirin. Heta niha dîtineke hevpar li ser vê yekê di nav êzîdiyan de tune ye.

Pirtûkên pîroz yên êzîdiyan hene?

Pirtûka Reş "Meshefa Reş" pirtûka pîroz ya êzîdiyan e wek ku Incîl pîrtûka pîroz ya xiristiyanan e. Êzîdî bawer dikin ku gotina xwedê di vê pirtûkê de ye. Di pirtûka Reş de li ser çîroka afirandina dinyayê û li ser firîşteyan tê axaftin, herweha jî li ser çawa mirov jiyana xwe baş bikin û li ser çi baş e û çi nebaş e.

Tê gotin ku ev pirtûk ji cihê pîroz hatiye dizîn û hatiye firotin. Hin wêneyên wê hene lê mirov nizane ku ev wêne yên pirtûka rast in yan jî sexte ne. "Pirtûka Celwe" jî heye lê ew jî hatiye windakirin. Piraniya çîrok û serpêhatî û rêgehên dînê êzîdiyan bi devikî tên gotin û belavkirin. Vê yekê bi taybetî şêx, pîr û qewal dikin. Li ser vê yekê ez ê pişt re bêtir bibêjim.

Laliş çi ye?

Laliş cihê heca êzîdiyan e. Cihê pîroz yê êzîdiyan e û cihê gora Şêx Adî ye. Ev cih dikeve bakurê Îraqê, nîv katjimêrê ji bajarê Duhokê, bi tirembêlê dûr e û dora du katjimêran ji sînorê Tirkiyê dûr e. Her sal bi hezaran êzîdî, di cotmehê de li ser rûmeta Şêx Adî li wir cejnê dikin.

Peristgeha Êzîdiyan li Lalişê

Mohrkirin li ba êzîdiyan heye?

Erê, lê tenê bo kurikan. Ew jî wek gelek dînên ku bêtir ji aliyê mêran tê sînorkirin. Mohrkirin li ba êzîdiyan bi "Bisk" tê binavkirin ew jî birîna por e. Biska kurikan di temenê 7 heta 9 mehî de û bi derengî 11 mehî tê birîn. Di roja birîna biskê de şêxê malbatê û gelek nas û mirovên wê tên vexwendin. Şêx sê biskan dibire û pê re diwa dike da ku zarok mezin bibe û tendirustiya wî baş be û firîşte wî biparêzin.

Çima êzîdî rojbûna Îsa "Weihnachten" nakin cejin?

Wek misilman, xiristiyan û cihûyan cejnên êzîdiyan jî hene. Êzîdî cejnên xwe yên dînî li şûna Rojbûna Îsa piştî sê roj rojî, di meha çile de dikin. Dora hefteyekê berî Rojbûna Îsa ye. Di meha cotmehê jî de hefteyek sax cejna Cimayiyê pîroz dikin. Herweha cejnên din jî li ba êzîdiyan hene. Ez ê pişt re bi firehî li ser binivîsim.

Rojî çi ne?

Rojiyên êzîdiyan di meha çile de dest pê dikin, dora du hefteyan berî Rojbûna Îsa. Êzîdî sê rojan rojî digirin, roja sêşem, çarşem û pêncşemê. Roja înê jî cejn e. Hin êzîdî wek yên Tirkiyê sê hefteyan rojî digirin, her sêşem, çarşem û pêncşem û înê dikin cejn. Lê piraniya êzîdiyan di salê de sê roj rojî digirin. Gerek e mirov ji rojhilat heta rojava nan nexwe, avê venexwe û çixarê nekişîne. Tenê kesên bi temen mezin rojî digirin. Zarok, pîr, nexweş, rêwî, jinên ducanî û diyên ku şîr didin zarokên xwe ji rojîgirtinê azad in.

Çima êzîdî goştê berêz naxwin?

Di her dînekî de tiştên rewa û qedexe hene. Ez bawer dikim ev qedexe ji misilmanan hatiye girtin. Di Quranê de tê gotin ku goştê berêz li misilmanan qedexe ye ji ber ku ne paqij e. Beraz dikeve nav gemarê û her tiştî dixwe. Hin çîrok jî henê dibêjin ku di dema pêxember de, li beriya ereban gelek nexweşî bi rêya berêz bi mirovan ketin û bûn sedema mirinê û ji ber vê yekê xwarina goştê berêz qedexe bû. Ji ber ku êzîdî bêtir ji 1400 salî bi misilmanan re dijîn, dibe ku ev rêgeh ji wan girtibin. Bi her awayî Şêx Adî ev rêgeh aniye nav êzîdiyan.

Çarşema sor çi ye?

Wek ku li ba xiristiyanan roja yekşemê roja vehesandinê ye, berê li ba êzîdiyan jî roja çarşemê bû. Êzîdî bawer dikin ku di hefteya yekemîn de, ji meha nîsanê li gor salnameya kevin ku diket roja çarşemê, serokê firîşteyan Tawisî Melek xwe berdaye erdê û bi rêberên dînî re li ser dahatuya êzîdiyan peyiviye. Ji ber vê yekê jî êzîdî nikarin di meha nîsanê de bizewicin û dawet û semawendan bikin. Ji bo baweriya êzîdiyan ev meh meheke pir pêwîst e. Herweha êzîdî di çarşema yekemîn de ji nîsanê sersala xwe pîroz dikin ku ew Çarşema Sor e. Rengê sor li ba êzîdiyan hêvî, germî û simbola êgir e. Agir herdem li ba êzîdiyan pîroz e.

Çawa cejna Çarşema Sor tê pîrozkirin?

Gerek e em pêşî bibêjin ka ev cejn li gora salnameya Europa ya niha kengî, di nîsanê de tê pîrozkirin. Em dizanin ku Çarşema Sor her sal di hefteya yekem ji nîsanê roja çarşemê tê pîrozkirin. Ji bo vê yekê salnameya kevin tê bikaranîn, ev jî tê wateya ku roja 13 ê ji mehê li gora salnameya nû dibe yekê mehê li gor ya kevin. Bi vê pîvanê çarşema yekê ji nîsanê li gora salnameya nû dikeve nîvê nîsanê (çarşema pêşî piştî 13 ê mehê). Çarşema Sor wek roja şîrovekirina dawiya salê jî tê naskirin (roja hesab) yan jî sersal tê binavkirin.

Demên berê, berî destpêka sala nû yan ku Çarşema Sor bi 3 hefteyan aheng û pîrozkirinê dest pê dikir. Her malbatekê, di herdu hefteyên pêşî de xwarinên xweş amade dikirin. Beşek ji van xwarinan wek xêra malbatê li şêx, pîr û cîranan dihat belavkirin. Ev xêr dihat kirin da ku malbatê ji xerabî û nexweşiyan biparêze. Pişt re malbat diçûn ser goristanan û xwarin ji bo xêra miriyên xwe li ser goran dihiştin. Ev xwarin ji bo xêra miriyan dihat danîn da ku baş herin dinya din (axretê). Goristan di vê cejnê de dibin wek seyrangehekê yan meydana ahengê. Herweha xwarin li kesên belengaz jî tê belavkirin. Mirov dikare bibêje ev ji bo belengazan xêr e. Di hefteya sêyemîn de, her malbatekê li pêşiya dergehê malê yan li ser banê xaniyê xwe agir didadan. Ev yek piştî Çarşema Sor, rojek pêncşemê dora nîvro dihat kirin. Malbat li dora êgir kom dibû û xwe di ser re çen dikir. Stiranên xwe digotin û dîlan dikirin. Perçeyên caw, cil û bergan dişewitandin. Da ku ji nexweşiyan bên parastin û guneh û şaşiyên wan bên avêtin. Dixwestin ku bê şaşî û astengiyên sala kevin, sala nû pêşwaz bikin.

Min bihîstiye ku nan jî dipêjan û dirik dikirin nav. Çima ev yek dihat kirin?

Li hin herêman hevîrekî şêrîn dihat stirandin û bişkokek yan jî direk dikirin nav. Nan dipêjan. Piştî nan çêdibû li endamên malbatê dihat parvekirin û her kesî temaşe dikir ka ev dir di para wî de ye yan na. Kesê ku dir di para wî de derkete ew ê di sala nû de xwedî şans bûye. Hinekan jî bawer dikirin ku eger kêr li dirê rast bê ew sal wê pir bi xêr û bêr be û hatina çandiniyê wê pir be. Ev kevneşopî bêtir li ba êzîdiyên Armenistan û Gurcistanê maye.

Dê û bavên min dibêjin agir, av, ba û xak pîroz in û birêz nêzîk dibin. Çima?

Belê, xak, ba, agir û av li ba êzîdiyan çar regezên pîroz in, divê bên parastin û rêz li wan bê girtin. Çênabe êzîdî tif bikin ser êgir, ser avê û ser xakê. Çênabe agir bi avê bê vemirandin, gerek e tenê bi xakê bê vemirandin. Ev rêbaz û rêgeh li ba zerdeştiyan jî hene, ew van regezan wek regezên bingehîn yên afirandina zemînê dibînin. Li cihê pîroz, li Lalişê wek mînak çênabe kesek daran bibire û çênabe mirov bi solan di ser xaka pîroz re herin.

Ew çi kevir in yan çavnezer in ku êzîdî li malên xwe diparêzin?

Navê wan berat in, ew ji xaka pîroz ya Lalişê çedibin. Ew xweşiyê tînin û êzîdiyan ji nexweşî û xerabiyê diparêzin. Ew van kevirên biçûk û sipî bi cawekî sor dipêçin û bi destikê derî yan dîwar ve vedikin yan jî dikin dolabekê.

Çima êzîdî cil û bergên şîn li xwe nakin?

Sebebên cuda tên gotin, çima êzîdî li dijî rengê şîn in. Hin dibêjin, rengê şîn rengê xwezayê ye wek asîman, ewir û avê û ji bo rêzgirtinê bo cil û bergan bikar nayînin. Tiştê nêzîktirîn ji rastiyê re ew e ku di sedsala 17 ê de, dijayetiya vî rengî çêbûye, di wê demê de leşkerên farisan êrîşî herêmên êzîdiyan kirin, bi hezaran kuştin û wêraniyek mezin li pey xwe hiştin. Di wî wextî de wan leşkeran cil û bergên leşkerî yên şîn li xwe dikirin. Ji wê demê ve ev reng nayê heskirin. Li gora vê yekê, ev reng ne qedexe ye lê bêtir bi bîranînên tirs û wêraniya bav û kalan ve girêdayî ye û bûye wek kevneşopiyekê.

Hevdîtineke civakî

Pêşî xwedê dirrek afirand – Baweriya afirandinê ya êzîdiyan

Navê xwedê li ba êzîdiyan çi ye?

Êzîdî ji xwedê re dibêjin xweda. Peyveke kurdî ye û tê wateya “xwe bi xwe afirandiye”. Bi ezda jî dê binavkirin û tê wateya “yê ku ez afirandime”, yanî “afrîner”.

Çawa zemîn çêbû?

Dîtiyariya afirînê, yan bîreweriya ku çawa dinya hatiye afirandin li ba êzîdiyan wek dînên din e, lê di hema wextî de cudatir e. Ew bi navê dîtiyariya dirrê jî tê binavkirin.

Lê pêşî dixwazim bînim ziman ka êzîdî afirandina zemîn û firîşteyan ji hêla xwedê ve çawa dibînin.

Li gora axaftinên êzîdiyan, pêşî xwedê ji kêleka xwe dirrek sipî û teyrikek ku navê wî “Enfer” e afirand. Ew dir danî ser pişta wî û bi hezarên salan li ser ma. Pişt re xwedê biriyar da ku zemînê biafirîne.

Di roja pêşî de ku yekşem bû firîşteyek bi navê Azrayîl afirand, ew jî Tawisî Melek bû ku mezinê firîşteyan e.

Roja duşemê Dirdayîl afirand, pişt re Şêx Hasen “Şêxsin” nûneriya vî firîşteyî kir û şûnma û neviyên wî heta niha berdewam in.

Roja sêşemê Israfîl afirand û di şûn de Şêx Şemis “Şêşims” nûneriya wî kir û nevî û şûnmayên wî jî heta niha.

Roja çarşemê Mikayîl afirand ku ew jî Şêx Abûbekir e “Şêxûbekir”.

Roja pêncşemê Cibrayîl afirand ku ew jî Şêx Sicadîn e.

Roja înê Şimnayîl afirand ku ew jî Şêx Nasirdîn e.

Roja şemiyê Turayîl afirand ku ew jî Şêx Fexredîn e.

Xwedê Tawisî Melek kir serokê van firîşteyan.

Pişt re wêneyê heft asîmana, zemînê, rojê û heyvê afirand.

Fexredîn, mirov, canber û teyr û cenawer û dirinde afirandin û kirin berîka xirqe “kum” û bi firîşteyan re ji dirê derket. Bi dengekî bihêz li dirê kir qêrîn û dir teqiya, bû çar parçe, av ji nava wê herikî û bû derya. Dinya gilover û bê qul çêbû.

Wî Cibrayîl bi awayê teyrikekî afirandin û ew şand da ku çar goşeyan bîne bike destê wî. Pişt re wî qeyikek çêkir û 40.000 salî di deryayê de li ser

geriya. Pişt re hat û li Lalişê bicih bû. Deng lê kir û kevir bi dinyayê ve asê kirin, dinya bû zemîn û dest pê kir lerizî.

Ferman da Cibrayîl da ku bihedinîne; du perçe ji dirê anîn, yek kir bin zemînê, yê din kir deriyê asîmên. Heyv û roj pê ve daleqand û stêrkên ku hûrdeyên dira sipî çêkiribûn wek gewher bi asîman ve daleqandin. Darên mêwe û biber, giya û ser û baniyên çiyan jî ji bo zemînê wek gewher afirandin. Herweha banê asîmên li ser berê zemînê afirand.

Adem û Hewa kî ne?

Tevî ku xwedê karê çêkirina mirovan dabû firîşteyan, lê ji wan re got: "Ez ê Adem û Hewa biafirînim û wan bikim mirov. Ji kêleka Adem dê Şehîd bin Cer çêbibe, ew ê baweriya dînî bîne ser zemînê, pişt re ew dibe dînê Tawisî melek." Êzîdiyên niha, li gora vê dîtinê miletê Tawisî Melek in û neviyên kurê Adem Şehîd bin Cer in. Bi vê hizrê têkiliya êzîdiyan bi Hewa re tune.

Herweha tê gotin ku xwedê peya bû ser Çiyayê Reş, yê Lalişê û 40.000 firîşte afirand û kirin mirîd, çil salî peristin ji Tawisî Melek re kirin. Pişt re xwedê zemîn û mirov radestî Tawisî Melek kirin û ew bi firîşteyan re çû asîmanan.

Pişt re Cibrayîl ku bi Tawisî Melek jî tê binavkirin hemî regez ji her çar goşeyên dinyayê anîn. Wî xak, ba, agir û av afirandin û bi hêza xwe giyan û jîn da wan. Pişt re xwedê ferman da Cibrayîl da ku Adem bibe bihiştê. Ew dikare hemî mêweyan bixwe, tenê çênabe genim bixwe.

Piştî bêtir ji sed salî Tawisî Melek ji xwedê pirsî: *"Adem ê çawa nifşên xwe pir bike?"*

Xwedê got: *"Ferman û diristkirin ev e: Min ew radestî te kiriye."*

Tawisî Melek hat û ji Adem re got: *"Te genim xwariye?"*

Adem got: *"Na, ji ber ku xwedê bo min erê nekiriye."*

Tawisî Melek got: *"Bixwe, bo te baştir e."*

Piştî xwarinê zikê wî bel bû, Tawisî Melek ev yek li bexçe kir, ew li cih hişt û ber bi asîmên ve hewa ket.

Ji ber ku genim xwar zikê wî bel bû û êşek mezin girt, bo vê yekê alîkarî ji Tawisî Melek xwest.Tawisî Melek çivîkek jê re şand û bi nikilê xwe qulek tê de vekir. Pişt re baş bû.

Xwedê ferman da Tawisî Melek, ew hat Hewa ji bin çengê wî yê çepê afirand.

Pişt re xwedê Şehîd bin Cer ji kêleka Adem afirand. Weha êzîdî ji kurê Adem Şehîd bin Cer çêbûn. Ez ê pişt re hîn tiştin din li ser Şehîd bin Cer bibêjim.

Lê tiştekî din bi devikî hatiye, dibêje êzîdî ne ji Adem in, ew ji dirê çêbûne.

Careke din, zemîn çawa çêbû?

Êzîdî bawer dikin ku berê tiştek nebû. Xwedê direk afirand ku pişt re teqiya, ji teqîna wê ev regezên niha, xak, ba, av û agir çêbûn. Ji bo vê yekê ev regez li ba êzîdiyan heta niha pîroz in. Eger mirov ji êzîdiyan bipirse koka we ji ku ye, dibêjin em ji dirê çêbûne. Çîroka afirandinê li ba êzîdiyan weha tê gotin: Piştî ku dir ji hev perçe kir, ji gurmîna perçebûna wê çiya çêbûn, ji toza wê gir çebûn û ji dûmana wê asîman hat nîgarkirin, afrîner ew bê alîkariya situn û ragiran asê hiştin. Xwedê ji serokê firîşteyan Tawisî Melek xwest da ku beşdarî afirandinê bibe, li ser vî bingehî wî roj afirand û ji aliyê xwe ve daxwaz gihand firîşteyê duyem. Firîşteyê duyem heyv çêkir û daxwaz da firîşteyê sêyem ku wî ba çêkir. Firîşteyê çarem av û agir çêkirin. Firîşteyê pêncem stêra sibehê çêkir û yê şeşem hesare û stêrk çêkirin û yê heftem dojeh afirand.

Çima Tawisî Melek bû serokê firîşteyan?

Ji destpêkê ve têkiliya xwedê pir nêzîk bi Tawisî Melek re hebû. Lê ne her dem weha bû. Di çîroka afirandinê ya êzîdiyan de, weha tê gotin:

Piştî ku Adem hat afirandin, xwedê ji Tawisî Melek xwest ku jê re nimêj bike û rûmetê bigire. Xwedê xwest bi vê yekê Tawisî Melek taqî bike (biceribîne): “Ji niha û pê ve, divê tu di bin ferman û daxwaza Adem û nifşên wî mirovan de bî.” Xwedê weha ferman da Tawisî Melek. Lê Tawisî Melek fermana xwedê nepejirand: “Ew afirîndereke, miroveke hatiye afirandin û ez nakevim bin daxwaz û fermana wî.” Tawisî Melek ji xwedê re got. “Ez ê tenê di bin ferman û daxwaza te de bim, tu afirînerê min î.” Weha Tawisî Melek nerazîbûna xwe anî ziman.

Bi rastî ev yek şoreşek bû. Tawisî Melek fermanê ji kesî napejirîne, ji ber ku ferman û daxwaza xwedê tenê tîne cih.

Bi vê têkelkirina seyr ya dilsozî û serîhildanê wî nîşana cihêrengiya baweriyê diyar kir. Xwedê dilsoziya Tawisî Melek taqî kir (ceriband)? Wî dixwest bibîne bê ka Tawisî Melek dê bilez dilsoziya xwe ji aliyekî din re biguherîne? Ev hemî dimînin pirs em ê bersivan ji wan re nebînin. Ew di pileyên bilind yên afirandinê de, dive teqez razek veşartî bo me bimîne ...

Bi her awayî dive ku Tawisî Melek ji hêla xwedê ve hatibe tawankirin. Ew 40.000 sal li ser deryayê geriya. Ew gelekî bi tenêbûnê re ma û di dawiyê de dît ku ne rast bû di bin daxwaz û fermana xwedê de nema. Gelekî li ser nepejirandina fermana xwedê poşman bû. Ew hewqasî poşman bû heta ku bi rondikên xwe agirê dojehê vemirand.

Pişt re xwedê ew bexişand û lê borî û dîsa kir serokê hemi firîşteyan. Ji bo vê yekê êzîdî bawer dikin ku dojeh bo wan nîn e, ji ber ku Tawisî Melek bo wan êş kişand û agirê dojehê vemirand.

Çima bi Tawisî Melek hatiye binavkirin?

Navê wî li ba êzîdiyan Tawisî Melek e. Tawis ronahiyê dide û vediguhêze, dora 2800 sal in ku Tawis nîşanek pêwîst e bo gelek miletên Rojhilata Navîn û Hindistanê. Li gora baweriya dînê sasaniyan yê kevin, xwedê xwediyê her du hêzên jiyanê ye, Ahoramezda û Ahrîman ji dema ku aliyê tarî û yê ronahî yên jiyanê hatine afirandin li dijberî hev in û li gel hev dijîn.

Di vir de tawis danerê ronahiyê yê asîmanî ye, nîşana ronahiyê ye. Tawis nîşana paqijî û rojê ye. Islam jî rûmetê dide tawis. Ji bo islamê tawis nîşanek pêkenok e, dolabê wî, gerdûnê, heyvê yan jî rojê di banî de nîgar dike. Li Hindistanê tawis xwediyê wateyek mezin e û li her cihî simbolên wî tên dîtin. Êzîdî bawer dikin ku pêşî xwedê dir çêkir û tawis li ser pişta wê siwar kir ji bo ku li tevahiya gerdûnê bigere.

Gotarên bi awayên din hene bê çawa zemîn çêbûye?

Belê, ew jî bi devikî gihîştine ku heta niha jî ji hêla kalên êzîdiyan ve tên gotin. Ew ji awayê min li jor anî ziman cudatir in. Lê balgêş e mirov bizanibe bê dîtinên mirovan li ser afirandinê çawa ne:

Piştî ku dinya ji pêşiya pêşî ji deryak bêsînor bû, darek jê berz bû, xwedê li ser vê darê bi kêsma çivîkekî rûniştîbû, her dem bi tenê bû û westiya, ji xwe, firîşteyek çêkir û cihê wî li ser darê gulê çêkir, dûrî dara xwedê li ser avê bişkivî, ew bi xwe Tawisî Melek bû ku bi merdî rê dayê li ser dara xwedê rune.

Ev cudahî ji hêla Tawisî Melek ve şaş hat têgihîştin û xwe wek xwedê nas kir. Li ser vê yekê pevçûn çêbû û xwedê Tawisî Melek derbider kir. Ew bêaram di ser beyabanê avê re firiya da ku cihekî vehesandina xwe bibîne. Rojekê ji rojan dîsa di ber dara xwedê re derbas bû û ferman û desthilata wî pejirand û xwedê ew bexişand û lê borî.

Gamasî çi bû?

Gotarek din dibêje ku zemîn pêşî ji aliyê gayekî û masiyekî ve hatibû parastin û gelekî dihejiya. Weha dema vî gayî zemîn ji ser stiroyekî diavêt ser yên din erdhej çêdibû. Çîrokên din têgiha “Gamasî” bi kar tînin ku peyv bi peyv tê wateya ga û masî, wateyek din ya îroyîn ji bo gamasî tê bikaranîn. Dibe ku mebest jê “gamasî” be (rengekî masiyan e) ku zemîn di hevhengiyê de hiştibe.

Çima êzîdî carna bi peristvanên şer û neqenciyê tên binavkirin?

Bi awayekî ne rasterast min ev yek di axaftina li ser Tawisî Melek de anî ziman.

Li ba êzîdiyan, wek ku tê naskirin Tawisî Melek rolek pêwîst li kêleka xwedê dilîze. Lê balkêş e ku êzîdî di kevneşopiyên devikî de li ser pevçûnekê di navbera xwedê û Tawisî Melek de diaxivin. Li gora vê Tawisî Melek xwedê wek afirîner nepejirandiye û xwe wek wî dîtiye.

Ji bo vê yekê xwedê Tawisî Melek 40.000 sal derbider kir. Ew bi bêaramî li derdora deryayê geriya heta ku li helwesta xwe poşman bû û daxwaza lêborînê li xwedê kir û xwedê lê borî û ew dîsa kir serokê firîşteyan.

Di van 40.000 salan de, Tawisî Melek gelekî êş kişand û giriya heta ku xwedê gunehê miletê wî êzîdiyan heta hetayê bexişand. Ji bo vê yekê wek ku me anî ziman gelek êzîdî bawer dikin ku dojeh nîn e.

Ji ber ku Tawisî Melek dijberî xwedê rabû hin dîroknasên misilmanan wî wek firîşteyê şer û neqenciyê diyar dikin. Êzîdî baweriya xwe bi xwedê tînin û têkiliya wan bi "firîşteyên nebaş" re nîn e.

Eger xwedê nûneriya başiyê dike, kî nûneriya nebaşiyê dike?

Xwedê li ba êzîdiyan wek hêza ku dikare her tiştî bike tê dîtin, li kêleka wî hêzek yan jî desthilatek din çênabe hebe.

Lê li ba misilmanan dîtinek heye ku Tawisî Melek firîşteyê ketî ye. Ew dibêjin ku Tawisî Melek Adem di biheştê de xapandiye da ku wî jê bavêje.

Sedemeke din jî ji bo vê nîqê ew e ku Tawisî Melek li gora dîtina êzîdiyan li dijî xwedê rabûye û ji bo vê yekê 40.000 sal hatiye sezakirin. Ji ber vê hin dibêjin ku Tawisî Melek nûneriya nebaşiyê dike. Êzîdî baweriya xwe bi van dîtinan nayînin ji ber ku bi baweriya wan piştî xwedê Tawisî Melek hatiye û ew başî ye. Tawisî Melek nûnerê xwedê ye û ji bo mirovan li wir e.

Êzîdî gotina nebaş nayînin ziman da ku hêz û karîna xwedê nekin cihê pirs û gumana.

Piştî Adem û Hewa hatin çêkirin, çi çêbû?

Êzîdî dibêjin ku Adem û Hewa 80 zarok anîn dinyayê. Pişt re Adem û Hewa dest pê kirin li ser dahatûya zarokên xwe pevçûn û nikaribûn dîtinek hevbeş di vê derbarê de bibînin. Her yekî ji wan dixwest bi tena xwe li ser dinyayê û zarokan xwedî biriyar be. Nikaribûn bibînin ku giring e her du ji bo mana hebûna awayê xwe û berpirsiyariya xwedê dayî wan bicih bînin: Dinyayê kesk û bişkivî bihêlin, bikin biheşt.

Bi xwîngermiya xwe ya ser zemînê û nezaniya xwe xwestin li ser daxwazên xwe yên dijhev taqîkirinekê bikin. Her yekî ji wan sewêlkê xwe ji xwihdana eniya xwe tije kir. Di vir de mebest ne xwihdan e ku di dema kar de bi ser çavan de dirije. Îro mirov dibêje: Her yekî sewêlkê xwe bi hilma hişê xwe, bi reşikê bîrên xwe û bi sawîrên xwe tije kir.

Çil roj derbas bûn. Ji sewêlkê Adem kurekî ciwan û xweşik derket û navê wî kirin *Şehîd bin Cer*. Ew bû nimûneyek ku divê mirov wek wî bin. Ji sewêlkê Hewa kêzik û kurmik derketin. Adem ji serî de, weha da diyarkirin ku bi hebûna *Şehîd bin Cer* ew bala xwe nade zarokên xwe yên berê 40 kur û 40 keç. Ji ber vê yekê hemiyan xwe li dora diya xwe kom kirin û derd û tûrebûna xwe berdan der.

Hewa ji wan re diyar kir ku rêyeke din nîn e ji bilî ku *Şehîd bin Cer* bikjin. Hewa ji wan re şîrove kir; "heta ku ew hebe dê hun û ew bên danberhev û di her danberhevê de hunê kêmtir ji wî bin".

Bi dizî pilana kuştina *Şehîd bin Cer* hat ristin û rojek ji bo vê rûreşiyê hat danîn. Ji bo roja ku li ser, li hev hatiye kirin, peyman li ser bangekê çêbû, li ser gotinek nehênî. Gerek bû Hewa ev bang bi demek kurt berî kiriyarê hildabûye. *Şehîd bin Cer* gelekî mejiyê Adem biribû, dek û dolabên li ser digeriyan bala wî nekişandin. Lê Tawisî Melek wek ku her tiştî dizane bi van dek û dolaban jî zanîbû; heta tiştên di kûrahiya mejiyê me jî de diçin û tên haya wî jê heye.

Di sibeha roja peymanê de, Tawisî Melek ferman da çar cinan ku hîn di xew de, tif bikin devên her 80 zarokan. Dema xwedîyên dek û dolabê ji xew rabûn dîtin ku her yek ji wan bi zimanekî diaxive û kesî nikaribû ji yên din fam bike. Dema Hewa hat û bang got da ku bira birayê xwe bikujin, zarokan nema karibûn ji diya xwe jî fam bikin.

Êzîdî dibêjin, ji wê demê ve, zimanên cuda hene.

Her weha gelek çîrokên din jî li ser Adem û Hewa hene. Hin kes dibêjin ne xwedê Adem afirandiye lê belê Tawisî Melek ew ji regezên zemînê; av, ba û agir afirandiye. Li gora vê çîrokê Adem sed salî bi tenê maye û bê aram bûye. Ji ber vê yekê Tawisî Melek hevalek wî ji bin çengê wî çepê afirand û navê wê kir Hewa.

Mêjûyek taybet heye?

Li gora baweriya êzîdiyan ev bûyer û rûdan di mêjû û demên diyar de çêdibin. Her 1000 salî firîşteyek dadikeve ser zemînê û desthilatiyê ji bo demek diyar digire destê xwe. Firîşteyê ku tê ser zemînê biriyara zagon û rêbazan dide û piştî dawîkirina peyamnêriya xwe dîsa vediger asîmên.

Eger mirov vê dîtinê bişopîne, li gora wê heft zeman çêdibin û dema bûyerên afirandina zemînê dibin 7000 sal. Hin lêger danûstandinê bi salnameya êzîdiyan re wek bi ya Maya re dikin ku kevnahiya dinyayê 10.000 sal dibîne.

Li gora vî hisabî ku gelekî aloz e Tawisî Melek wê hîn 4000 sal desthilatiyê li ser zemînê bike. Ev sal jî ne salên dinyayî ne, lê belê salên firîşteyan e. Her salek firîşteyan bi 10.000 salên dinyayî ye.

Çima hin kes dibêjin dînê êzîdiyan dînekî nehênî ye (bidizî ye)?

Dînê êzîdiyan ne dînekî veşartî û bi dizî ye. Êzîdî herdem bindest bûn û derfetên wan nebûn dînê xwe aşkere wek mînak di dêrê yan mizgeftê de birêve bibin. Di gundên xwe de bi awayekî aşkere dînê xwe birêve dibirin. Herweha piştî rojiyê yan jî cimayiya Şêx Adî bi derdorên xwe yê xiristiyan û misilan re cejin dikirin.

Helbet, êzîdî piştî salên dirêj ji bindestiyê, ji derdorên xwe bêbawer bûn û bi awayekî hûrde agahî li ser dînê xwe nedidan kesên din. Dîroknasên europî hîn ji berî 200 salî bindestî û zordariya tund ya li ser êzîdiyan tînin ziman. Ji ber vê yekê êzîdî di gundên xwe yên çiyayî de tenê man û xwestin bi aramî dînê xwe birêve bibin.

Têkiliya bi derve re tenê dema ku divîya bû mêr biçin leşkeriyê çêdibû. Di vê rewşê de jî, mêrên êzîdî kêm li ser dînê xwe diaxivîn ji ber ku gelek pêşdarezîn li ser wan hebûn. Eger carekê bihatine naskirin ku êzîdî ne wê gelek astengî û tundrewî derkete pêşberî wan.

Êzîdî nikarin di rewşên awerte de bibêjin em ne êzîdî ne? Da ku tiştek neyê serê wan, yan ev yek çênabe?

Gelek êzîdî bi dînê xwe pir serfiraz in û di bin tundîyê de jî li dînê xwe xwedî derketin. Gelek jî bi sedema gefa li ser malbatê û ji bo ku wê biparêzin bûn misilman.

Lê hewldanek gelekî kevin heye ku ne ji taybetiya êzîdiyan e, lê di wêje de li ser tê axaftin. Ev hewldan bi navê "teqiye" tê naskirin. Li gora wê, di metirsiyên mezin de, êzîdî xwe wek êzîdî nade naskirin. Di hema demê de, rêberên dîn êzîdî fêrî nehênî û razan nekirine, lê belê tenê ew fêrî rêgeh û rêbazên helwestê û qedexeyên derve kirine. Ev hewldan ji bo wê yekê ye ku bikaribin xwe û dîn ji kesên ne êzîdî biparêzin.

Teqiye berî du hezar sal ji hêla civaka kevin maniyan ve hatiye çêkirin. Bo bawermendên manî rewa bû, li derve xwe li ser her dînekî din bidin nîşandan. Yên din wek misilman û xiristiyanan divê xwe bi dînê xwe bidin naskirin, lê manî dikarin xwe li ser dînekî din bidin nîşandan eger veşartî bimînin

manî, yan jî rêbaz û rêgehên dînên din li gora baweriya dînê maniyan şîrove bikin. Ev helwest bi zimanê erebî bi “teqiye” hatiye bi navkirin.

Cejn û kevneşopiyên êzîdiyan

Çarşema sor, serê salê çi ye?

Sala nû li ba êzîdiyan çarşema yekemîn ji nîsanê yan ku çarşema yekemîn ji 13 nîsanê û şûn de tê pîrozkirin, ev mêjû nêzîkî Newrozê (Sersala kevneşopî ya gelên îranî) ye ku dawiya adarê tê pîrozkirin. Wateya vê cejinê jî wek ya cejna payîzê ye ku ez ê hîn destnîşan bikim.

Cejn weha tê pîrozkirin: Divê roja cejnê goşt amade be, di her malê de gerek e goşt hebe, divê roja berî cejnê pez amade be û bê gurandin, bi şev bê amadekirin, da ku rêberên dînî roja çarşemê diwa û dirûzan li ser bikin. Herweha mirî jî tên bîranîn: Di wê rojê de jin diçin ser goristanan û xwarinê deynin ser gorên miriyan.

Ev cejn bi xwe bo rûmeta Tawisî Melek tê pîrozkirin. Li gora axaftinên êzîdiyan di vê rojê de Tawisî Melek xwe berdaye ser zemînê û civatek şêwirdariyê li dar xistiye, da ku li ser sala kevin bê hizirîn û ew bê nirixandin û her weha pilan û bernameyên sala nû bên danîn.

Li ser vê bingehê roja vehesîna heftiyê ya êzîdiyan jî roja çarşemê ye. Dawet û semawend di tevahiya meha nîsanê de qedexe ne (ev meh pîroz e), em ê dîsa vegerin ser vê yekê.

Belendan (Belindê) çi ye?

Ev kevneşopî li hin herêman, di 1 meha çile de û li deverên din di 25 meha çile de tê pîrozkirin. Êzîdî di vê rojê de nan dipêjin û li ser belengazan belav dikin. Eger belengaz nebein yan jî rewşa xelkên deverê wek hev be, bi awayekî simbolî nan li ser cîranan tê belavkirin.

Li hin herêman mewîjan dikin nav nan, kesê ku ew mewîj di nav nanê wî de derkevin ew xwedî şans û qismet e. Hin kes bawer dikin ku ev roj roja diyarkirina Şêx Adî ye li ser zemînê.

Bav û kal tên bîranîn?

Erê.

Cejna mezin ya cotmehê, cejna Cimayiyê çi ye?

Ji bo rûmeta Şêx Adî, li Lalişa pîroz, di mehên temûz û cotmehê de cejn tên kirin. Di van rojan de, hemî rêberên dînî yên êzîdiyan kom dibin. Ev cejn û bi taybetî ya cotmehê pêwîstirîn rûdanên salê ne, divê her êzîdiyek di jiyana

xwe de, eger derfetên çûnê hebin bi kêmayî carekê biçe Lalişê û di vê cejnê de beşdar bibe.

Cejna Cimayiyê cejneke dînî ye, divê hemî bi hev re pîroz bikin. Gerek e ev cejn bawerî û jiyana bi hev re bihêz bike. Ev keneşopie wek me got li Lalişê, peristgeha pîroz ya êzîdiyan, nêzîkî bajarê Duhokê, li Kurdistanê tê lidarxistin.

Peristgeha Şêx Adî li ku ye û çima divê mirov pêxwas derbas bibe?

Peristgeha pîroz ya êzîdiyan û gora Şêx Adî dikeve navbera bajarên Mûsil û Duhokê û di geliyekî de bi cih dibe. Gelî dikeve nêzî xêza 36 dereceyî û dora 930 m di ser bilindiya deryayê re ye. Li dora wê gelek gir hene û li kêleka gora pîroz, ji pir aliyan ve gelek xaniyên kerpîçî hatine avakirin. Di serê gelî de, pirek heye ku bi "Pira Silava" tê binavkirin.

Eger êzîdiyek gihîşt pirê solên xwe jê dike û pêxwas derbas dibe, ji ber ku pêl xaka pîroz dike. Berî avahiya Şêx Adî ya pîroz hewşek bi keviran avakiri heye, di dema cejnana de wek bazar (sûk) dihat bikaranîn. Êzîdî di wê demê de, pêdiviyên jiyanê û tiştên din difiroşin. Bi hezaran kes atmosfêreke xweş û şad çêdikin.

Çilmêr çi ye?

Li başûrê bazarê avahiyek heye navê wê kirine "Çilmêr". Ev nav bi kurdî tê wateya "çil mêr", ew jî ji navê çil mêrên hevrêyên Şêx Adî hatiye.

Çî din dibe eger mirov derbasî peristgehê dibe?

Dema hecî derbasî peristgehê dibin, di hema wextê ku rêberekî dînî li ber derî rûniştiye, divê her du aliyên derî maç bikin. Hecî xêrê didin wî rêberê dînî. Nirxek yan jî tiştek taybet bo xêrê nîn e, her kes li gora dilê xwe dide. Lê bûye tore ku pere tên dan. Berê pêdiviyên jiyanê jî dihatin dan. Rêberê dînî diwa ji heciyan re dike û daxwaza tendirûstiyek baş, jiyanek xweş bo wan dike û daxwaz ji xwedê dike da ku wan biparêze.

Çi li peristgehê heye?

Di avahiyê de, gora Şêx Adî heye ku bi qumaşê kesk, sor û zer hatiye pêçan. Hecî sê caran li dora gorê dizîvirin û girêkan li wî qumaşî girêdidin. Her girêkekê ku hecî girêdidin daxwazeke nehênî di dilê xwe de dikin.

Mala Şêx Adî jî li wir bû?

Li pişt wê odê, di bin şikeftek biçûk de kaniyek heye. Tenê êzîdî dikarin derbasî wî cihî bibin. Li gora axaftinên kevin, Şêx Adî di wir de diwa û peristin dikirin û ew mala wî bû. Li wir, li kevirekî lukumî û bang li Zimzim kir. Pişt re av ji wir der bû û herikî. Ev kanî gelekî paqij û ava wê sar e. Êzîdî ava vê kaniyê vedixwin û rûyê xwe pê dişon. Bawer dikin ku ew ê wan ji nexweşiyan biparêze û şans ji wan re bîne.

Misilman jî basa ava zimzim dikin, lê li Siûdiyê?

Erê, rast e. Peyva zimzim erebî ye û wateya wê "were, were" ye. Tê gotin ku bi hêza Şêx Adî ava vê kaniyê rasterast bi ava kaniya Siûdiyê ve hatiye girêdan. Hin çîrok vê yekê tînin ziman.

Wekî din peristgeh çawa ye?

Peristgeh di geliyekî de ye û bi tevahî sipî ye, yekser tê dîtin dema mirov ji dûr ve derbasî vî gelî dibe.Li aliyê rastê ji avahiyê cihê çêkirina beratên pîroz yên êzîdiyan heye, ev berat ji xweliyeke sipî û zelal tên çêkirin. Ev xwelî bi ava Kaniya Sipî tê stirandin û wek xaran jê çêdibe û radestî her kesê serî li Lalişê dide dibin.

Li derdora peristgehê, rêzek xanî bi cih dibe ku ji bo mêvanên cejnan tên bikaranîn. Her malbatek şêx û her malbatek pîr xaniyekî wê li wir heye, mêvandariya hejmarek malbatên mirîdan, di demên cejnan de, dikin.

Ji kengî ve, ev peristgeh heye?

Ev yek ne diyar e, gelek çîrok li ser tên gotin û mirov nizane kîjan jê rast e û kîjan ne rast e. Êzîdî bi xwe dibêjin ev peristgeh berî Şêx Adî hebû. Li gora axaftina wan, peristgeh bi fermana xwedê çêbûye. Hin çîrokên devikî jî dibêjin Laliş ji ronahiya xwedê çêbûye û li vî cihî keleka Nûh hatiye xwar. Ji vir, ji nû ve zemîn şên bû.

Di sala 1993 ê de, kesekî êzîdî li Lalişê ji min re got ku berê Laliş dêrek xirisziyanan bû. Şêx Adî li wir bi cih bû û bawermendên wir vegeriyan ser dînê wî. Ji wî wextî ve Laliş bû cihê rûniştina Şêx Adî ya bingehîn.

Min di odeyek kêlekê de, li peristgeha pîroz stûnek dît, her kesî ew stûn hembêz dikir. Çima?

Navê wê stûnê bi kurdî "dara mirada" ye yan jî "stûna mirada", tê wateya stûna bicihanîna miradan "qismet û şans". Êzîdî bawer dikin ku kesê bi

hembêzkirina wê bikaribe destên xwe bigihîne hev wê di jiyana xwe de pir bi qismet û şans be.

Hun dikarin hinekî li ser “Simat” a Şêx Adî biaxivin?

Ev kevneşopî, her sibeh nêzî katjimêr deh tê lidarxistin. Danê xwarinê yê pîroz yê Şêx Adî “Simat” tê binavkirin. Ev xwarin ji hêla niştecihên peristgehê tê amadekirin û li ser mêvanên wê tê belavkirin. Tê gotin ku di dema Şêx Adî de xwarin dihat belavkirin.

Şêx Adî bi xwe dida mêvanan. Simat xwarineke ji goşt û genim çêdibe. Dema ku Simat li ser rûmeta Şêx Adî bi rêkûpêk li hewşa pêşî, li mêvanan tê belavkirin, herweha li ser rûmeta çilmêran jî, li derveyî Lalişê, di demên cuda de, tê belavkirin. Simata çilmêran tenê ji perçeyên goşt çêdibe.

Êzîdî bawer dikin ku tenê xwarina piçek goşt bes e ku mirov tevahiya salê bi tendirustiyeke baş bihêle. Ev Simata ku tenê ji goşt çedibe, bi taybetî li ser rûmeta Şêx Şemis tê belavkirin û xwarin.

Li ser vê yekê çîrokek hat bîra min, dixwazim ji we re bibêjim:

Tê gotin ku hizra Şêx Adî û Şêx Şemis li ser biriyarekê ne wek hev bû. Tenê malbata Şêx Şemis berî hatina Şêx Adî mîrîtiya êzîdiyan dikir. Mîrê Şemis gelekî ji keramet û hizra Şêx Adî qayîl bû ji vê yekê rêberiya wî bejirand. Lê bandora mîrên Şêxên Şemsanî wek ku êzîdî dibêjin dîsa gelekî li ser wan ma. Pevçûn di navbera Şêx Adî û Şêx Şemis de derket. Şêx Şemis tûre bû û dest ji Lalişê berda.

Piştî heft salan peymnêrek hat ba Şêx Adî û nûçe gihndiyê ku Şêx Şemis birê de ye tê Lalişê. Di rewşa asayî de, Simata kevneşopî, ji goşt û genim, li xwaringehê dihat amadekirin. Ji ber kêfxweşiya vê nûçeyê hat jibîrkirin ku genim tevî goşt bikelînin. Ev perçeyên goşt birin ser Pira Silava pêşiya Şêx Şemis, wek pêşwazî pêşkêşî wî kirin.

Ji wê demê ve, ev awayê Simatê tê amadekirin û parvekirin.

Li ba êzîdiyan ajal (heywan) tê qurbankirin?

Mesrayî ku dînekî kevn e, berî derdora 4.000 sal hatiye, di kevneşopiyên xwe yên dînî de, ga li ser rûmeta Mesra ku xwedayê wan yê mezin e, li peristgehên xwe dikirin qurban. Êzîdî jî gayekî ji bo rûmeta Şêx Şemis, di cejna payîzê de, li Lalişê dikin qurban.

Lawirên pîroz li ba êzîdiyan hene?

Li ba dînên kevin, wek baweriya Mesrayî, lawir roleke mezin dilîzin. Gelek êzîdî jî mesrayiyê koka dînê xwe nas dikin, weha dînekî pir kevn e. Heta

niha jî, li Lalişê, li ziyaretgeha Şêx Adî wêneyên lawiran tên dîtin ku di dema Mesrayî de pîroz bûn.

Weha jî, di Cimayîya Şêx Adî de, di cejna payîzê de, li Lalişê ga tê qurbankirin. Êzîdî, ga ji mirovahiyê re dikin qurban, hêvî dikin ku jiyanek hevheng û aşîtî li ser zemînê bê avakirin. Berê jî, ga wek nîşana payîzê dihat qurbankirin û dihat hêvîkirin ku sala tê çandinî bixêr û bêr be.

Çima çênabe êzîdî tiştekî bi maran bikin?

Kesên ku carekê serdana Lalişê kiribin, wê wêneyê marekî reş li ser gora Şêx Adî li pêş hewşa mezin dîtibin. Di dînê mesrayî de, mar xwediyê wateyek pêwîst bû û nîşanek watedar bû ji bo gerdûn û koma lawiran. Mar simbola rêya ku roj û heyv xwe tê re dilivînin bû.

Li ba êzîdiyan mar wek simbola demê û demsalan û herweha ya rê tê dîtin. Êzîdî, mar û bi taybetî marê reş lawirekî pîroz dibînin.

Bi hatina Şêx Adî wateya mar firehtir bû. Ji wê demê ve şêxên Şêx Mend berpirsiyarên parastina maran e. Zanebûneke mezin ya Şêx Mend li ser maran hebû. Wan ev zanebûn radestî zarokên xwe kirin û herweha zarokên wan radestî zarokên xwe kirin û dikin. Wek mînak, tê gotin ku Şêx Mend karibû kesên ku mar bi wan vedida sax bike. Heta niha jî, dema mar bi êzîdiyan vedidin diçin ba şêxên Şêx Mend. Bi diwa, helwestên taybet û giyayên ku tenê ji hêla wan ve tên naskirin dikarin her jehrê ji laşê mirovan bikişînin der.

Çi li ser dûpişk tê gotin?

Dûpişk jî, li ba êzîdiyan pîroz tê dîtin. Ev bi xwe jî, ji dînê mesrayî hatiye. Dûpişk simbola rojê ye û her sal 23 meha cotmehê xwe pê re dike yek. Pîrên gerwa berpirsiyarên vê simbolê û parastina dûpişk in.

Çima mar li ba dînên din nebaş û kêm tê dîtin?

Ji dema dînê zerdeştî ve, mar bi zerer û nebaş tê dîtin. Zerdeştî piştî mesrayiyê hatiye û bandorek mezin li ser dînên niha, wek cihûtî û xiristiyaniyê kiriye.

Êzîdî rojî digirin?

Êzîdî li gora salnameya heyvê, heftiya pêşî ji meha çile, ji bo xwedê rojî digirin. Ew rojên sêşem, çarşem û pêncşemê ji rojhilat heta rojava rojî digirin.

Koçek û hekîm û hin kesên din, havînî çil rojî û zistanî çil rojî, rojî digirin "rojiya çile". Bavê Şêx, koçek û kesayetiyên din yên dînî diçin ber peristgeha

êzîdiyan, ser gora Şêx Adî û sê roj rojî li wir digirin. Pişt re vedigerin û rojiyên xwe dewam dikin. Dawiyê û berî ku çil rojên wan temam bibin dîsa diçin ser gora Şêx Adî û rojiyên xwe yên çile li wir bi dawî tînin. Rojiyên zistanê 20 meha kanûnê dest pê dikin û ew jî mîna rojiyên havînê ne. Rojiyên çileyê havînê û çileyê zistanê ne her êzîdî digire.

Li gora baweriya dînê êzîdiyan sê roj rojiyên çile divê her kesê êzîdî mezin bigire. Li hin herêman wek êzîdiyên Tirkiyê rojiyên meha çile ne tenê sê roj in lê belê neh roj in. Her car sê rojan, ji sêşemê heta pêncşemê, her sê rojan ji firîşteyekî re rojî tên girtin. Sê rojên dawî yên xwedê ne, yên afirîner in. Rojî sê hefteyan dewam dikin, lê di her hefteyê de sê roj tên girtin.

Çi cejnên din hene?

Ez ê pêşî li ser cejnên rêgehî û rêzanî biaxivim û pişt re li ser cejnên ku ne di roj û demsalên taybet de ne.

Cejna Xidir Elyas

Pêncşema pêşî ji meha sibatê, ev cejin ji bo Xidir Elyas çêdibe. Ev cejn ji hêla piraniya civakên rojhilata navîn ve, wek mînak elewî, tê pîrozkirin. Hin kes ji bo vê cejnê jî sê rojan rojî digirin. Xidir Elyas wek Hidir e li ba elewiyan e yan jî Nikolaus e li ba xiristiyanan. Xidir Elyas wek pîrozekî ji bo jiyanê, ji bo tendirustiyê û ji bo saxkirina mirovên xwedî êş tê dîtin.

Cejna Xidir Nebî

Pêncşema pêşî ji meha sibatê, ev cejin ji bo Xidir Nebî tê pîrozkirin. Xidir Nebî bo heskirin û evîna navbera mirovan de kesayetiyek pîroz tê dîtin. Bo rûmeta wî hin êzîdî sê rojan jê re rojî digirin, wek êzîdiyên Armenistanê. Di van sê rojan de, çênabe xwe bişon yan jî xaniyên xwe paqij bikin, gerek e kar nekin û bi rojiyê, bi Xidir Nebî û evîna navbera mirovan bihizirin.

Cejna nanê cehî

Cejna nanê cehî 7ê meha kanûnê dest pê dike. Nan li ba êzîdiyan pîroz e.

Cejna Melkazan, kombûna firîşteyan

Ev cejn heftiyekê berî cejna serê salê tê pîrozkirin.

Cejna Batizmiyê (Cejna Piyalî)

Dawiya meha çile yan jî heftiya yekem ji meha kanûnê û bi tabetî êzîdiyên Tirkiyê, herêma Torabidîn, bajarên Mardîn û Midyadê, vê cejnê pîroz dikin. Destpêka cejnê ji şemî heta duşemê paqijî tê kirin ku jê re cilşo tê gotin. Sêşem û çarşemê nanê miriyan tê belavkirin. Roja çarşemê pezguran e, her malek serê pezekê jê dike, ji laşê vê pezê heft perçeyên taybet digire, van perçeyan bi awayekî taybet dikelînin û dikin qelê, ji vê qelê re "şîlan" tê gotin. Ji dohnê pezê heft çira çêdikin, roja pêncşemê êvarî nivîna pîyalî deynin û wan perçe û xwarinên cuda li ser deynin, herweha çixarê jî pêdixin û deynin ber. Çiran jî pêdixin û li dora nivînê deynin.

Ji kevneşopiyên vê cejnê nanê taybet bi dohnê peza batizmiyê çêdikin û jê re "sewik" tê gotin û weha bi wî dohnî mehîrê jî çêdikin. Roja pêncşemê roja cejnê ye (roja gerê). Pêncşemê semawend û dawet li dar dikevin, wê şevê heta sibehî xelk kêf û şahiyê dikin û jê re "Şevronk" tê gotin. Roja şemiyê, roja xewê û vehesandinê ye û yekşemê sersal e, sersalê êvarî serî û pê yê peza ku hatî serjêkirin tên kelandin.

Ev cejn piştî dora du hefiyan ji cejna rojiyê tê yan ku dawiya meha çile û pêşiya meha kanûnê. Li hin herêman divê bi kêmahî rojek ji heftiya vê cejnê bikev 14 kanûnê û şûn de, sala nû li gora salnameya êzîdiyan.

Mirov di bin cejnên nerêzî û bêrêgeh de çi fam dike?

Cejn û kevneşopiyên ku ne di wextekî diyar de tên lidarxistin wek zewac û herweha mirina kesekî jî. Weha jî wek mînak birîna yekem car ya porê zarokan (bisk), sinetkirin, hilbijartina xwîşk û birayê axretê û tomarkirina kesekî bo rewşa feqîrtiyê, bi roj û mehên taybet ve ne girêdayî ne.

Êzîdî Newrozê jî pîroz dikin?

Li ba êzîdiyan wek li ba hemî kurdan û miletên din jî, wateyek taybet bo Newrozê heye. Bêguman têkiliya vê yekê bi toreya îranî re, çarşema yekem berî Newrozê (21 adarê) heye, cejna çarşemê ku bi taybetî li gundan tê pîrozkirin: "mirov derdikeve ser banê xaniyan, agir pêdixe, distirîne û xwe di ser re ceng dike."

Çîrokek ji vê yekê re heye?

Helbet, herdem li ser her çîrokê çîrokek heye!

Babilî bawer dikin ku roja sersalê, roja Newrozê xweda Marduk, li gerdûna Doku ku di deryayê de bû civînek xwedayan li dar xist. Di vê civînê de, çarenûsa asîman û zemînê hat danîn. Ev jî mîna baweriya êzîdiyan e

Qewalên Êzîdiyan

ku dibêje; Tawisî Melek di sersalê de tê ser zemînê û bi encumana êzîdiyan ya kevin çilmêran re rûdine. Ev roj li ba êzîdiyan ku me bi sersalê, çarşema sor bi nav kir, wek me anî ziman.

Çima "Bisk" (birîna por) li ba êzîdiyan heye û tê çi wateyê?

Piştî kurikên nû çêdibin bi heft, neh mehan û bi derengî yanzdeh mehan nû dibe ku porê wan bê birîn. Porê keçikan nayê birîn. Şêxê kurik ji herdu aliyan sê biskan dibire, du biskan dide dê û bavên kurik û yakê li ba xwe dihêle. Li gel rêvebirina vê kevneşopiyê şêx çend diwayên kurt dike: Porê kurik pêşkêşî koka Şêx Adî dike û jê hêvî dike da ku alîkar be bo kurik bê parastin û bê qeda û bela mezin bibe:

Ev bisk bi navê te ye Şêx kalê Şemsan û

Şêx Adiyê xwedanê kerametê

Şahid e

Ey Şêx Adî

Bila ev bisk çil carî zêde bibe.

Bi kevneşopiya birîna biskê zarok bi fermî dibe endamê dînê êzîd. Dibe ku ev yek ji muhirkirina bi avê ya xiristiyanan hatibe.

Jiyanek din piştî mirinê heye? Eger erê, kesek heye hevrêwîtiya miriyan bike?

Li gora nerîna êzîdiyan gerek e her kes birayek yan jî xwîşkeke wî hebe da ku di jiyana piştî mirinê de pê re alîkar be. Hilbijartina bira yan xwîşka axretê bo jiyana piştî mirinê, şêxê mirov biriyarê li ser dide. Roja qiyametê "rabûnê", dema hisab bi mirov re tê dîtin, xwîşk û birayê axretê pê re alîkar in û li kêlekê wî ne.

Ji bo jiyana dinya din ev yek xwedî wateyeke pir mezin e, xwîşk û birayê axretê pir alîkariyê dikin û divê di tengasiyê de, li kêleka mirov in. Pîrozkirin û ahenga vê kevneşopiyê dikare li peristgeha pîroz Lalişê be yan jî li cihên din yên daniştina êzîdiyan.

Eger pîrozkirina vê şahiyê li peristgeha Laliş be, dive herdu; xwîşk yan birayê axretê û kesên din, ji bo jiyana din qulpekê ji ava kaniya zimzim ya pîroz vexwin. Ew kevirên pîroz, beratê maç dikin û bi vî awayî biriyara têkiliya xwe ya ku nema tê birîn didin.

Niha hat bîra min ku Bavê Çawîş, nobedarê Lalişê, berî çend salan, dema li Lalişê bûm ji min re got: Dema mirov dikeve vê têkiliyê, ji hema wext herdu alî dibin hevparên gunehên hev, her du kes "xwîşk û birayên axretê" gunehên xwe bi hev re par dikin.

Helbestek jî li ser vê yekê heye, weha dibêje:

Şêx ferz e, pîr nîşan e

Ferza birayê axretê, ferzeke giran e

Şêxê me, birayê me

Pîrê me, destdarê me

Xweda ye, rebî ye, her du dinyayê, tu paşayê min î.

Êzîdî bawer dikin ku ev rêgeh û rêzan, rêzanek xwedayî ye ku firîşteyan daye êzîdiyan. Ew wek biratiya xwînê ye, belkî jî bêtir. Hevaltiyeke kûr e eger hat danîn û pê ve bêdawî berdewam dike. Her du kes ji bo hev û ji bo malbatên hev herdem hene û bêsînor piştgiriya hev dikin. Birayê rastî ne bivênevê her dem mirov serdana wî dike yan jî dibe ku mirov jê tûre bibe, lê ev ji bo bira û xwîşka axretê nabe.

Karên “delametên” taybet bo van kesan hene?

Divê mirov her sibeh serdana bira yan xwîşka axretê bike, bira yan xwîşka axretê pêsîra cilên nû dibire berî ku bê dirûtin. Divê mirov her sal diyariyekê bide xwîşk yan birayê xwe yê axretê. Karê xwîşk yan birayê axretê ew e ku di nexweşiyê de, li ba xwîşk û birayê xwe yê axretê be, di rewşên giran de pê re alîkar be û di mirinê de hevrêwîtiya wî bike.

Simbola Tawisî Melek li ba êzîdiyan çawa ye?

Simabola Tawisî Melek çivîkek e li ser bronzê û mîna tawisekî ye. Heta şerê cihanê yê yekemîn jî, heft peykerên bronz ji wan li ba êzîdiyan hebûn, li ser herêmên êzîdiyan belav dibûn. Di sala 1892 ê de, generalê osmanî, genral Wehbî Paşa şerekî dijwar li çiyayê Hekarî û Şêxan li hember êzîdiyan birêve bir û gelek gundên wan wêran kirin.

Gundê Baedrê jî ku navenda mîrê êzîdiyan e hat wêrankirin. Li wir, tawisên êzîdiyan jî dihatin parastin. General Wehbî Paşa dest danî ser her heft tawisan û birin Bexdayê. Di sala 1895 ê de, bi alîkariya hin êzîdiyan dîsa ev tawis hatin vegerandin. Ev peykerên bronz “tawis” dibin xizna rehman “xezînet Alrehman”.

Ew di Cejna Cimayîyê de, bi destên mezinê êzîdiyan yan jî nûnerekî wî radestî qewalan dibin daku li gundên êzîdiyan bigerînin û civînên cemawerî li dar bixin.

Pêşî qewal tawisê dibin peristgeha pîroz ya Şêx Adî, wê bi ava pîroz ya zimzim dişon û pak dikin û pişt re bi zeyta zeytûnan. Li wir heft qewal û pênc rêberên dînî beşdar dibin, di nav wan de, şêx û pîr jî hene. Divê ev kom ji van kesan pêk bê:

1. Neqîb, ew serok e û divê pîr be. Neqîb hemi tawisan li kêleka hev rêz dide, du palgeh "balîv” li pişt wan tên danîn û tepsîkek xêrê, bo danheva xêrê li pişt wan tê danîn.
2. Nobedarê Kaniya Sipî.
3. Nobedarê peristgeha Şêx Adî.
4. Nûnerekî malbata mîran.
5. Qehweçî

Berî ku tawisê ber bi gundan ve hilgirin, peyamnêrekî “qasid” dişînin, ew beratan dibe bo gundiyan û di hema wextî de wan li ser çûna tawisê agahdar dike. Dema digihîjin gund, qewal li def û şebabê didin û jinên mezin bang dikin “hol hola Tawisî Melek e”.

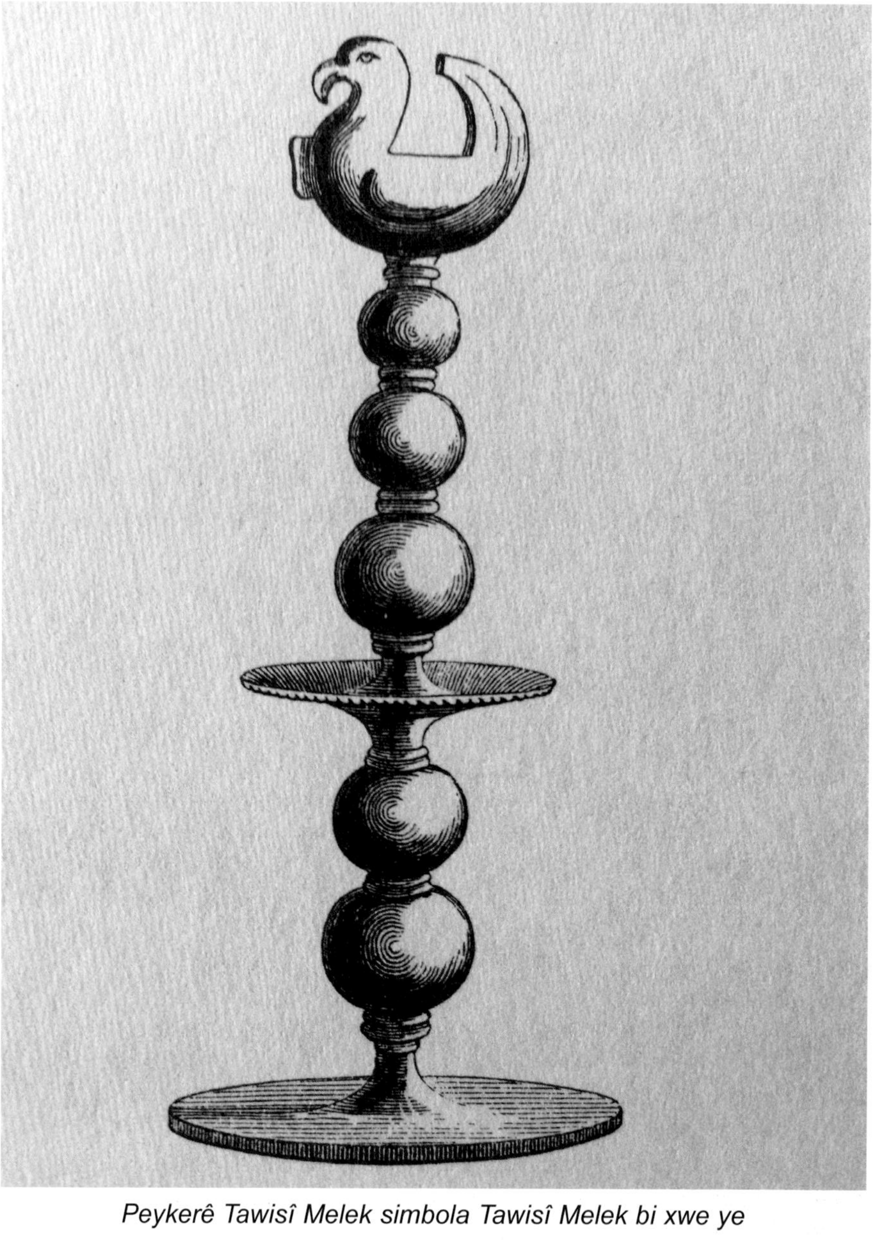

Peykerê Tawisî Melek simbola Tawisî Melek bi xwe ye

Pişt re tawisê li malekê deynin. Di rêya wê malê de, bi lêdana def û şebabê diçin. Şêniyên gund pêşî tawisê ji jor ber bi jêr ve maç dikin. Xwediyê malê, şêniyên gund dike mêvanên xwe û xêra xwe dide.

Dema hemî cihê xwe digirin, micêwir "parêzvanê peristgeha cihîn" radibe ser xwe, destên xwe dideyne ser hev û dibêje:

"Ey mezinê qewalan, nûnerê çemê sipî, dergehvanê dergehê Şêx Adî, mîr û bavê şêx hun hatine mêvaniya me û me fêrî rêya dînê me dikin. Ez bi navê şêniyên gund û hemî beşdaran we silav dikim. Em hes dikin ji we qewalan, li ser Tawisî Melek, Şêx Adî û pêşiyên xwe bibihîzin."

Pişt re, qewal li ser dîrok û dînê êzîdiyan, li ser nirxên karê bi hev re, alîkariya hev, piştgirî û baweriya dînî diaxivin. Serokê qewalan helbestên pîroz yên dînî dixwîne, çîrok û serpêhatiyan dibêje û şîretan li ser baweriya dînî û pirsên rojane li êzîdiyan dike. Dema xwendinê divê hemî beşdar li ser piyan rawestin, çênabe çixare bê kişandin yan jî xwarin bê xwarin. Serokê qewalan helbestan (qewlan) dixwîne û qewalên din li def û şebabê didin. Di vê kevneşopiyê de, jin û mêr hemî dikarin beşdar bibin.

Dawiya ahengê, di nav şêniyên gund de, li ser pirsên dînî û rabûn û rûniştina wan, guftûgo çêdibe. Pirs tên kirin û ji hêla qewalan ve bersiv tên dan. Dawiyê jî, xwarina ku gundiyan amade kiriye tê xwarin û serokê qewalan xêrên ku micêwir ji gundiyan kom kirine digire. Qewal pişt re ji wî gundî derdikevin û berê xwe didin gundekî din.

Çi wateya tawisan "peykerên bronz" heye?

Tawisên ku simbola Tawisî Melek in bo êzîdiyan pîroz in. Ew mînaka hêza Tawisî Melek ya di ser xwezayê re ne. Tenê temaşekirin û peristgirtina wan li gor dîtina êzîdiyan dikare xwezayê û rêya jiyanê biguherîne. Gelek êzîdiyên ku ahengekê ji van beşdar bûne li ser xweşiyeke seyr diaxivin ku mirov xwe kêfxweş hest dike. Dema êzîdî peristgirtina tawisê dikin, li ba wan hema wek ku bi rastî peristgirtina Tawisî Melek dikin.

Tevî hinek şermî û hisabê ji civakê, mirov azad e bo beşdarbûna vê kevneşopiyê. Ji bo kesên bawermend ev aheng xwedî wateyek giring e: Ew ji hêza Tawisî Melek bawer dikin ku wan her roj ji qeda û bela û nexweşiyan diparêze. Heta bûyerên biçûk û helbet yên mezin jî ku baş derbas dibin, ew bawer dikin ku bandora hêza Tawisî Melek rolek mezin tê de dilîze.

Baweriya êzîdiyan bi Tawisî Melek rolek pir mezin dilîze û bi taybetî ji ber ku wî di bindestî û erîşên hovane de ku pir caran rastî wan hatine alîkariya wan kiriye, hêvîyên xwe bi temamî winda nekirine, di wan wextan de li ber xwe dane û li ser piyan mane. Ez bawer dikim bê vê baweriyê, civaka êzîdiyan niha ji zû ve ji hev bikete.

Çi bandora vê ahengê heye?

Bandora vê ahengê ew e ku beşdar li ser xwesteka dînê xwe û rabûn û rûniştina xwe ya dînî agahdar bibin. Hemî regezên ahengê bi hev re; xwendina helbestan “qewl”, muzîk û axaftina bi qewalan re bandorek weha dikin ku bêtir girêdana wan bawermendan bi hev re çêbibe û baweriyên dînî kûr û bi hêz bibin.

Li aliyekî din tawis çavdêrî û desthilatiya qata dînî û bi taybetî ya şêx û pîran li ser êzîdiyan diyar dike.

Dema ahengê û piştî wê dibe ku hin arîşe û astengiyên nabera hin kesan yan jî malbatan de çareser bibin û lihevhatin çêbibin. Gelekî zehmet e axafina şêx yan pîr bê şikênandin û daxwaza wan neyê cih û bi vî awayî li hev tên. Dibe ku weha bibe ku her du aliyên nakokiyê destên xwe bidin hev û sûnd bixwin ku li hev biborin; pê re ew berata pîroz maç dikin.

Şêx ji her du aliyan re dibêje ku xwedê, Tawisî Melek û hemî kesên li vir şahid in ku ev nakokî ji bo hemiyan bi dawî bû.

Tawis wek simbolekê ye, wek mînak alek e bo êzîdiyan?

Tawis dirûşmeya êzîdîyan e, bi rêya wê xwe ji civakên din yên dînî tên cudakirin. Kesê êzîdî, di rêza yekem de, nasnameya xwe wek bawermendê Tawisî Melek dide nasîn û di rêza duyem de bi êl yan jî herêma ku lê dijî.

Çawa êzîdî tê bergorkirin “veşartin”?

Dema ku kesek dimire helbet e hemî nas û mirovên wî xemgîn dibin. Gelek serdana malbata yê mirî dikin û carna êzîdiyên ku wan nasnakin jî tên. Normal e, di rewşên weha de ku piştgiriya hev bikin. Carnan hewqas pir êzîdî tê ku malbata yê mirî bêçare dimîne heywanekê (salon) bo çend rojan kirê bike. Ne kêm cara heta bi 1.000 kesî ji bo bergorkirinê tên.

Pêşî, mirî tê şiştin, ev yek li nexwşxaneyê yan jî li ser goristanê, li gora derfetan tê kirin. Divê dema şiştina mirî şêx, pîr û bira yan xwîşka axretê beşdar bibe. Mirî bi kefenekî sipî tê pêçan û beratê dideynin ser çav û devê wî. Berat, xarek ji xweliya Lalişê ye û li ba her kesê êzîdî li mal hene.

Di dema veşartinê de, divê weha bikin ku berê mirî “rûyê wî” li rojhilat be. Ferşekî “kevir” tirban, ji aliyê ku rûyê mirî lê ye dideynin ser tabûtê.

Pişt re Şêx diwayên mirinê bi beşdariya hemî kesên tevî vê xemgîniyê bûne dibêje.

Dawiyê hemî beşdar li cihekî kom dibin û malbata kesê mirî xwarin û vexwarinê bo wan pêşkêş dike.

Çima ferşekî "kevirekî pehn" li jor rûyê kesê mirî tê danîn?

Ez ê çîrokek kurt li ser vî ferşî û kesê mirî ji we re bibêjim, wek ku min ji êzîdiyên Sûrî û Îraqê bihîstiye, weha jî tînim ziman:

Sebrî, em ê weha wî kesî bi nav bikin ku ev çîrok li ser wî ye. Ew kêfxweş û ji jiyana xwe qayîl li gundekî êzîdiyan dijiya. Dora nîvro bû dema Sebrî ji nijkê ve bihîst ku çend jin li hev kom bûne û dest pê kirine digirîn. Hinekan ji wan porê xwe dikişand, li sînga xwe û rehnên xwe didan. Wan hewl dida ku her deverên xwe biêşînin.

Sebrî çû, li ba mêrên din ku ew bilez hatibûn wir rûnişt. Mêrên kal li ser zilamekî diaxivîn û her car digotin ew mêrekî çê bû. Pişt re xelk ji gundên derdorê hatin û serdana malê kirin. Jin di malê de kom bûbûn û ji dûr ve mirov dengê girî û stranên xemgîn "dilo" dikir.

Sebrî ji nû ve nas kir ku kesek miriye, lê kî ye nizane. Kesî navê wî nedigot. Digotin ew weha bû, wî ev yek got yan kir. Gelek tişt ji Sebrî re nas dihatin lê di mejiyê xwe de kesekî ku ev danasîn li ser bin nedidît. Li her cihî temaşe dikir û bi taybetî li şêniyên gund, hemî li wir bûn, kesek kêm nebû. Jinan xwarin çêkirin û ji mêvanan re anîn.

Heta derengê şevê xelk li wir man, mirovên malbatê li wir razan ji bo hestên xwe nîşan bidin û di wan demên zehmet de li kêleka wê bin. Sibeha din wek rê û risman laşê mirî hat şiştin. Sebrî jî çû cihê şiştinê, lê nikaribû laş bibîne ji ber ku xelk pir bûn.

Şêx û rêberên dînî amade bûn û diwa ji kesê mirî re kirin. Laş bi kefenekî sipî hat pêçan. Sebrî gelek bergorkirin "veşartin" dîtibûn, lê ev jê re bi awayekî din dihat û nikaribû şîrove bikire.

Dibe ku hîn jî nizanibû kesê mirî kî ye.

Pîştî nîvro mêran laş rakirin birin goristana ku diket derveyî gund. Sebrî alîkariya rakirina laş jî kir. "Ev laş pir giran e", Sebrî dihizirî dema ku di germê de xwêhdana eniya xwe paqij dikir. Dawiyê gihîştin goristanê. Sebrî rûnişt û nefesek kûr kişand. Hemiyan xwe vehesand. Jin hîn jî digirîn. Hinek ji wan weha pir digirîn heta ku dikuxiyan.

Gor hat vekirin. Zemîn kevirî bû û ev yek ne hesan bû. Mêr li ber hev dihatin guherîn. Sebrî jî bêr bi dest xwe digirt û alîkarî bo kolana gorê dikir. Gor weha hat vekirin da ku rûyê laşê yê mirî li rojê be eger roj hilê, du ferşên fireh gerek e li ser rûyê mirî bên danîn.

Laş hêdî dêdî berdan gorê, ferş danîn ser jorê rû bi awaekî ku di navbera wan de valahî hebe. Dawiyê xwelî avêtin gorê. Hin jinan xwe avêtin ser xweliya gorê û vedidan, hin li jor bi serê xwe dakirin. Hin jinan jî ew ji ser gorê dikişandin û xelkê amadekariyên xwe kirin ku vegerin gund.

Di navbera wê demê de, xwarin ji wan re li gund dihat amadekirin. Sebrî jî xwest rabe ser xwe û bi wan re vegere gund. Lê nikaribû xwe bilivîne.

Xwêhdanek sar bi pişta wî ve herikî û hat xwar. Alîkarî ji xelkê xwest û ji wan hêvî kir da ku li benda wî bimînin. Lê xuya bû kesî dengê wî nedikir. Ji nijkê ve hest kir ku dilopek xwîn ji pozê wî tê xwar. Niha nas kir ku yê mirî ew e. Çîrokên gundiyan rast bûn, Sebrî weha hizirî. Wan digotin ferşê gorê yê li ser rû ji bo wê yekê ye ji bo ku mirî nizanibe yê mirî ew e û dema bixwaze bide pey xelkê serê wî wê lê bikeve û hingî bizanibe ku ew e yê mirî.

Ez hêvî dikim ku min hun netirsandibin. Ev çîrok pir giring e ji bo mirov bizanibe çima ew ferş li ser rûyê miriyan tê danîn.

Lê belkî hun aramtir bibin eger ez bibêjim ku êzîdî bawer dikin ku jiyan bi mirinê dawî nabe, lê belê giyan bi rêya kirasguherînê awayekî din distîne. Mirov piştî mirinê dibe çi ev yek bi karê wî berî niha ve girêdaye, ka baş bû yan xerab bû.

Ji bo vê yekê jî xwîşk û birayê jiyana piştî mirinê (axretê) hene. Mirov wan kesan di vê jiyanê de hildibijêre da ku hevrêtiya wî bikin, pê re alîkar bin ji bo ku şaşiyên wî yên jiyanê piştî mirînê bibexişînin.

Çêdibe êzîdî li biyaniyê jî bên veşartin?

Rêgehek taybet nîn e ku divê êzîdî tenê bikaribin li welatê xwe bergor bibin û bên veşartin. Her weha li hin bajarên Almaniya jî goristanên êzîdiyan hene. Li vir ahnegên veşartinê tên lidarxistin.

Sed û hed “rêzan û rêgeh”

Serokekî êzîdiyan heye?

Mîr serokê herî mezin yê êzîdiyan e. Li gora baweriya xiristiyanî dikare bi navê Paps jî bê binavkirin. Cihê rûniştina wî ya kevneşopî Baedrê ye ku çend kîlometer ji peristgeha Lalişê dûr e. Berê bi giştî li Mûsilê yan jî Bexdayê diman. Di demên pêdivî û cejnan de dihatin Laliş û Baedrê. Mîr simbola Şêx Adî ye.

Ew nûnerê Şêx Adî yê raste rast e û bi çavekî pîrozahî lê tê temaşekirin. Niha dîsa çîrokek hat bîra min ku min di pirtûkek li ser êzîdiyan de xwendibû. Wezîrê hindur yê Îraqê sala 1945 ê civînek li dar xist û pirsa mîr ji êzîdiyan kir. Li gora pirtûka Admond berî zêdetir ji 60 salî, wan li ser mîr weha gotibûn:

“Mîr serokê herî mezin yê êzîdiyan e. Dikare bi azadî biriyaran bide û kesek nikare bazarê pê re bike yan jî li ser axaftinekê zorê lê bike. Tenê piştî mirina wî, yek ji malbata mîran dikare cihê wî bigire. Ev cihê wî ji destpêka cêkirina dîn ve û heta roja îro heye û peyman e. Ew mezinê malbata Şêx Adî ku koka wî ye.

Eger mîr bimire, hemî rêberên êzîdiyan û nûnerên wan tên ba hev ji bo ku mîrekî ji malbata mîran di şûna wî de hilbijêrin. Mîrê nû dibe berpirsê zarokên mîrê mirî û divê heta li jiyanê ne wan xwedî bike. Kesên rastî mîr tên, divê rêzê û rûmetê jê re bigirin û bi ya wî bikin.”

Desthilatiya bênîşe ya mîrê êzîdiyan li ser bingeha baweriya wan ku ew nûnerê guherînkar Şêx Adî ye. Serokê êzîdiyan yê îro Mîr Tehsîn Beg e, pir caran di salên 90 î de, serdana civaka êzîdiyên Europa dikir.

Rûmeta bênîşe ku jê re tê girtin, mirov dikare bibêje ku her tiştê destên mîr digihiştinê bo êzîdiyan xêr û bêr bûn. Ava ku di peyalê de ji ber dima, dihat parastin bo rûyê zarokan pê bişon dema nexweş bikevin. Dema di salên heftêyî de Mîr Miawiya serdana Tirkiyê kir û çû gundên êzîdiyan, li ser rûmeta wî bi sedan pez û çêlek hatin serjêkirin. Bi roj û şev dawet û aheng hatin lidarxistin.

Mafê mîr heye ku her êzîdiyekî ji civakê bibire eger rê û rêzanên êzîdiyatiyê neyîne cih. Mîr berpirsiyarê parastin û nûkirina peristgehên êzîdiyan e û divê her sal di aheng û pîrozkirina cejnan de beşdar be. Mîr diyarî, pere û tiştên din yên bi nirx ji êzîdiyan digire.

Helbet e, ji salên 90 û vir ve hin tişt hatine guhertin. Êzîdiyên Europa hîn jî mîrê xwe dibînin, lê bêtir rûmeta wî bi rêya serdana wî digirin. Zarokên

xwe nema bi ava ku mîr jê vexwariye yan dest dayiyayê dişon. Hîn jî rêzek mezin jê re û ji malbata wî re digirin.

Pismîr kî ne?

Pismîr kesên ji malbata mîr in, zarokên malbata mîran e. Wateya wê bi kurdî zarokên malbata mîr; pis bi kurdî kur e, eger gotin bi gotin bê wergerandin dê bê wateya kurê mîr. Lê pismîr komek serbixwe ye. Pismîr neviyên Şêxûbekir in "Şêx Abû Bekir". Eger em çîrokên kevneşopî guhdar bikin dê diyar bibe ku pismîr ji koka "Mensûr bin Abû Bekir in".

Pismîr dikarin ji malbata mîran bizewicin. Pismîran bi sedsalan nûneriya koma rewşenbîrên civaka êzîdiyan dikir. Wan rûniştinên li ser siyaset û dîn, li Baedrê, cihê rûniştina mîr li dar dixistin û gengeşe dikirin. Piştî guherînên siyasî li Kurdistanê û di serî de li Îraqê, pismîr nema xwedî wê rola giring in ku berê dilîstin.

Serokekî êzîdiyan heye ku tenê berpirsiyarê pirsên dînî ye?

Belê, Baba Şêx e "Bavê Şêx". Ew serokê êzîdiyan yê rûhanî herî mezin e, yê şêxan û pîran jî. Bavê Şêx tenê ji şêxên şemsanî û malbata Fexredîn tê bijartin. Rêberên êzîdiyan Bavê Şêx hildibijêrin û divê ji hêla mîr ve bê erêkirin. Mîr azad e rêwîtiyê bike û derbikeve nava gel, lê Bavê Şêx piraniya wextê xwe li mal derbas dike yan jî diçe serdana peristgehe êzîdiyan dike. Divê Bavê Şêx çil rojiyên havînî û çilê zistanî bigire. Ew bi kûrahiya zanîna xwe li ser dîn tê naskirin û hemî çîrokên pîroz yên êzîdiyan ezber dizane.

Wekî din ew xwediyê berê Şêx Adî, yê bitenê ku bo peristinê bikar dianî ye. Ev ber, di dema ahengên cejna êzîdiyan de, li Peristgeha pîroz, bo xelkê tê nîşandan. Dema êzîdî diçin serdana Bavê Şêx pêşî wî berî maç dikin û pişt re destê wî. Divê Bavê Şêx peristgeha Şêx Adî biparêze, fermanan bide koçekan "ku komek rêberên dîn in" û nûneriya wan bike û bi kêmayî, di salê de, 10 civînan birêve bibe ku tê de, li ser babetên dînî tê axaftin.

Bavê Şêx rojiyan û diwayê vedike û mafên dînî yê her êzîdiyekî şîrove dike. Piştî ku mîr dimire cil û bergên wî bi Bavê Şêx dimînin. Du caran di salê de, Bavê Şêx serdana gundên êzîdiyan dike û xêra wan kom dike.

Dema ahenga Cejna Cimayiya Şêx Adî, eger Bavê Şêx li peristgeha pîroz be xêran dîsa kom dike. Çihê mana wî li gundê Eyn Sifnê ye, ev gund li Kurdistana Başûr e û dora 60 km ji bajarê Mûsilê dûr e.

Pêşîmam çi ye?

Gotina pêşîmam tê wateya yê gelekî zana, yan jî zaniyarê pileya yekê. Diyar e ku pêşîmam ji koka Şêx Hesen in. Ew jî şaxek ji sê şaxên şêxan e.

Nûneriya Qatanîyan mîr dikin, ya Şemsaniyan Bavê Şêx dike û ya Adaniyan ku ji koka Şêx Hesen in pêşîmam dikin.

Rêvebirina kevneşopiya ahengên zewacê ji mafê wan e. Berê tenê şêxên Adiyan dikaribûn ahenga kevneşopiya zewacê birêve bibin. Îro şêxên din jî, vê yekê dikin. Bi bingehîn pêşîmam ji aliyê mîr ve tê danîn û cihekî wan pir bilind di civaka êzîdiyan de heye.

Gotina şêx erebî ye, ne kurdî ye?

Belê, rast e. Ev gotin erebî ye û tê wateya zana, rêber yan serok. Hîn ji dema Mithra û Zerdeşt rêberên dînî yên bilind hebûn ku hema karê şêxan dikirin. Ew jî pîrên îro ne ku em li ba êzîdiyan, yarasan, zerdeştiyên îranî û elewiyan dibînin. Lê bi avakirina pergala çînî ya civaka êzîdiyan re, ji dema Şêx Adî ve, cihê şêxan weha hat guherîn ku mirov dikare îro tenê bi rêberên dînî yên Ahli Haq li Îrana îro bide ber hev, şêx jî û pîr jî li ba wan hene.

Şêx rêberên rûhanî yên civakê ne. Her malbatek şêx hejmarek mirîdên wan heye ku ji bo wê ne û ew li hember wan berpirsiyar e. Karê şêxan ew e ku alîkariya mirîdan di pirsên dînî de bikin û ahengên kevneşopî bi wan re bi rêve bibin. Ji bo vê yekê jî, şêx her sal hejmarek pere ji mirîdan digire. Ev hejmara pereyan ne şêx biriyarê li ser dide, lê belê mirîd bi xwe biriyarê dide ka çiqasî dikare û dixwaze bide. Şêx, bi kêmayî salê carekê diçe ba mirîdên xwe da ku pereyê “Fito”, perêyê salê bigire.

Wek ku me anî bû ziman her malbatek şêx nûneriya yekî ji heft firîşteyên ku xwedê afirandibûn, dike. Ew neviyên şêxên pêşî ne yên ku ji hêla Şêx Adî ve hatibûn danîn. Koma şêxan ji sê komên bingehîn û ji jêreşaxên cuda pêk tê. Şemsanî dibêjin ku koka wan çar kurên Mîr Êzdîn in. Adanî xwe nevîyên Şêx Hesen dibînin û Qatanî dibêjin ew rasterast ji koka Şêx Adî ne. Ji malbata şemsaniyan; Şêx Şemis ku du şaxên wê hene: Amadîn û Bakî, Şêx Fexredîn ku du şaxên wê jî hene: Mend û Fexra û her weha Şêx Sicadîn û Şêx Nasirdîn.

Ji malbata Adanî; malbata Şêx Hesen. Şaxên wan jî ev in: Şerfedîn, Ibrahîm Xetnî û Şêx Mûsa. Mîr û Pismîr ji koma şêxên Qatanî ne. Ji malbata Qatanî jî, ev şax hene: Şêxûbekir, Abdulqadir Rehmanî û Ismayîl Enzel. Ji bo ku ez we hîn tevîhev nekim ez ê li vir rawestim.

Mêrên Êzîdiyan di sedsala 18 an de

Şer û pevçûn li ser desthilatê çêbûn, wek li ba melik û desthilatdarên din?

Rikberiyek taybet di navbera her sê komên şêxan de, heta îro heye, ew dixwazin cihê mîr bigirin. Min anî bû ziman ku desthilatî berê di destê şemsaniyan de bû û wan bi xwe da Şêx Adî. Îro jî, şemsanî ji vê yekê ne qayîl in.

Heta ku malbata Qatanî dibêjin ku ew ji koka Şêx Adî ne, lê gelek weha bawer dikin ku ew ji malbata Şêx Adem in ku rolek berbiçav nelîstiye. Bi her awayî nakokiyek di navbera şemsanî û adaniyan de heye. Pêşîmam ku nûneriya adaniyan dikin, li gora ku şemsanî û êzîdiyên din dibînin, wan gelek regezên islamî derbasî nav êzîdiyatiyê kirin, ev jî hîç nayê pejirandin.

Hun bi kurtayî li ser pîran axivîn, ew rêberên dînî ne?

Ew rêberên dînî yên kevin in, ji dema Mithra û Zerdeşt ve hene û ji bo berdewamiya dîn di nav xelkê de berpirsiyar bûn. Ew çînek giring in di nav

civaka êzîdiyan de. Li gora rêzanên dîn cihê pîran yê dînî jî hema wek yê şêxan e, lê hin ji şêxan bilindtir ji pîran tên dîtin.

Cih û navenda pîr bi rêya Şêx Adî hat guherîn û wî cihê şêx bilindtir kir. Şêx Adî bi navê Adî Bin Musafir tê naskirin, wî bi xwe navê şêxîtiyê li xwe kir û pê re cihê çîna nû ku di nav civaka êzîdiyan de hat avakirin xurtir kir.

Wek her êzîdiyek divê şêxekî wî hebe, her weha divê pîrekî wî jî hebe. Tiştekî balkêş e ku hemî şêx navên wan erebî ne û yên pîran hemî kurdî ne. Ev jî dide diyarkirin ku pîr bi demeke dirêj berî hatina Şêx Adî nav êzîdiyan, rêberên dînî yên êzîdiyan bûn.

Ez naxwazim dîsa tevîheviyê çêbikim, lê bi kurtayî ez ê her çar komên pîran bînim ziman ku we careke din bihîstibû:

Hesin Meman û şaxên vê komê *Hesin Êlka û Xetîbesî* ne.

Pîr Afat û şaxên wan *Mamed Reşan, Bûwal* û pîr *Derbes*.

Pîr Cerwan û şaxên wan *Êsîbiya Hacî Mamed, Omer Xalî û Qedîban*.

Pîr Hacî Alî û şaxê wan *Pîr Behrî*.

Malbatên pîran tenê dikarin bi hev re bizewic in. Endamên pîrên Hesin Meman, tenê bi hev re dizewicin û di çarçoveyeke teng de, ji ber ku ev pîr di dema Şêx Adî de serokên hemî pîran bûn. Pîrên Hesin Meman dikarin tenê ji pîrên Cerwan û pîrên Mamed Reşan bizewicin ji ber ku tenê ev malbat ji çîna wan in û hema cihê dînî digirin. Hun dikarin bînin ber çavên xwe ku yek yanî du pîr di nav êzîdiyan de nikarin bizewicin hene ji ber ku di du çînên ku dikarin ji wan bizewicin jinên gihîştî nîn in.

Ewên ku çîrokan dibêjin hene? Navê wan, ne qewal in? Karê wan çi ye?

Karê wan ew e ku dîroka êzîdiyan ezber bikin û radestî zarokên xwe bikin. Yek ji zarokan divê hîn zû, dest pê bike hemî di serê xwe de bigire. Ji bo ku pişt re ji gundekî here gundekî û bikaribe dîroka êzîdiyan ji xelkê re bibêje. Ji ber ku piraniya êzîdiyan berê nikaribûn bixwînin û binivîsin weha ew fêrî dîroka xwe dibûn. Qewal dikarin gelekî xweş û bi rewanî biaxivin. Gundî hemî, jin, zarok, mêr û kal li gel hev rûdinin û guhdariya çîrokên kal û pêşiyên xwe dikin.

Heta berî demek ne pir dirêj qewal tenê ji hev dizewicîn. Sala 1950 Mîr û Bavê Şêx biriyar dan ku ew karibin ji nav çîna xwe bizewicin, ji ber hejmara qewalan pir kêm dibû. Qewal li gundên Başîk û Bahzanî dijîn ku dora 35 km ji Mûsilê dûr in.

Qewal, hemî helbestên dînî, hemî çîrokên devikî yên êzîdidiyan û hemî serpêhatiyên pîroz ji bavên xwe ezber, fêr dibin. Ew bi vî awayî mejiyê êzîdi-

yan yê dînî ne, ji ber ku ji bilî her du pirtûkên pîroz yên dînê êzîdiyam, li hîç cihekî nehatiye nivîsandin. Ji dema guherînên Şêx Adî ve, karê qewala ew bû ku serpêhatiyên kevneşopî, helbest û çîrokan ezber bikin û xelkê fêr bikin. Qewalên ka rûniştinên taybet, li gundê Bahzanî, li dar dixin, di van civînan de, qewalên nû fêr dikin bê çawa zaniyariyên dînî ezber bikin û di mejiyê xwe de bihêlin.

Qewal, di serdana gundan de, yan jî bi giştî di ahengên dînî de, tawisê bi xwe re radikin ku ew simbola Tawisî Melek e. Ew sirûd û stiranên dînî dibêjin. Li ser vê yekê ez axivî bûn.

Cihkirineke jor ber bi jêr li nav civaka êzîdiyan heye?

Di nav êzîdiyan de, pergala çînî heye. Dema êzîdiyek tê jiyanê, mirîd, şêx yan jî pîr tê jiyanê. Pergala çînî napejirîne êzîdiyek çîna xwe biguherîne. Her yek di çîna xwe de tê jiyanê û dimîne. Veguhezîna civakî nîn e, pergelek ji jor ber bi jêr desthilat e. Her kesê êzîdî, di vê pergalê de dikare bigihîje sê cihên civakî, eger çend kevneşopiyên dînî bîne cih. Mirîd dikarin bibin Koçek, Feqîr û Micêwir. Ev her sê cih bi dîtinek civakî pir kêm in û bandorê li ser avahiya dînî ya êzîdiya ku ji jor ber jêr e nakin.

Kesên xwedî keramet "tiştên nebûyî" li ba êzîdiyan hene?

Belê, Navê wan "Koçek in". Gotina koçek ji du peyvên kurdî pêk tê, guh û çak yanî gelekî baş. Her du peyv bi hev re tên wateya "guhên pir baş", bi veguhestina hest, tê wateya ku koçek dengên ji dinya ku nayê dîtin dibihîzin.

Koçek gelek kevneşopyên dînî bi rêve dibin. Eger şêx û pîr ne beşdar bin, ew dikarin miriyan bişon. Karê koçek yê giring ew e ku li ser çarenûsa giyanê kesê mirî agahiyan bide. Ew xewn û diwa, di demên wêranî û nebaşiyê de, şîrove dikin. Koçek, di dema aheng û kevneşopiyan de, têkiliyê bi dinya veşartî re çêdike. Ew xwe li ser erdê dirêj dike, dikeve mestiyê û dest pê dike bi zimanekî ku nayê fam kirin diaxive.

Êzîdiyekî ku xwe digîhîne koçektiyê, pêşî hest bi heskirina hizirînek bihêz dike û xewnan dibîne. Gelek koçekan ji min re gotin ku di wan xewnan de, ew bi rihê kesên pîroz yên êzîdiyan re diaxivîn. Êzîdiyekî ku bibe xwediyê vî awayê jiyankirina giyanî û van serpêhatiyên rûhanî bijî, dikare bi rêya rêberê rûhanî yê êzîdiyan bibe koçek. Di rewşek weha de, divê kesê koçekiyê dixwaze têkiliyê bi Bavê Şêx re bike û jê bixwaze da ku pileya koçekiyê bidiyê.

Normal, Bavê Şêx vê daxwazê dipejirîne. Pişt re koçek 40 rojiyên havînî û 40 ê zistanî digire. Paşê, ev koçekê nû heftiyekê tenê dimîne û çênabe bi kesekî re biaxive. Dema hemî kevneşopiyan bi rê ve bibe, wî wextî dîsa

serdana Bavê Şêx dike. Bawernameya koçekiyê digire û cil û bergên nû distîne ku nîşana karê nû ne. Ji bilî cil û bergan zinarek "qarîş" sor ji hiriyê ku xelekek ji sifir li ser e distîne. Koçek desmalekê, kirasekî û kumekî qehweyî li xwe dike.

Koçek, di salê de deh caran, li peristgeha pîroz ya êzîdiyan, Lalişê, bi Bavê Şêx re dicivin. Di van civînan de, li ser berpirsiyarî û delametan tê axaftin. Ji bilî vê, koçek li ser xewnên xwe diaxivin û serpêhatiyên xwe bi hev re par ve dikin. Eger êzîdî bikevin astengiyan, wek mînak ziwayî, şer yan jî arîşeyên din, Bavê Şêx, li şûna ku xwedê şiyar bike, ji koçekan dixwaze ku diwan bikin da ku ev astengî sivik bibe. Koçek bi alîkariya xêra gundiyên êzîdiyan dijîn.

Ew dikarin kerametan "tiştên nebûyî" bînin cih?

Di serpêhatiyên êzîdiyan de, navên pir koçekan tên ziman ku kerametên wan hebûn. Serpêhatiya herî mezin ya koçek Silêman e, li Başûrê Kurdistanê, ew ji aliyê mêrekî kal ve, li nêzî bajarê Duhokê sala 1993 ê ji min re hat gotin:

"Silêman, li gundekî nêzîkî Duhokê şivanê pez bû. Ew gelekî zimanxweş û giran bû. Silêman pir belengaz jî bû. Rojekê ji rojan keriyê pez bêyî Silêman vegeriya. Dema xelk lê geriyan, ew ne dûrî gund, bêhiş ketibû erdê.

Pir dirêj kir heta ku Silêman careke din hat ser hişê xwe û her ev hevok dubare dikir: 'Me da te.' Pişt re Silêman got ku dema wî guh dida pez, mêrekî kal, bi cil û bergên sipî diyar bû û jê re got: 'Bes şivantiya bez bike. Ev ne karê te ye.' Pişt re ew kal winda bû û Silêman bêhiş ket.

Piştî vê bûyerê gelek tişt ji Silêman re diyar dibûn û nema şivantiya pez kir. Silêman fam kir ku firîşteyan hêz dane wî, da ku kerametan bîne cih.

Pişt re Silêman hemî rêberên êzîdiyan li xwe kom kirin ji bo ku hêza xwe nîşanî wan bide. Lê piştî cara diduyan Silêman karîbû hin kerametan nîşan bide. Wek mînak xwelî kir şekir yan jî darekî hişk şîn û şên (jîndar) kir. Pişt re Silêman wek koçek hat bijartin û bû koçekekî birêz û xwedî şan."

Min di televiziyonê de, li ser feqîrên Hindistanê bihîst, feqîrên êzîdiyan jî xwediyên hema wateyê ne?

Wateya feqîr "belengaz e", kesekî ku tiştekî wî nîn e. Divê mal û milkên feqîrên êzîdiyan nebe, karê xwe kirine xizmeta civakê. Ew weha wek reben e. Feqîr jiyana xwe ji bo xizmet û peristina xwedê terxan kiriye.

Her kesê êzîdî dikare bibe feqîr, cudahî nîn e mirîd be yan jî dunav "şêx û pîr" be. Kesekî bixwaze bibe feqîr divê vê daxwazê ji serokên êzîdiyan Mîr

û Bavê Şêx bike. Eger rê û rêgehên dînê xwe şaş nekiribin û xwediyê xislet û kesayetiyekê bin dikarin bibin feqîr.

Eger daxwaza wî ji hêla rêberên êzîdiyan ve hat pejirandin, divê heft rojan tenê bimîne, bi kesî re neaxive û vê demê ji sibehê heta êvarê rojî bigire. Divê têkiliya wî bi mirovan re çênebe ji bilî kesên ku xwarina wî jê re tînin. Di vê tenêbûnê de, divê her wextî bihizire û diwa bike.

Piştî ku dema tenêbûnê bi dawî bibe, wê serdana peristgeha pîroz, Lalişê bike. Di vê serdanê de, birayê wî yê axretê pê re diçe. Li meydana peristgeha pîroz, piştî bicihanîna aheng û kevneşopiyên cuda navê feqîriyê distîne. Feqîrê nû dikeve nav komek feqîr, qewal û bavê çawîş, yên ku berpirsên peristgeha pîroz in.

Êdî birayê axretê xwe dide pêş û fanêrekî reş lê dike ku bi “xirqe” tê binavkirin. Di hema demê de, sirûdên dînî ji hêla qewalan ve tên xwendin. Dema ku xirqe lê tê kirin, feqîrek bi guh û destê wî digire û ew û feqîrên din xwe bi hev re sê caran dizîvirînin. Dawiyê hemî feqîr xirqeyê ku feqîrê nû li xwe kiriye maç dikin. Êdî ew bi fermî navê feqîriyê distîne.

Gelek karên feqîran yên gengaz hene: Ew darên “êzingên” agirê aheng û kevneşopiyên Cejna Cimayîyê dibirin. Ew berpirsên pîrozgehên herêmî ne. Di demên astengî û nexweşiyê de ji bo êzîdiyan diwa dikin.

Xirqe çi ye?

Feqîr “xirqe” li xwe dike û li gora dîtina êzîdiyan ev xirqe wî diparêze. Êzîdî bawer dikin ku xirqe cil û bergê firîşteyan e. Kesên ku xirqe li xwe dikin ew bi xwe dibin kesên pîroz. Şêx Adî bi xwe jî xirqe li xwe kiribû. Divê bê gotin ku xirqe ji hiriya pez ya pir hişk û zivir tê çêkirin. Dema mirov li xwe dike, hest dike ku bi hezaran derzî di çermê wî re diçin. Ji ber vê yekê ne her kes dikare xirqe li xwe bike. Gerek e feqîr fêr bibe van êşan hilgire û ev êş kar û delametên wî tînin bîra wî.

Mirov dikare şanavê xwe dîsa winda bike?

Eger feqîr cihê xwe yê dînî ji bo kesayetiya xwe bi kar bîne û şaş bi kar bîne, mîr dikare bi şîroveyek hesan şanavê wî feqîriyê bi şûn de bikişîne û divê xirqe bi şûn de vegerîne. Wê li odeyekê ku navê wê “xaniyê xirqe ye”, li peristgeha pîroz, Lalişê bê danîn. Wekî din divê feqîr heta ku li jiyanê ye xirqe li xwe bike, ew ê pê re bê veşartin jî eger mir. Berê feqîran zinarek sor, gustîlek zer, ji sifir û kumekî reş li xwe dikirin.

Di hin serpêhatiyên êzîdiyan de tê gotin ku pêşiyên feqîran rebenên xiristiyan bûn ku li Lalişê dijiyan û piştî hatina Şêx Adî bûn êzîdî.

Min li ser nobedarên êzîdiyan bihîstiye. Navê wan çi ye?

Navê wan Micêwir e. Micêwir gotineke kurdî ye tê wateya cîran yan jî nobedar, parêzvan. Karê micêwiran ew e ku li peristgehên herêmî yan jî cihên pîroz guhdanê bikin û wan biparêzin.

Li gundan micêwir bi rola rêberên dînî radibin, ew dizanin kar û pîşeyê dest jî bikin û alîkariya xelkê bi awayê ku dikarin dikin. Kesên ji çîna mirîdan jî dikarin bibin micêwir. Li gundan, ji bo civaka gund micêwir kesayetiyên xwedî rûmet in û pir caran xelk şêwra xwe bi wan dikin.

Li Lalişê jin jî hene ku li peristgehê dijîn. Ev li ba êzîdiyan çêdibe?

Belê, navê wan jinan "kebanî" ye û tê wateya parêzvan. Kebanî jin in, di pergalek civakî de, li Lalişê dijîn. Ew hemî jiyana xwe ji bo dîn terxan dikin û bê zewac dijîn. Jineke ku derbasî vê pergalê bibe, divê bê parastin û bi kêmayî erêkirina du rêberên herêmî bistîne. Pişt re serdana Mîr û Bavê Şêx dike û daxwaz dike ku bikaribe derbasî pergalê bibe.

Eger jinek derbasî pergalê bibe, tevahiya jiyana xwe wek kebanî li peristgeha pîroz, Lalişê dijî. Pergala kebanî ji bo jinên hemî çînan vekiriye. Karê kebaniyan ew e ku guh bidin parastina peristgehê. Kebanî xwarinê ji kesên li Lalişê dijîn û mêvanên cejin û kevneşopiyan re çêdikin. Ew jî, di demên astengî û dijwariyê de, diwa dikin.

Navê cemawerê êzîdiyan çi ye?

Navê wan murîd in. Ev nav tê wateya dûşopan. Ev têgih ji aliyê sûfiyan (derwêş) ve hatiye bikaranîn û di rastiyê de tê wateya şagirtan. Şêx zaniyar in, wek mamosteyan ku rêya dîn nîşanî şagirtên xwe "murîdan" dikin. Li ba êzîdiyan murîd cemawer e û tenê dikarin di nav hev de bizewicin. Her malbatek murîd şêxek û pîrekî wê heye. Lê malbat nikare wan bibijêre.

Ev bijartin ji dema Şêx Adî ve hatiye kirin û nayê guherîn. Heta ku murîdek, bi sedemên cuda hes ji şêx yan pîrê xwe neke jî, nikare şêxekî din yan pîrekî din ji komek din hilbijêre.

Şêx Adî, di rastiyê de, çi li ba êzîdiyan guhert?

Bi diyarkirina Şêx Adî re, di sedsala 12 de, ne tenê naveroka dîn hat guhertin, her weha rêxistina civakî ya civaka êzîdiyan jî hat guherîn. Şêx Adî, di civaka êzîdiyan de, pergalek çînî nû ava kir, vê yekê tevna civakî guherand û têkiliyên koman bi hev re ji nû ve dan nasîn. Vê pergala nû navê "Sed û Hed", zagon û sazûmen, hilgirt. Zagon û rêgehên ku sed û hedê danîn ev in:

1. Her kesek cihekî wî teybet di pergala civakî ya ji jor ber bi jêr ve heye.
2. Divê her endamekî civakê li hember kesên koma xwe û li hember rêberên dînî (şêx, pîr, mîr) dilsoz be.
3. Malbata mîran bê rikber e û xwediya desthilatiyeke bêsînor e. Têkiliyên wê bi komên çînên din re hatine sazkirin.
4. Rol û cihê endamekî civakê û sînorên liv û gerê destnîşankirî ne.
5. Mirov tenê, bi çêbûna ji dê û bavekî êzîdî dikare bibe endamê civaka êzîdiyan.
6. Guherîna komekê; şêx, pîr yan murîd bo koma din çênabe.
7. Ferz û erkên di nava komê de, wek mînak yên şêxan temam hatine pênasîn.
8. Her kesek divê pîrek û şêxekî wî hebe. Eger li herêmekê pîr û şêxên wî nebin dikare pîr û şêxekî din bo demekê bigire heta ku derfet çêbibe pîr û şêxê xwe yê rastî bibîne.
9. Divê endamên civakê bi hev re û di nava koma xwe de piştgiriya hev bikin.

Prinsîpên (sinc) bingehîn yên êzîdiyatiyê çi ne?

Ez dixwazim bersiva vê pirsê ji belgeyek Mîr Ismayîl Beg, kurê Ebdî Beg bidim. Li ser pirsa êzîdiyên Armenistanê berî dora 80 salî, ji mîrê êzîdiyan, sincên bingehîn yên êzîdiyatiyê çi ne? Wî weha nivîsî bû:

- Baweriya me bi xwedayekî tenê tê, afrînerê asîman, erdê û hemî jîndaran.
- Pêxemberê me Êzîd e.
- Pirtûka êzîdiyan ya nimêjê nîn e; gotina xwedê, ji bav bo kur tê veguhastin.
- Çênabe êzîdî bi kesên ji miletên din re bikevin têkiliya zewacê (netewe, dîn). Kesê ku li ser vê yekê neçe nema dimîne ji vî dînî.
- Divê êzîdî li hember mirovên ji neteweyên din, cihên din, nijadên din û baweriyên din birêz bin û rûmeta wan bigirin.
- Li gora zagonên me divê her êzîdiyek xizmeta xwedê bike, eger vê yekê neke ew ne di rêya xwedê de ye.
- Çênabe êzîdiyek jina kesekî din birevîne. Bêtir divê alîkariya kesa yan jî kesê revandî bike û wan biparêze.
- Şêxên êzîdiyan sê êl in; Şêx Hesen, Şêx Şemis û Şêx Abûbekir. Divê her êlek bi kesên ji nav koma xwe re bizewice.

- Pîr du kom in; Pîrê Hesin Meman û Pîrê Arafata û komên din wek pîrê Omerxala. Divê her kes tenê bi kesên ji nav koma xwe re bizewice.
- Çênabe endamên çîna murîdan (gel) bi endamên çînên şêx û pîran re bizewicin. Ev zewac tê wê wateyê ku ew kes ji dîn derdikevin.
- Xwedê dinya û hemî jîndar afrînder di 6 rojan de çêkirin. Di roja heftan de xwe vehesand. Ji bo vê yekê divê êzîdî 6 rojan kar bikin û roja heftan xwe vehesînin.
- Çênabe êzîdiyek jina xwe berde. Ji bilî rewşa ku sê şahid teqez bikin ku xiyanet kiriye.
- Qelena jinekê çênabe 100 Rubelî derbas bike û ya jinebîyekê çênabe 45 Rubelî derbas bike.
- Çênabe êzîdî pereyan bi selef bidin bi deyn.
- Çênabe êzîdî roja çarşemê xwe bişon yan jî jin û mêr li gel hev rakevin.
- Selef qedexe ye.
- Rêberên êzîdiyan gerek e riha xwe berdin. Eger riha xwe bernede, êzîdî ne mecbûr in wî wek rêber nas bikin yan jî destên wî maç bikin.
- Dizî qedexe ye û divê diz siza bibin.
- Divê êzîdî birêzdarî û hestiyarî nêzîkî kesên ji netewe û cihên din bibin, çênabe çavên xwe berdin malê kesên din. Kesê ne weha be rêya xwedê berdide.
- Divê kesê êzîdî li pey zagonên welatê ku lê dijî bimeşe.
- Li her gundekî êzîdiyan gerek e çawîş û micêwir (parêzvanên dîn) hebin, yên ku di dema mirina êzîdiyekî de heft rojan rojî bigirin û qewlan li ser miriyan bibêjin.
- Li her gundekî êzîdiyan gerek e sê kes hebin çavdêriya rê û rêzanan bikin.
- Çênabe êzîdiyek bi derwînî sûnd bixwe. Kesên vê yekê bikin divê bên sizadan. Ez Ismayîl Beg dipejirînim ku êzîdî diwayên xwe bi zimanên neteweyên din binivîsin heta ku ziman û alfabêya me bi xwe çêbibe.
- Divê êzîdî dibistanan ava bikin û zarokên xwe li ser zanistî û zimanan perwerde bikin.

Li gora bîraweriya kevneşopî û bawermendên êzîdî hişk ev stûnên bingehîn in ji bo ku kesek êzîdî bimîne:

- Êzîdî bê jiyanê
- Biska zarokên xwe hilîne
- Sê rojan di salê de, yê mezin rojî bigire

- Carekê di jiyana xwe de serdana Lalişê bike
- Birayek yan jî xwîşkek wî axretê hebe
- Şêx, Pîr û Mirîd nabe bi hev re bisewcin
- Êzîdî bi ne-êzîdyan re nasewcin.

Ev prinsîp ne zehmet in mirov li ser bimîne?

Belê, ne hesane mirov van hemî tiştan û bi taybetî li penaberiyê bi cih bîne. Ez ne zaniyarekî dînî me, lê wek zaniyarekî civakî ez ê mercên bingehîn yên girêdana dînî, eger mirov bikaribe li ser kêmtirîn yekgirtin biaxive, weha bibînim ziman:

- Mirov wek êzîdî bê jiyanê
- Bisk (birîna por)
- Girêdana bi malbatê re
- Guhdana baweriyê (azad be) bi rêya şêx û pîran.

Tiştên din, wek qedexekirina hin xwarinan, berdana rihê û htd. di vê demê de, li penaberiyê ne giring in. Lê ev dîtina min e û gelek wê wek min nefikirin. Li vir jî divê mirov fam bike û rêzê lê bigire.

Govenda Êzîdiyan

Mêr û jin wek hev in?

Eger mirov dînê êzîdiyan sedî sed bi cih bîne, hîç cudahî nîn e. Li pêşberî xwedê hemî mirov yek in, zarok, keçik, kurik, mêr yan jî jin.

Cudahî derdikevin dema mêr biriyarê li ser tiştên bingehîn didin, bê ber bi ku ve diçin. Mirov dikare vê yekê bi civaka mêran bi nav bike. Di vir de, mêr biriyarê didin û mixabin jin nikarin tiştekî bibêjin.

Li ser bingeha vê dîtinê gelek jin bindestiyê dikişînin û bi awayekî ne dadmend nêzîkbûn çêdibe. Lê têkiliya vê yekê bi dîn re nîn e, berevajî vê li dijî dîn e eger jin bindest bibin. Ev civaka mêran ji pir zû ve heye. Ji ber ku mêran berpirsiyariya nêçîr û şer bo malbatê yan êlê girtibûn destê xwe, wan ev maf ji bo xwe birin. Ji ber ku jinan nikaribûn baş şer bikin û bi hêza xwe lawaztir bûn ji mêran, gelek mafên xwe bi dest nexistin. Lê ev yek îro li gelek welatên cihanê hatiye guherîn.

Îro, hêz ne hêza dest û milan e, lê belê hêza mejî û jîrbûnê ye. Kî jîr û zana be dikare bibe xwediyê pîşeyekî baş û bê alîkariyek biyanî, serbixwe bijî. Wek mînak li Almaniya keçik jî wek kurikan dikarin vê yekê bikin.

Di dînê êzîdiyan de cudahî di navbera jin û mêran de nîn e. Ez dixwazim mînakekê li ser vê yekê bidim. Diya mîrê îro, serokê êzîdiyan weha bû tevî ku jin bû. Hevserê wê zû mir û mîrê ku şûna wî bigire hîn biçûk bû bo serokatiyê. Ew bû seroka êzîdiyan bo demek dirêj heta ku mîrê niha mezin bû.

Divê keçik û jinên êzîdiyan desmalê bigirin serê xwe?

Li ba êzîdiyan zagon û rêgehên li ser cil û bergan nîn in. Keçik û jin ne mecbûr in desmalê bigirin serê xwe.

Êzîdî çawa dizewicin?

Wek ku me anîbû ziman, divê êzîdî tenê ji nav çîna xwe bizewic in. Zewaca bi zor û ketekê li gora baweriya dîn di rastiyê de qedexe ye. Zewaca dînî û fermî bi rêya şêxekî tê sazkirin. Her weha min anî bû ziman ku êzîdî di meha sersalê de “nîsan” çênabe bizewicin.

Qelen li ba êzîdiyan heye?

Mixabin erê. Ev ne taybetiyek êzîdiyan e, lê dikare bibe sedema ku hin kes nikaribin bizewicin eger qelen pir biha be. Bihayekî yekgirtî yê qelen di civaka êzîdiyan de nîn e. Ew girêdayî malbata bûkê ye ku bi temamî bazarê li ser vî bihayî dike.

Di salên dawî de, bilindbûna bihayê qelen hişt ku qelek hewldanên zewacê têk herin. Rêberên dînî hewl didin ku qelen bi temamî rakin yan jî bihayekî simbolî bihêlin da ku zewacê hesantir bikin.

Êzîdî dawetên zewacê dikin û hin kevneşopiyên taybet hene divê bên lidarxistin?

Eger her du malbatan li hev kirin, amadekariyên dawetê malbata zavê dike û gelek heval, nas û mirovan vedixwînin. Ahengên li welat li derve li dar dikevin, lê li Europa divê heywan "salon" bên kirêkirin.

Piştî dawetê bûkê dibin mala zavê. Berî derbasî malê bibe, miroveke gelekî nêzîkî zavê nanekî û heskekê bi dest xwe digire û li dora bûkê direqise. Ji bûkê tê xwestin ku nan bişkîne, ev wek peymanekê bi malbatê re tê naskirin. Bi vê yekê ew "bûk" dibe ji vê malbatê.

Mehra fermî û dînî bi rêya pêşîmam yan jî şêx çêdibe. Gustîlkan didin bûk û zavê û piştî diwayekê ew dibin mêr û jin.

Êzîdî dikarin hev berdin?

Erê, helbet. Zagonek dînî li ser vê yekê nîn e ku bibêje çênabe hev berdin. Mîna li ba islamê, bes e ku yek ji her duyan sê caran bang bike: *Min tu berdayî.*

Li kêleka zewaca dînî, zewaca li tomarkirina zewacê jî heye, di vê zewacê de, divê berdan bi rêya dadgehê çêbibe.

Kî bo xwedîkirina zarokan berpirs e?

Di dîn de, em rastî gotinên li ser vî tiştî nabin. Ji ber ku êzîdî wek miletên rojhilat yên din xwediyên nirx û pîvanên civakek mêran hildigirin, ew bawer dikin ku gerek e bav mafê xwedîkirinê bistîne. Ew bawer dikin bi vê yekê derfetên jinê bilindtir dibin da ku ji nû ve bizewice ji ber ku gelek mêr naxwazin bi jinek xwedî zarok re bizewicin. Lê mafê xwedîkirinê li Almaniya bi giştî hatiye naskirin. Eger dadgeh biriyarê bide ku zarok li ba diya xwe baştir tên parastin û xwedîkirin wî wextî mêrên êzîdî jî vê yekê dipejirînin.

Sinetkirin çawa ye?

Sinetkirina keçikan li ba êzîdiyan nîn e. Lê divê zarokên kurik bên sinetkirin. Bavê kurik ji bo zarokê xwe "kirîv" ekî hildibijêre. Divê ev kirîv ji derveyî çîna malbatê be. Kirîv dikare ne êzîdî jî be, ji dînekî din be, yanî ji çînekê yan dînekî din ku zewac di navbera wî û malbatê de qedexe be. Ji ber ku kirîvatî bi xwe têkiliya zewacê qedexe û guneh dike.

Piştî vê yekê kirîv, tevahiya jiyana xwe dikeve têkiliyeke teng bi kurik re, her du berpirsiyariya hev radikin wek birayê xwînê. Her zarokek kirîvê wî bi xwe heye, lê dibe ku du bira hema kirîv be.

Jinên Êzîdiyan di sedsala 18 an de

Serpêhatiyên ji 1.000 salî û vir ve ku ji hêla qewalan ve bi devikî gihîştine, basa 72 fermanan (komkujiyan) ku bi navê islamê cêbûne dikin. Êzîdiyan xwe bi şûn ve, kişandin çiyan û hêvî kirin wê jiyana xwe di tenêbûnê de biparêzin. Weha jî gelek pêşdarezîn hatin holê:

Êzîdî wek peristvanên şeytan hatin binavkirin yan jî wek komek misilman ku rêya dîn berdayîn, li gora dîtina hemwelatiyên wan yên misilman yan desthilatdarên rojhilata navîn.

Layards ku lêgerekî Englîzî watedar e, berî dora 130 salî serdana êzîdiyan kiribû, weha di pirtûka xwe de dinivîse:

"Her sal desthilatên herêmê şande dişandin herêmên xwe, di hema dema ku jin û mêr bi hovîtî dihatin guran, zarok; keçik û kurik kom dikirin û dibirin li bajarên watedar dikirin rêz, didan ber firotinê. Ev nêçîra mirovan ya her sal, ji bo Berdirxan çavkaniyeke hatinê bû (hatina pere) û ji bo paşayên Mûsil û Bexdayê jî adet û tore bû ku hêzên leşkerî yên ne fermî bi ser bextreşên êzîdiyan de bişînin, wek awayekî hesan, bo xwestina danên bacê yên derengmayî bînin cih.

Heta berî çend mehan ji hatina min, ev pergal hcta radeyekê hat bikaranîn û bûyerên hovane qewimîn, bazirganiya koleyan ya herî bi nav û deng nabe wek wan."

Pirsa ku êzîdî ji aliyê misilmanan ve hatin yan wê bên pejirandin, mixabin divê ez îro jî, bi na bersivê bidim. Ji nû ve, piştî rûxandina rêjîma Sedam Husên, êzîdî li Îraqê û bi taybetî ji hêla desthilata kurdî ve hatine pejirandin. Li Tirkiyê ticaran êzîdî wek komek dînî nehatine pejirandin. Îro jî, ev yek berdewam e.

Ma ne giring e ku hemî dîn bên pejirandin?

Belê, helbet. Bi dîtina min lêborîn û hevpejirandin daxwazeke sincî ye (exlaqî), pejirandina hizrên wekî din hewldaneke baş û hêjayî parastinê ye.

Divê çi bê kirin da ku lêborîna li hember mirovên din hebe?

Armanc ew e ku mercên gelekî zelal bên amdekirin da ku mirov tê de, çandeke nû nas bike û bipejirîne, wek mînak li Almaniya, bê ku çanda xwe winda bike. Ji bo vê yekê divê her du alî hev nas bikin û belkî dîntinên çewt li ser hev ku li ber dest in hilweşînin.

Êzîdî dikarin xwedî lêborîn bin, eger hin êzîdî ne sedî sed li ser rê û rêbazên dîn bin?

Li vir pirs xwe tîne ziman, li ba dînan û di vê rewşê de li ba êzîdiyan ne tenê lêborîna li hember bawermendên din, wek nimûne xiristiyanan, lê lêborîna hindurîn jî pêwîst e. Ev ê bê wê wateyê ku êzîdiyên dixwazin wekî din bijîn, wek kesên din rêz li wan bê girtin. Ev yekê lêborîneke rastî be û wê nişan bide bê ev çi olek demokrat û liberal e. Lê ev karekî dirêj e, divê êzîdî hîn jî tê re derbas bibin.

Çima?

Ji ber ku di nava civaka êzîdiyan de pergalek çînî hişk desthilatdar e, ev jî bi hatina jiyanê re tê destnîşankirin. Derfeta derbasbûna nava çînek din nîn e. Zewaca derveyî çînê û derveyî civaka êzîdiyan qedexe ye. Di demên borî de, gelek ji bo vê sedemê hatin sezakirin.

Eger mirov rojî jî negire tê sezakirin?

Na. Rojîgirtin, goştê berêz û tiştên din ku xwarina wan qedexe ye, bi piranî lêborîn bo wan heye.

Çima bi kêmayî mirov nikare dest ji pergala çînî berde? Bi kêmayî wê gelek êzîdî bikaribin bi hev re bizewicin?

Ev kevneşopiyeke ku hema hezar sal e ji alîyê Şêx Adî ve hatiye. Gelekî zehmet e tiştên weha bên guhertin. Ev yek bi tirsê jî ve girêdayî ye. Gelek êzîdî bawer dikin, eger pir zagon bên guherîn wê wextek bê ku dîn ji meydanê rabe. Gelek vê yekê naxwazin. Gelek êzîdî bawer dikin ku bi rêya zagonan baştir xelkê xwe diparêzin.

Lê ev li penaberiyê ne dijwar e?

Belê, êzîdî nema li gundên xwe ne û têkiliya wan bi komên din re nemaye. Li penaberiyê mirov li dibistanê, li ser kar, li komela gokê û cihên din rastî mirovên din yên ji çandên din tê. Li van deveran hevaltî çêdibin.

Em dikarin li penaberiyê bibînin ku lêborîna êzîdiyan li hember kesên ji dînê wan, eger li ser zagonên dînî nemînin liberal (dilfireh) bûye. Lê hin êzîdî, kêm bin jî, tundiyê li hember zarokên xwe bi kar tînin û di hin rewşan de, bi taybetî keçikên êzîdî ji hêla malbatê ve hatine kuştin.

Ew ji bo "namûsê" tên kuştin?

Hin malbat bawer dikin ku namûsa wan binpê bû û ji bo vê yekê tiştên weha nebaş dikin. Lê ev dîtina bi vî awayî li ser şerefê hîç têkilî bi dînê êzîdiyan re nîn e.

Ev ji civakek mêran kevin tê ku jin û keçan mal û milk bo xwe dibîne. Wek mînak eger keçek ciwan berî zewacê têkiliyên cinsî çêbike, ev yek mîna binpêkirina namûsê tê dîtin. Ew dikare bi vê sedemê seza bibe, di hema demê de birayê keçikê yê ciwan ji bo hema karî seza nabe ...

Tolhildana xwînê ya êzîdiyan e?

Na, hîç. Bi sedên salan dijminayîya di navbera du malbatan de, li ser binpêkirina şerefê, yan kuştina ji hev û tolhidan li gelek welatên dinyayê belav bûbû. Di dînê êzîdiyan de, ne tolhildana xwînê heye û ne jî dîtina kevin "çav bi çav, diran bi diran" heye. Lê êzîdî jî civakek axatî ne (feudal) û ji bo vê yekê tolhildana xwînê di nav êzîdiyan de jî tê dîtin. Piraniya herî bilind ya êzîdiyan van karan şermezar dikin.

Divê êzîdî çi bikin da ku êdî tiştên weha nekin?

Bi tevahî ez tiştên girêdayî pêşveçûnên mirovahî û demokratî dibînim, sê kêmayîyên mezin: Zanebûn, azadiya mirovan û mejiyê mêran yê kevinar (Patriarchalismus). Ew dê bimînin pêşberiya êzîdiyan, li welat û li penaberiyê jî. Wek li ba komên dînî yên din, li ba gelek êzîdiyan jî, kêmbûna lêborînê ji astengiyên perwerdeyîyê tê.

Lêborîn dikare mirov û baweriyan biguherîne?

Derfeta tenêbûnê ku êzîdiyan bi sedemên êrîşkirin û bindestiya sedsalan hilbijartibû, di vê dema global de nemaye. Li welat û her weha li penaberiyê jî nifşên êzîdiyan yên nû xwe diguherînin. Eger bixwazin ku hîn jî li ser kesayetiya xwe ya dînî bimînin, pêdiviya wan bi alîçûnek nû heye.

Bi dîtina min, guherînên vê civakê dest pê kirine.

Pirs ew e ka êzîdî hîn xwedî hêz in ku bandorê li vê yekê bikin û bi rêyek xwezayî berê wan guherînan bizîvirînin. Tenê, eger veguherînê bipejirînin, bibin xwediyê lêborînê, li hember komên dînî yên din û li hember bawermendên xwe, bi takekesiya wan, azadiyên demokratî pêş ve bibin, wê demê derfetên yekbûnê vedibin, dikarin êdî hevkêşiya derve û hindur ji nû ve çêbikin.

Ji bo ku em xwe biguncînin, divê em hemî tiştên ku dê û bavên me jiyane ji bîr bikin?

Na, berevajî vê. Ev tişt nabe bên jibîrkirin, lê ew di demek derbasbûyî de çêbûne, gerek e mirov ji wan fêr bibe, da ku nifşên tên, yanî hun, baştir bijîn. Eger mirov tenê êş, wêranî û bobelatan bîne bîra xwe û tê de bimîne, mirovê mîna dê û bavên xwe yan jî dapîr û bapîrên xwe tenê êşê bikişîne û xemgîn be, tevî ew bi xwe di wê rewşê de nejiyaye.

Fêrbûna ji dîrokê û baştir avakirina dahatûyê giring e. Têkbirina dîrok û zagonên kevin, giring e û pêdivî bi karekî dirêj û dijwar heye. Ev tê wê wateyê jî ku şansên bi rêya lêborîn û asoyên nû ji bo bihevrejiyanek nû vekin û ava bikin.

Tirsa ji windabûna kesayetî û nirxên dînî çênabe bibe tundrewî û binçeyetî (isûlî), lê belê divê wek trazûyekê (hevkêş), di navbera kevneşopî, hilanîn û parastina nirxên dînî û azadiyên takekesî û pejirandina guherînên civakî yên nûjen de, bimînin.

Êzîdî dikarin zagonên xwe biguherînin?

Hin dibêjin na. Li aliyê din em dizanin ku mirov her roj xwe diguhere. Ev jî tê wateya ku dîtinên me li ser me, li ser dîroka me jî tên guhertin. Kî îro bi rastî bawer dike ku zemîn li ser stiroyê (quloç) gayekî ye? Berê xelkê ev bi rastî bawer dikir. Dema her erdhejekê wan digotin “Ga dîsa xwe livand”.

Dîn baweriyeke û eger kesekî baweriya xwe bi dînê xwe anî, divê mirov rêzê lê bigire. Lê berevajî vê jî, eger kesekî baweriya xwe bi Şêx Adî neanî, divê rêz li wî jî bê girtin. Ji bo vê çênabe tundî bê bikaranîn. Tundî di vî dînî de nayê pejirandin.

Mirov dikare li derveyî welatê xwe jî çanda xwe biparêze?

Ev bi wê yekê ve girêdayî ye ka hun di bin navê çandê de çi fam dikin. Eger mebest kevneşopî, cejin yan jî rojî bin, her kesek bo xwe biriyarê dide ka biparêze yan na. Lê çand, nirx, dîtin û pîvan bi demê re tên guhertin. Berî çend sed salî gelek jin wek pîrhebok û sihirbazan li Europa hatin şrewitandin. Mirovahî fêr dibe û hizrên nû, bê ka çawa mirov dikarin di aşîtiyê de, bi hev re bijîn pêşve dibe. Pêşiyên me jî weha kirin. Ji bo vê divê mirov ji guherînan netirse.

Agahîyên bingehî û pêşniyarên konkret

Pêşgotin

Ev beş wiha hatiye amadekirin ku zarok bi dayik û bavên xwe re bixwînin. Bi taybetî bila dayik û bav baş li vê beşê binêrînin; ji ber ku li aliyekî hinek agahî li ser şer, trauma û li aliyekî dinê agahî li ser dîn û perwerderkirinê dide. Herwiha jî li ser pirsên integrasyon, penehbarî û wateyên ferbûnê ji paşerojeke serkeftî tê rawestandin.

Herî baş eve ku zarok bi dayik û bavê xwe re ve beşê bi hev re bixwînin u dawiyê bi hev re li ser biaxivin.

Herin, dayık ü bavê xwe, xuşk u birayên mezin, jinap û apê xwe bînin!

Şer û trauma (derdeserî)

Dê û bavên min her dem li ser komkujî û êrîşên li ser êzîdiyan diaxivin

Zaroktî dema hestên herî bi hêz e. Hemî, bi taybetî xemgînî û êş, bi himbizîyek mezin tê jiyankirin û hin ji van serpêhatiyan weha bi hêz in ku zora zarok dibin (dirûxînin). Êşa herî dijwar, windabûnên herî biêş, bi piranî hîç di hişê zarokekî biçûk de namînin, ev tê wateya ku ew tên jibîrkirin, tên dehfdan, di mejiyê veşartî de sirgun dibin, yan nexwe zarok wê di bin wan de bê rûxandin û bişkihe.

Zaniyarên derûnî teqez kirine ku ev hestên hatine dehfdan, gelekî dereng, di salên mezinayîyê de, roleke mirinê dilîzin, ev tê wateya ku dikarin bibin sedema tevîheviyek (nerehetiyek) giyanî dijwar.

Li vir ku gelek zarok her dem li ser şer, êrîşan û bêkêrkirinê diaxivin ku hatine sere wan an jî hatiye ser malbat û nasan, bi taybetî ji ber sedemên ola wan, me jî bi vê yekê re, lê bi babeteke dijwar re xwe mijûl kir.

Dê û bavên me her dem ji me re li ser tiştên tirsnak diaxivin ku wan jiyankirine. Min bi xwe jî, tiştên nebaş li Îraqê jiyankirin. Carna ew tên bîra min. Ez niha nexweş im? Ez ê çawa bikarim van tiştan ji bîr bikim?

Ev bi rastî pirsên giring in û hema demê zehmet in. Ez dixwazim ji we re li ser zilamekî êzîdî biaxivim, ku dema teqîna bombeyan, sala 2007 li Îrakê, bûyer jiya bû. Wî dît çawa mirov birîndar bûn û mirin jî. Ew, wî wextî bi sivikî birîndar bû, lê her dem ew teqîna dijwar tê bîra wî. Ji hingî ve, ew her dem tûre dibe, bêaram dibe, gelkî dike qîr û hîç nikare guhdarî bike. Ew carna xemgîn e, bi dizî digirî eger kes wî nebîne.

Pişt re, ji min re got ku ew ne tenê bo wê teqînê xemgîn e. Di dema zaroktiyê de, gelek tiştên nebaş jiya bû û piştî vê teqînê ew tişt bêtir tên bîra wî. Ew û malbata xwe belengaz bûn û misilmanan gelek neheqî li wan dikirin. Hîn bi zarokî diviya bû li ser kolanê solan boyax bike yan jî karên din bike bo hinek pere bo malbata xwe kar bike. Li ser kolanê her dem zarokên misilmanan û carnan jî mezinan lê didan.

Bi van tiştên nebaş ku hîn bi zaroktî jiya bû, giyanê wî nexweş û birîndar bû û hîn jî baş nebûye. Ev serpêhatiyên weha nebaş ku nayên jibîrkirin dikarin mirov nexweş bikin, ev bi navê “Trauma” tê naskirin. Carna mirov nikare vê trauma bîne bîra xwe jî, ji ber ku pir ciwan bû yan jî giyanê zaroktî nikare vê rewşê hilgire û wê dehf dide paş. Serpêhatiyên bi êş, wek mînak cudabûna zû ji bav yan dê, tundiya laşî dihêlin nexweşiyên giyanî çêbibin.

Cudabûna ji dê, yan jî eger dê bi xwe nexweş be û nikaribe zarok bi xwedî bike, carna dihêle nexweşiyên girêdan û têkiliyê çebibin. Pêdiviya wî bi dê heye, lê dê ne li wir e, destên xwe di ser zarok re nabe, pê re nalîze, pê re naaxive û xwarinê nadiyê.

Ev girêdan ji zarokan re gelekî giring e. Girêdan, wek ku pispor nîşan dikin, piraniya caran dê ye (yan kesekî heskirî ye ku cihê dê digire). Bav û kesên din yên ku tevî xwedîkirinê dibin jî giring in.

Çima em van tiştan ji bîr dikin û dê û bavên me ji bîr nakin?

Em di rojê de, bi miliyonan hîkarî dihesin û gelek agahdariyan tomar dikin. Eger zarok serê sibehî ji xew rabe, çavên xwe veke û hemî tiştên ku heta dema razanê bibîne û ji wan wêneyan çêbike, wê bi hezaran wêne çêbibin.

Wek mînak wêneyek çawa zarok çavên xwe vekirin, cilên razanê ji xwe kirin, cilên din li xwe kirin, çû serşokê, dinanên xwe paqij kirin, dê hat, taştê xwar, tiştên dibistanê dan ser hev, solên xwe kirin lingên xwe uhd., Niha mirov bîne ber çavên xwe ku her wêneyek miliyon xal e ku çav her xalek

wek hîkariyekê digire û dişîne mejî. Bi vê yekê bi miliyonan hîkarî û agahî li ber dest çêdibin.

Em dikarin bi hinekan ji van serpêhatî û agahiyan bihesin û bersiva wan bidin. Agahiyên din, em hest pê dikin, bersiva wan nadin, ji ber ku em naxwazin yan jî derûna (psyche) me naxwaze, da ku wek mînak em nexweş nekevin.

Ev serpêhatî nayên ji bîrkirin, li aliyê din eger zarokek, di sala jiyana xwe ya pêşî de, heskirin, guhdan û balkêşanê jiya û bi vê yekê re gavek baş bi jiyanê re dest pê kir, dibe ku ev serpêhatî wî jî nexweş nekin.

Bavê min di şer de bû û min ew demek dirêj nedît. Ev yek jî nexweşiyê çêdike?

Ez ê hewl bidim bi çîrokekê bersiva te li ser vê bidim. Ji kerema xwe guhdarî bike û piştre tê di dawiyê de fam bikî, ez dixwazim çi bibêjim. Bêrîvan, hema bibêje çar salî bû, dema dê û bavên wê hev berdan. Berî ev yek bibe, hewl dan ku pevçûnên wan ne li pêş Bêrîvan bin û ne bi dengê bilind bin. Kesek bi Bêrîvanê re neaxivî. Ew pêşî nehat agahdarkirin, dema ku bavê wê ji nijkê ve nema li mal bû.

Bavê wê carek din zewicî û mala xwe bir cihekî din. Diya wê bi nebaşî li ser bavê neaxivî, eger li ser biaxiviye. Bi giştî bêdeng dima, li ber dilê Bêrîvan dida û bi behaneyên sergirtî, çi cara ku pirsa bavê xwe dikir. Bêrîvanê zû fam kir ku wê ji diya xwe bersivan negire. Ji hingî û pê ve nema pirs kir. Piştî çend mehan weha hat xuyakirin wek ku zarokê ev tişt baş derbas kiriye. Lê di rastiyê de, ev zarok hema di bin giraniya hestên xwe de hilweşiya (hêrifî), wê hest dikir ku gunehê wê ye, bavê wê ew tenê hiştin û çû.

Eger wê, wê demê baş guhdariya bavê xwe bikire, ew dûr nediçû. "Gunehê min e ku bavê min em tenê hiştin." Ev hest xwe di paşmejiyê wê de bi cih dike. Dibe ku tevahiya jiyana wê, bide pey wê. Pirs ne tenê windakirina bav e, lê belê hestê nekirkêriyê, ne xwedî rewşeke ku bikaribe tiştekî bike. Guman dibe ku di dahatûyê de, astengî û tirsa têkiliyan bi Bêrîvan re çêbibin.

Dibe ku her dem bitirse, hevaleke xwe winda bike û di nêzîkbûna xwe de zêdebûnê bike. Ew bi her awayî têkiliyan dixwaze, lê ditirse ku dîsa wê tenê bihêle û dest jê berde. Bêrîvan wê di dibistanê de û bi zarokên cîranan re baş be, wê neheqiyê hilgire, eger ew tûre bû, têr li ber xwe nade. Her weha li mal wê hewl bide ku nakokiyan di bin hemî rewşan de dûr bixe û maf bide hemiyan û di serî de dê.

Kes nizane ku ew berdewamî êşa tirsê dikişîne, dibe ku dê jî rojekê ji rojan winda bibe.

Min niha bi vê çîrokê zêde kir yan ev rewşên weha kêm in?

Na. Zarok bi awayekî dijwar, xwe didin aliyê kişandina guneh, bi ser xwe de, dema ku xwe di rewşeke bêçare de dibînin. Ev li ser rewşên kambax jî çêdibe ku tê de nebaşî li wan tê kirin yan li wan azar tê kirin.

Arîşeya mezin jî li ba zarokên ku di şer de tên jiyanê û mezin dibin, wek li Îraqê. Divê tiştên pir nebaş temşe bikin. Bi taybet dema bav yan dê tê girtin, direvin, yan divê biçin şer, gelek ji van zarokan tirsê pêş ve dibin. Her weha hestkirina bi guneh jî pêş ve dibin, ji ber dihizirin ku nikaribûn dê û bavê xwe biparêzin. Li ser vê yekê divê hun vekirî biaxivin. Axaftin pir giring e.

Di rewşa Bêrîvan de, mirov karîbû çi baştir bike?

Doxtêrên derûniya zarokan li ser vê, agahiyên zelal didin: Diviya bû, dê û bavên Bêrîvan vekirî pê re biaxivîne. Diviya bû bigotine, ew wek jin û mêr hev fam nakin, lê wê hîn ji Bêrîvan hes dikin û wê her dem jê hes bikin. Gunehê wê nîn e û ew ê, wê hîn xwedî bikin. Ew ê her dem ji bo wê amade bin. Gerek e bavê wê bikaribûye jê re bigota ku ew ê serdana wê bike, wê di rawestandina dibistanê de bibe ba xwe û her demê ew dikare telefonî wî bike.

Gerek bû bavê wê bi berdewamî telefonî wê bikire, name jê re binivîsîne, yan tişt jê re bişandine. Name bi taybetî gelekî alîkariya zarokan dikin, ji ber ku dikarin her dem bixwînin û xwe misoger bikin ku bavê wan ji wan hes dike û bo wan amade ye.

Diviya bû bavê Bêrîvan di heftî û mehên pêşî de gelek caran serdana wê bikire. Di serî de, diviya bû dê û bavên Bêrîvan hestên xwe jê re bi anîne ziman, bê ka çima nikarin bi hev re bimînin. Bi vê re û di bin hîç rewşê de, gerek bû gazina gunehê dê û bavê nebûye. Gerek bû, bi babetî li ser cudabûna xwe agahî bidane Bêrîvan.

Gerek e dê û bav zarokan kêm nebînin. Zarokek çar salî gelek tiştan fam dike û ji zarokên din dibihîze ku hin dê û bavên hevalên wê hev berdane. Bêrîvan wê bi vî awayî bi kêmayî barsivik bibûye û wê xwe bi hestên gunehbariyê û tirsên nehênî azar nekiribûye. Bav jî wê ne weha winda bibûye. Ew ê bibûye bavekî dûr lê rastî, wê hîn jî bimaye bavê Bêrîvan.

Zarokên ku gelek tundî jî, jiya bin, gerek e bi dê û bavên xwe re biaxivin. Pêdiviya wan bi şermê nîn e. Hîç gunehê dê û bav nîn e ku şer hebû. Gunehê we jî tê de nîn e ku êzîdî hewqas tiştên nebaş bijîn.

Zarok jî, dikarin bi nexweşiyên derûnî bikevin?

Gelekî dirêj kir heta ku doxtor û zaniyarên derûnî pejirandin ku zarokên biçûk jî, dikarin bi nexweşiyên derûnî bikevin. Dibe ku sedemên vê yekê ew bûn ku di rastiyê de, ev rewş li ba zarokan bi awayekî cuda ji mezinan xwe nîşan dide. Piraniya nexweşiyên derûnî yên zarokan nearamiya tirsê û depression in. Awayên girî, hêrs, qerisîbûn, xemgînî, nearamiya xewê yan cefilandin dikarin li ba zarokan "asa" bên dîtin. Ji ber ku zarokên biçûk pir caran digirîn, dikevin, bi şev ji xew radibin ... Ev veguherîna gêwil li ba zarokan bi awayekî demî çêdibe. Lê ne her dem weha ye. Yanî jî kêm caran.

Diya Roniyê 8 salî got ku kurê wê ji çar heftiyan bêtir ve, hatiye guhertin. Dixwaze tenê biçe dibistanê û êdî ji mal dernekeve. Di odeya xwe de dimîne û bi tenê dilîze. Zû tûre dibe, hêrs dibe û digirî. Tenê dixwaze tiştên reş li xwe bike û pir caran bi şev ji xwe şiyar dibe, ji ber ku ditirse. Ew dixwaze li ba diya xwe raze.

Carna jî, pîsî di şerwalê xwe de dike û ji bo wê, ji xwe şerm dike. Pirsa li ser sedemê, pêşî dê nikaribû bersivê bide, ew nizane bi çi bi Ronî hatiye. Piştî pirsên din, hat zanîn ku bapîrê wî (kalik) berî 2 mehan miribû. Bi sedan kes hatibûn şîna wî. Gelek kes ji bo xemgîniya xwe nîşan bidin bi dengekî bilind digirîn. Heta wê demê Ronî tiştekî weha nedîtibû. Mirovên rojhilatî bi awayekî din şînê digirin. Gelekî himbiz û kûr e û bandoreke tirsê li gelek kesan dike.

Her dem zikê Ronî jî diêşiya. Lê doxtorê zarokan nikaribû tiştekî bibîne. Ev jî tê famkirin. Laşê Ronî saxlem bû. Lê derûnê wî (giyan) nexweş bû. Şîn û serpêhatiya ku pêdiviya bav bi alîkariyê heye, bandorek kûr li Ronî kiribû. Kesek pê re li ser mirin û şînê neaxivî bû. Qeflekê (Schock) ew girt û bi tena xwe hat hiştin.

Heta ku dê û bav nas jî bikin – û ev bi hîç awayî nabe – ku pêdiviya zarok bi alîkariyê heye, ji bo gelekan di rewşên weha de, wextekî dijwar dest pê dike. Li ba me hîn jî pir kêm pispor hene ku nearamiya zarokan fam bikin û baş bikaribin derman bikin. Gelek dê û bav naxwazin zarokên xwe bibin ba doxtorekî demaran yan jî yekî derûnî, ji ber ku bawer dikin ku nexweşiyên derûnî tiştekî ne baş in. Ji xwe şerm dikin û naxwazin ku malbat û nasên wan vê yekê zanibin. Tevî ku nexweşiyeke derûnî ne ji nexweşiyên din xerabtir e.

Eger zarokek bi sermayê bikeve yan lingê bişkihe yan nexweşiyeke din, helbet e wê wî bibin ba doxtor. Li vir pêwîst e ku alîkariyeke fermî û zû bê kirin, da ku depression û rewşên tirsê nebin demdirêj, ku dibe bi salan dirêj bike û belkî jî tevahiya jiyanê.

Weha ye, eger mirov tundî jiya be, dereng, dema mezin bibe wê nexweş bikeve?

Min hewl da ku hin tiştan bibêjim û hest dikim bê çiqasî dijwar e bo we li ser biaxivim. Ez naxwazim hun xemgîn bibin yan jî bitirsin. Lê ez bawer dikim mafê zarokan heye ku li ser tiştên nebaş, li dinyayê bizanibin.

Belkî jî, hin zarok li vir, di pûlê dibistanê de hebin ku lêdan ji dê û bavên xwe xwaribin û baweriya wan bi wan nayê li ser biaxivin. Ditirsin ku bi sedema vê yekê dê û bavên xwe winda bikin û wê hîn xerabtir bibe. Lê çênabe zarokek ji hîç kesî, bi rastî, ji hîç kesî, ticaran lêdanê bixwe.

Tundî, wek lêdanê, heta tenê sîlek (şeqam) jî, pehîn yan birînkirinek biçûk jî ne rast e. Çênabe mirov li mirovan bixin. Lê mixabin ne weha ye. Li ser rûyê dinyayê gelek şer hene, mirovên mezin jî hev birîndar dikin yan jî hev dikujin.

Êzîdî li ser 72 afatan diaxivin, tê de gelek hezar êzîdî mirin. Zarokên di şer de mezin bûyîn, li ser wê jî ez hinekî axivîn, ew bi xwe jî tiştên nebaş jiyane. Dibe ku yek ji van zarokan di pûla te de be, yan jî cîranê te be. Li ser van tiştan jî gerek e zarok bizanibin.

Sûd jê nîn e ku mirov çavên xwe miç bike û tiştekî neke, wek ku ev bûyerên tirsnak nebin. Divê û gerek e zarok li ser van tiştan serpêhatiyê xwe bi xwe çêbikin, ji bo ku fêr jî bibin da ku xwe biparêzin.

Zarokên ku tundî hatî serê wan û ew bi xwe jî bi kar tînin, baweriya xwe bi dinya mezinan winda dikin, ji ber ku wan tenê serpêhatiyên nebaş dîtine. Lê zarok nikarin bi van bûyerên nabaş re bijîn û wek mînak hestên xwegunehbarkirinê pêş ve dibin. Wek ku ew bi xwe gunehkar bin, ku bav li wan dide yan jî leşkerek, li herêmek şer bav bi xwe re dibe û zindan dike. Hun êzîdî ne û çênabe kesek ji bo dînê we, tiştekî nebaş bi we bike. Helbet, ev li ser we jî derbas dibe.

Divê bav fêr bibe, desthilatiya xwe bike (xwe kontrol bike), eger tiştê ku dixwaze zarok neke û bi hîç şêweyî çênabe ku li zarok bixe. Ev yek çênabe. Çênabe kesek ji bo baweriya xwe, welatê xwe, rengê xwe yan jî dîtina xwe bindest bibe û bêpar bibe. Ne bi destê zarokekî ye ku şer li welatekî gur dibe. Û weha çênabe zarok derfetên xwe bilind texmîn bike. Ew zarokeke û ne xweda ye.

Bi rêya weha rengehizir û bûyerên şaş ku bandor li mejî kirine, zarok dikarin tirs, êş û xemgîniyê hest bikin. Ew xwe diguherînin û kesayetiyeke din, ji bilî ya ku xwezayê ji bo wan daniye, distînin. Weha tundî li dijî zarokan li her deverê heye û ew hîç nayê bexişandin.

Ji vir her dem dibêjim:

Lêdana zarokan binkeftineke, qelsiyeke ji bo kesê ku lê dide. Her dem rêya çareseriyê bê tundî heye. Çareseriyeke aşîtiyane ne her dem hesan e. Ji bo wê divê mirov jîr, gernas, têgihîştî, tenê mirov, be.

Lê li ser pirsa; ka zarokên ku tundî jiyane, dema mezin bibin wê nexweş bikevin, mirov nikare bi erê yan jî na bersivê bide. Ev gelekî bi wê yekê ve girêda ye ka mirovek çawa bi tiştên destnîşankirî re dijî. Weha wek mînak pevçûna dê dikare zarok xemgîn bike û pêdivî bi çend rojan heye ku hemî bê jibîrkirin. Zarokên din jî hene ku piştî 10 deqeyan, nema xemgîn in û bi ken bi dê re dipeyivin. Gelek serpêhatiyên nebaş hene ku dibe zarok ticaran ji bîr nekin. Lê fêr nebin ku her dem bi wan bihizirin.

Çawa dê û bavên me karibûn?

Piraniya dê û bavan îro di bin rewşên westanê (girêcan) de dijîn. Gelek dê û bavan, li Kurdistanê diviyabû pir salan ji bo jiyankirinê têbikoşin, bi zarokan re ji gund yan bajarê xwe reviyan û iro dijwariyên wan hene ku karekî bibînin

Mala Êzîdiyan di sedsala 18 an de

ku pê têra wan xwarin bê û karibin bi hêminî li deverekê nîştecih bibin. Dê û bavên din jî, eger hîn ciwan bin, divê gelek kedê bidin, da ku pîşeyekî fêr bibin, karekî bibînin û hema demê jî ji bo zarokan amade bin.

Di salên pêşî de, eger dê û bav ciwan bin û zarokên wan hebin gelek girêcan heye. Li hin welatan, eger dê û bav kar nekin pere ji wan re tên, lê di rastiyê de ne pir in. Weha têrê dike ku mirov birçî nebe û xaniyekî biçûk hebe. Li hin welatan alîkarî bi dê û bavan û zarokan re nayê kirin.

Divê dê û bav bi xwe rêyekê bibînin zarokên xwe bi xwarin bikin. Li vir mirov encax dikare nefesa xwe bikişîne û hindik wext ji bo vehesandinê tê dîtin. Û mirov hene ku çarenûsê barekî giran bo wan amade kiriye, rewşa civakî, ji ber ku zarokên wan wekî din in, nexweş in yan seqet in, ji herêmên şer tên, bi her awayî bi pîvanek bilind, bi hêviya dê û bavan ve ne.

Perwerdeyî û dîn

Pêşgotin

Ev beş ne tenê ji bo zarokan e. Dê û bav gerek e bi kurahî berê xwe bidinê. Baştir e ku dê û bav û zarok bi hev re vî beşî bixwînin û pişt re li ser bipeyivin. De dê û bav, xwîşka mezin, ap û metê bînin!

Çima fêrbûn û perwerdeyek baş pêwîst e?

Perwerdekar dibêjin ku zarokên ne baş bên perwerdekirin, dibin zarokên bextreş, li ser vê em ê temaşe bikin, çawa zarok bên perwerdekirin û ew ji bo wan rast bû, da ku karibin di jiyanê de serbixwe û li ser lingên xwe bin.

Zarok bi xwe jî dixwazin fêr bibin, ji ber ku ew bi mereq in. Lê carna "bestin" ji aliyê dê û bavan û mamosteyan ve tê kirin. Ew dixwazin zarok bêtir û bêtir fêr bibin.

Çêkirina bestinê (zorê) rast e?

Asayî, zarok dixwazin fêr bibin. Ji ber vê fêrbûna bêzor her dem baştir e. Lê wek mînak gelek dê û bavên êzîdî hene, ew bi xwe neçûne dibistanê û wek hinekan ji we got, her dem ji aliyê şagirtên misilman ve bêkêr dibûn. Lê ew dizanin ku fêrbûn û perwerdeyî gelekî pêwîst in. Carna dê û bav jî bêçare dibin, wek mînak nikarin alîkariya we, di karên we yên malê de bikin yan jî di civînên dê û bavan de, ji ber ziman û naverokê jî kêm fam dikin. Û weha jî, dê û bav aciziyê çêdikin, dixwazin bizanibin ka hun hîn bûne yan na.

Dibe ku di rewşên weha de, hestê ku dê û bavên we ticaran kêfxweş nabin, li ba we çêbibe. Ew dizanin çiqasî fêrbûn û pileyên baş ji bo bidestxistina pîşeyekî baş, pêwîst in. Gerek e wextek bê ku jiyana we ji ya dê û bavên we baştir be. Ew daxwaza wan e û belkî jî, ji bo vê bê xwesteka xwe zorê dikin. Li ser vê yekê divê mirov bi wan re bipeyive.

Lê ez dixwazim vê jî, ji we re bibêjim, ka wê çawa bibe eger dê û bav û mamoste daxwaza fêrbûn û karê hînbûnê hîç li zarokan nekin. Em weha bibêjin, zarok her tiştên dixwazin, bikin. Dê û bav gelek tiştan bipejirînin. Zarok bikaribe biriyarê bide, kengî biçe raze, kengî karê dibistanê bike û çi dixwaze bixwe.

Tiştekî xweş e yan?

Mirov bawer dikin ku her zarokek dizane çi bo wî rast e û ji bo vê perwerdeyiyek hişk ne rast e. Lewre gerek e zarok serbixwe be û berhemdanên xwe nas bike. Mixabin ev "perwerdeyiya dijdesthilat" ne weha serkeftî bû.

Lê ew gihîşt encama ku perwerdeyiya zarokan ne tenê mezin biriyarê li ser didin, lê belê gerek e daxwaz û pêşveçûna zarokan jî pê re bê berçavkirin.

Guman li ser nîn e ku pêdiviya zarokan bo pêşveçûna wan, ji destpêkê ve, bi rêzelalkirin û rawestê di jiyanê de, heye. Lê perwerdeyiyî, ji bilî vê hîç wateyeke din jê re nîn e. Û dê û bavan û mamosteyan ev kar girtine ser milên xwe. Di serî de, dê û bavan ev berpirsiyarî girtine ser xwe, mezinayî û dijwariya wan tenê bo wan di dirêjayiya salan de baş zelal dibe.

Ez dixwazim dîsa li vir zelal bibêjim, tundî û sezayên ne baş hîç çênabin. Dê û bavên we jî, çênabe li we bixin. Ji bo vê yekê mafê kesî tune ye. Di rewşên weha de, gerek e hun bi mamosteyên xwe re bipeyivin. Dê û bav dikarin bêçare bûbin, lê ji bo vê yekê çênabe li we bixin. Çêdibe ku dê û bav bo we carna qedexeyan deynin, wek mînak heftiyekê çênabe biçe ba hevalên xwe, mehekê çênabe biçe sînemê. Eger hun bêşermiyê bikin, notên nebaş bînin, lê wek min got tundî çênabe.

Mebesta we bi perwerdeyiyê çi ye?

Baş e, Ez ê hewl bidim ku şîrove bikin ka di bin perwerdeyiya zarokan de, ez çi fam dikim. Teqez hun dizanin ku zarokekî biçûk pêşî hewl dide bi gelek hîkariyan, bandoran û serpêhatiyan xwe birêve bibe. Dest pê dike dinyayê nas bike û hêdî hêdî girêdana tiştan bi hev re, fam dike: “Çima dê û bav hene, xwîşk û bira çi ne, Çawa ez ê herim ser kolanê, heval çi ne û ev nîşanên behle çi ne ku dê û bav lê temaşe dikin û tiştekî dibêjin (wek mînak pirtûk, rojname)?”

Weha bi miliyonan agahî hene ku êrîşî zarokekî dikin û ew hewl dide bi derfetên xwe vê dinyayê fam bike. Cara pêşî zarok dikeve û êşê hest dike, lê nikare fam bike, gerek e vî tiştê kesk bixwe, ji ber ku divê baş be, lê tama wî pir nexweş e, yan?

Tenê tiştên her dem li wir û hêminiyê didin dê û bav in. Zaroka biçûk alîçûna xwe li ser dê û bav ava dike û hêminî û selametiyê hest dike. Ji bo vê yekê awa û şêweyê ku dê û bav zaroka xwe pê perwerde bikin bi taybetî pêwîst in. Dê li ber dilê zarokê dide, dema ew dikeve, birçî bibe, tî bibe yan jî xwe nebaş hest bike. Tê hembêzkirin û hedinandin, dema ditirse, dema dinya tewş tê xuyakirin.

Girêdana zû, weha zaniyarên derûnî bi nav dikin, pêwîstirîn regeza biriyardar e ji bo pêşveçûna zarokê pişt re. Ez berî niha jî li ser axivî bûm. Lê dubarekirinek di vê rewşê de ziyanê nade.

Bawerî, têkiliya zarokê bi dê û bav re destnîşanker e bo dahatûya wê. Di vê demê de, di têkiliyeke baş de “kevintirîn bawerî”, baweriyeke kûr bi yek kesî yan jî pir kesan re, xwe pêşve dibe.

Zarok dikare pişta xwe bide wê yekê ku di rewşên dijwar de, ne bi tenê ye. Ev bawerî helbet e, berpirsiyariyeke mezin e li ser perwerdekaran û bi taybetî dê û bav. Dê û bav, xwediyên wê paymanê ne ku zarokê weha baş, bi qasî çêdibe, perwerde bikin, da ku bibe kesayetiyek. Bi awayekî din, divê dê û bav alîkariyê bi zarokê re bikin, da ku bibe mirovekî azad, serbixwe, pêhestiyar û jîr.

Lê ez dizanim jî, çiqasî li ba êzîdiyan, li welat dijwar bû. Şer radest bû, hin bav bêçare bûn ku biçin şer yan jî tevî şervanên Kurdistanê Pêşmerge bibin û ji bo azadiya xwe şer bikin.

Mamoste jî, ne her dem hesan bûn. Gelek şagirtan bo min gotin ku ji hêla mamosteyan lêdan dixwarin. Gerek e pişt re em li ser şer û tiştên nebaş ku hun û dê û bavên xwe jiyane bipeyivin.

Mirov çawa dikare kesekî perwerde bike?

“Bê rêxistin, hestpêkirin nîn e”, zaniyarên derûnî dibêjin. Pêdiviya zarokekî, ji bo ku semyanên bandorên li ser xwe û hizrên xwe bike gurz û binirxîne, bi pergala rêxistinekê heyc û gerek e dê û bav zarokan fêrî vê pergalê bikin.

Wek mînak zarok bi tiliya xwe şîr nîşan dike, ew tiştekî sipî dibîne û tê gumankirin ku dixwaze vexwe. Divê dê û bav ji zarok re bibêjin: “Ew şîr e”. Eger ew bi trembêlê bilîze mirov dibêje “trembêl”. Eger tiliya xwe bi kûcikekî vekir û “tirêmbêl” got, dibe ku dê û bav “na” bibêjin: “Ew kûçik e”. “Kûçikeke”? Zarok pirs dike. “Erê, kûçikeke” dê dibêje. “Çima”? Zarok pirs dike. Weha dest pê dike. Ev hîn têkiliya wê bi perwerdeyiyê re nîn e, ev rêxistin û şîrovekirina dinyayê ye ku hîn bi demê re fireh bibe.

Perwerdekirin bi “erê” û “na” dest pê dike?

“Erê, çêdibe tu bi bûkê bilîzî.” “Na, li min bibore, çênabe tu tenê derbikevî jor. Pêpelûk pir tirsnak e.” Tam ji vir dest pê dike. Piştî du car sê caran, derketina ser pêpelûk “na”, hewldan mezin dibe ku tevî wilo, tenê bi pêpelûkê re derbikeve jor. Ew hewl dide ku li dijî zagonan derbikeve. Zarok li çavên dê temaşe dike û tam dijî tiştê ku ew dibêje, dike.

Zarok dixwaze nas bike ka dê wê çi bike? Dê zarokê dîsa vedigerîne û zarok careke din hewl dide. Lê vê carê zarok digirî û dixwaze ileh bi pêpelûkê re derbikeve jor. Eger niha dê aram be û nexwaze zarok bigirî wê bihêle da ku ew bi pêpelûkê ve biçe jor. Ew ê bibêje: “Eger ew bikeve wê têbigihîje çima min na got. Ew ê ji şaşiyên xwe fêr bibe.”

Dibe ku dê dengê xwe li zarok bilind bike û lê tûre jî bibe, wî bigire û bi gelek lîstokan ve bibe cihekî din.

Di vê mînakê de, dê şaşiyekê dike. Zarok wê careke din “na” ji dil negire (cidî). Ew ê her cara ku dê bibêje “na” bigirî û hewl bide daxwaza xwe bîne cih. Ez bawer dikim her yek ji we vê yekê dizane.

Dê bi vê hiştinê baweriya zarokê bihêz kir ku daxwazên wî her dem dê bên bicihanîn. Ew fêr nabe ku ne her dem xwesteka wî û rastî li hev dikin. Wê çawa kesekî civakî ji zarokekî derbikeve ku rêzê li kesên din bigire, eger wî serpêhatiyên weha çêkiribin ku xwestekên wî her dem dikarin bên cih eger ew bi dengê bilind û demek dirêj têr bigirî yan jî dengê xwe bilind bike?

Dema ku pîvanên zagonî serbixwe yên dinya rastî ji aliyê zarokekî ve tên naskirin, fêr dibe ku xwe bi xwe nas bike. Ev zagona bingehîn e ya pêşveçûna mirovan. Bê zagon û akirin bixwebawerî pêş ve naçe. Lê ev zagon pêşî dikare bi rêya hevrêwiyên cihên baweriyê (jêbawer) û fermanên dê û bav çêbibin.

Çêdibe zarok dijî dê û bavên xwe derbikevin?

Erê, helbet. Ku zarokek hewl bide li dijî rêkûpêkiya dê û bavên xwe raweste, livek gelekî xwezayî ye. Livek e ku pêdiviya zarokê pê heye, ji bo pêşveçûna xwe û tejkirina xisletên xwe. Divê zarok fêr bibe “na” jî bibêje, lê ne tenê ji bo kêfxweşiya xwe tê de bibîne.

Eger bi aqilane be, gereke zarok li dijî dê û bavên xwe derbikeve û ne tenê tiştên ew dixwazin bike. Dê û bav jî gereke temaşe bikin ka daxwazên zarokê çi ne. Weha yek ji xwîşk û birayan dikare ji sêvan hes bike, lê yê din jê hes neke. Divê dê û bav rêzê li vê yekê bigirin û li şûna sêvekê, mozekê ji bo xwarinê bidin vê zarokê.

Gerek e dê û bav bi awayekî ji awayan nimûne bin?

Bêguman, gelek şaşiyên dê û bavan hene û dibe ku ne her tişt jî di jiyana xwe de rast kiribin. Lê wan ji van şaşiyan sûd girtine û dikarin we biparêzin da ku hun hema şaşiyan nekin. Serpêhatiyên wan di şer de, ew fêr kirine birçîbûn, birçîbûna rastî tê çi wateyê. Dibe ku ji bo vê yekê ji we bixwazin hun têr bixwin, tevî ku carna hun ne birçî ne jî.

Dê û bav dikarin carna, bê ku bixwazin nezîkbûnên ne baş bikin, ew bêaram in, pevçûnê dikin û berdewamî gazinan dikin û gelek tiştên din. Lê tevî wê jî zarok hes ji dê û bavên xwe dikin. Zarok li pêşberî dê û bavên xwe pir bi lêborîn in û wan dibexişînin.

Tevî vê yekê gerek e dê û bav bi danûstandina bi zarokên xwe re, li ser koka xwe ya dilfireh û baş bihizirin û bibin nimûneyek bo zarokan. Rêkûpêkî,

rûxweşî û rastiyê mirov nikare ji kurê xwe, keça xwe û neviyên xwe bixwaze eger ew bi xwe van tiştan neyîne cih.

Em mezin, gerek e xwe merdane nîşan bidin, da ku zarokên me, ji me fêr bibin. Em ê bibin cihê baweriyê, wexta ku em tiştên ji zarokên xwe dipên, ji xwe jî bixwazin.

Bi awayekî din, zagon dikarin girêbest bin eger baweriya me bi wan hebe û em bi xwe li wan rawestin. Dibe ku baş be, eger em carcaran bi awirên zarokên xwe bên tamşekirin.

Jinên Êzîdiyan li ber kaniyekê

Fêrbûn dikare kêfxweşiyê bide?

Ez hîn dizanim dema ku li Almaniya diviya bû biçim dibistanê û min nizanibû zimanê almanî, gelekî bi min dijwar bû, gêwilê min nebû û min dixwest tenê bi hevalên xwe yên kurd re bilîzim. Notên min jî ne wilo baş bûn. Pişt re min di rêya dê û bavê xwe re, ji cîranan, jineke cihû kal nas kir, wê gelek çîrok

bo min gotin. Dema ku ew çîrok ji min re digotin, min nas dikir bê çiqasî bi kêfxweşî dibêje. Kêfa wê dihat.

Dîroka cihûyan jî, li Almaniya dema şerê cihanê yê duyemîn, koçberiya bi mêrê xwe re ji min re got. Ev çîrok, helbet ne pêkenîn bûn. Bi miliyonan mirov wê demê hatin kuştin. Min bi kêfxweşî lê guhdarî dikir û wê her dem ji min re digot: "Gerek e ez fêr bibim, ji ber ku wê carek bê ku xweşiyê bide, êdî mirov nema dikare dest jê berde." Dawiyê wê biriyar da ku min fêr bike. Her roj pîştî dibistanê ez diçûm ba wê, wê tiştin nîşanî min dikirin ku heta hingî min nizanibû: Çima berê mirovan bawer dikir ku zemîn qursikek e? Çima tiştên mezin û giran, wek balefiran dikarin bifirin? Û di serî de, min ji çîrokên wê yên li ser gelê wê û tiştên hatîn serê wan hes dikir. Helbet e, em gelekî li ser Kurdistanê û êzîdiyan û çarenûsa wan jî axivîn. Şansê min hebû: Ez fêr bûn çawa fêr bibim û min kêfxweşî tê de didît, dema min bi xwe tişt nas dikirin, fam dikirin û bi xwe dikarîbû çareseriyê ji pirsan re bibînim.

Lêkolînvanên mejî, teqez dikin: Bi vî awayî, weha bi rêya çarserkirina xwe bi xwe yan xilmetan, bi rêya serkeftin û hestên xweşiyê yên bihêz, ku xwe pê re dirust dikin, mejî bi heskirineke herî mezin û bi manek dirêjtir, fêr dibe, li ba zarokên biçûk jî weha ye.

Îro, ez hewl didin ku zarokên xwe fêrî van tiştan bikim.

Dawî

Di dawiyê de, dîsa çîrokek

Dema ku komek zerdeştî ji Îranê, di sedsala 6 ê de, berî islamê reviyan Hindistanê, hewl dan ku li derdora Bombay cih bigirin. Cemawerê wir berî wê demê hîç tiştek li ser zerdeştiyan nebihîstibû. Ew bi guman û ne pejirandin hatin pêşberî wan. Zerdeştî çalak bûn, ji karê zeviyan fam dikirin, amûrên avdanê û avakirina xaniyan baş dizanibûn û karîbûn malbatên xwe baş xwedî bikin. Ev bû sedema zikreşiyê. Xelekê cih hewl dan ku wan bi melûliya xwe gunehbar bikin. Nexwestin ku biyanî li welatê wan bimînin.

Nakokî weha mezin bûn, heta ku melikê wê deverê daxwaz kir ku welat bişemirînin. Zerdeştî li ser vê fermanê gelekî tirsiyan û xemgîn bûn. Welatekî nû dîtibûn û hew zanîbûn bi ku de herin. Melikên Hindistanê yên din jî nexwestin wan bigirin ba xwe. Rêberê zerdeştiyan yê mezin, pîr wek çareya dawî, nûçeyek şand ji melik re û got ku ew ê bi aşîtî û bê astenî welat bişemirînin, lê xwest berî hingî bi melik re bipeyive, eger wî pêşwaz bike. Pêşî melik xwest vê hevdîtinê nepejirîne, lê mereq kir ku zerdeştiyan û rêberê wan bibîne ku heta hingî hîç ew nedîtibûn. Wî pejirand ku komek ji zerdeştiyan û rêberê wan pîr ji hêla wî ve bê pêşwazîkirin.

Hema di destpêkê de, melik diyar kir ku ji biriyara xwe, divê welat berdin, venagere. Pîr ji melik xwest ku peyalek şîr jê re bixwaze. Pêşî melik tewş bû, xwest ku bavêje ji şêran re da ku wî bixwin, lê mereqa wî weha mezin bû ku biriyarek weha neda. Piştî hizirînek kurt, pejirand ku şîr jê re bînin. Piştî pîr peyala xwe girt, ji berîka xwe ya hindur, ya qapûtê xwe yê sipî û dirêj bodrak derxist û berda peyala şîr, baş bi kevçî li hev da. Ji Melik daxwaz kir da ku şîr vexwe. Qerebalix û deng bi salonê ket. Leşkeran çekên xwe hildan û berê wan dan pîr. Wan bawer kir ku pîr dixwaze melik jehir bide.

Melik bang li wan kir û xwest aram bibin û ji pîr xwest vê yekê şîrove bike. Pîr diyar kir ku ew rêberekî dînî belengaz e lê ne behle ye ku melikê xwedî hêz jehir bide. Ev yek wê biriyara mirina gelê wî be. Ji melik daxwaz kir ku baweriya xwe pê bîne û qulpekê ji şîr vexwe.

Piştî hizirîneke kurt, melik hişt ku peyalê jê re bînin û qulpek jê vexwar. Ji nijkê ve, mirov karîbû rûyê wî wek roja ku hiltê bibîne, devê wî ma ji hev

û bi fermî şewq da. Dest pê kir keniya û pirs kir, ka wî çi bi vî şîrî kir da ku hewqasî şêrîn bibe. Wî hîn hîç şîrekî weha şêrîn venexwariye. Peyale jî ji destên xwe berneda. Pîr bersiv da: “Melikê min û gelê xwe şîr in. Hun mezin û bihêz in û gelê we bi sedhezaran e. Em çend kes zerdeştî ne, li ser tiliyan tên hejmartin, em dikarin eger hun bixwazin, ji bo gelê we, bodra bin ku navê wê şekir e.”

Ji wê demê ve, zerdeştî li wir in û li hemî Hindistanê bi zanîn û zengîniya xwe tên naskirin, ev jî başiyê dide hemî cemawerê Hindistanê.

Paşgotin

Hestê windakirinê û hevkêşiya veguhastinê ji hemî aliyan, ji nû ve danasîn û baldêriya daxwazên çandî yên cihêreng, dike tevgerê, ku pêdiviya wê bi karekî demdirêj heye. Li aliyê din dibe ku, ew kesên ku carekê kevneşopî û zagonên dê û bavên xwe hinekî kêm bike, rastî dijwariyan bê, xwe li “welatê dînî yê nû” baş hest bike. Lê ev welatê nû dibe ku ji bo nifşên ku tên tê wateya şansên rizgarkirineke rastî. Nûkirin, çakkirin û guherîn divê ne ji bo awayekî giringî wek nebaş yan jî bi alozî bên jiyankirin. Dibe ku pirbûna siyasetkirina gerdûnî, penaberî û naskirina çandên din wek kar û sûd bê hestkirin û karê nûkirinê hesan bike.

Alîçûneke nû û veguhastin giring in, lê hingî çêdibe, eger gotûbêjeke vekirî di civaka êzîdiyan de, bi taybetî ji aliyê rêxistin û bijarteyan ve dest pê bibe. Pê re cemawerê êzîdî tevî gengeşiyê bikin ji bo nêzîkbûnek rastî ji guherînan re û pejirandina pêdiviyeke weha bibe armanc.

Bi dîtina min ji bo weha alîçûneke nû, karkirina li ser çand û dîn yên tevahî bingehîn e. Tenê bi rêya karkirina li ser trauma dîrokî û danûstandina bi hişmendiya tevahî re asoyên dirust ji bo dahatûyê dikarin pêk bên.

Çareserkirina dîrokê û zagonên kevin vekirina asoyên nû yên dahatuyê ne, ew dikarin ji nû ve hêviyê bidin mirovan.

Ferheng – Wörterbuch

Kurdî	**Deutsch**
Afat	Katastrophe
Agahî	Information
Akirin	Gehorsam
Alîçûn	Orientierung
Aqilane	Vernunft
Asa	normal
Aşîtî	Frieden
Aso	Perspektive
Astengî	Problem
Awa	Struktur, Form
Awir	Überblick
awirveguhastin	Neuorientierung
Axaftin	sprechen, erzählen
Behle	blöd
Bêkêrkirin	Ausgrenzung
Ber	Teppich
Bergorkirin	Beerdigung
Beşdarî	Teilnahme
Bestin	Druck
Bexişandin, bexişîn	Vergebung, vergeben

Bi keramet	Wunderheiler
Biheşt	Paradies
Binçeyetî	Fundamentalismus
Bixwebawerî	Selbstbewusstsein
Çavnezer	Amulett
Cefilandin	Schreckhaftigkeit
Cejin	Fest
Çîn	Kasten
Cuda	Unterschied
Dahatû	Zukunft
Dehfdan	Verdrängung
Delamet	Aufgabe
Demdirêj	chronisch
Derdeserî	Trauma
Derfet	Möglichkeit
Derûn	Psyche
Derwêş	Sufis
Dijberî	Fehde
Dijdesthilat	Antiautorität
Dilsozî	Ergebenheit
Dinya	Diesseits
Dinya din, Axret	Jenseits
Dirr	Perle
Diristkirin	Anordnung
Dojeh	Hölle
Fêrbûn	Lernen

Ferman	Anleitung
Gengaz	Pflicht
Geşt	Runde
Gêwil	Stimmung
Girêbest	verbindlich
Girêcan	Stress
Gor	Grab
Goristan	Friedhof
Guneh	Sünde
Hayjixwe	vorsichtig
Hedinandin	beruhigen
Hêminî	Sicherheit
Hêrs	Wut
Hesare	Planet
Hestpêkirin	wahrnehmen
Hestpêkirin	Wahrnehmung
Hevbeş	Ähnlichkeit
Hevguncîn, xweguncîn	Integration
Hevhengî, hevkêşî	Spagat
Hevkêşî, hevhengî	Gleichgewicht
Hevpîvan	Vergleich
Hevrê	Begleiter
Hevrêwîtî	Begleitung
Hewes	Stimmung
Hîkarî	reizen
Himbiz	Intensität, intensiv

Hînbûn	Lernen
Kêf	Spaß
Kêlek	Schoß
Kêmhejmar	Minderheit
Kevneşopî	Zeremonie
Kirasguherîn	Reinkarnation
Koçberî	Deportation
Lêborîn	Toleranz
Liv	Regung
Livandin	Bewegung
Mêjû	Datum
Mestî	Trance
Nearamî	Störung
Nehênî	geheim
Nekirkêrî	Unfähigkeit
Nifiş	Generation
Nîq	Behauptung
Nirx	Werte
Pan	Erwartung
Paşgotin	Schlusswort
Pêdan	Daten
Pêdivî	Bedürfnisse
Penaberî	Migration
Penageh	Exil
Pergal	System
Pergala çînî	Kastensystem

Peristgeh	Tempel
Peristvan	Anbeter
Perwerde	Erziehung
Pêşberî	Herausforderung
Pêşdarezîn	Vorurteile
Pêşgotin	Einleitung
Peyamnêrî	Mission
Peyvîn	reden
Pîşe	Beruf
Pispor	Experte
Pîvan	Normen
Qefil	Schock
Qerisîbûn	Trotz
Ravekirin	Erklärung
Rawest	Halt
Rê û risim	Rituale
Reben	Mönch
Rêgeh, rêzan, zagon	Regel
Regez	Element
Rêkûpêkî	Disziplin
Rêxistin	Ordnung
Rojî	fast
Rojîgirtin	fasten
Rûdan	Ereignis
Rûreşî	Schande
Rûxweşî	Freundlichkeit

Şanav	Titel
Sanc	Verkrampfung
Saxlem, sax	gesund
Şênî	Bewohner
Serîhildan	Widerstand
Serpêhatî	Erlebnis
Serşok	Badezimmer
Şerwal	Hose
Sewêlk	Krug
Şîrovekirin	Erklärung
Tej	Struktur, Form
Tejkirin	Formung
Teqezkirin	Bestätigung
Tewş	verwirrend
Tomarkirin	speichern
Tundî	Gewalt
Tundrewî	Extremismus
Tûre	reizbar
Veguherîna gêwil	Stimmungsschwankung
Xemgînî	Traurigkeit
Xilmet	Aufgabe
Xislet	Charakter
Zagon	Regel, Gesetz
Zemîn	Erde
Zivir	schroff
Ziyandan	Schaden